凌飞飞 著

当代中国教育督导历史研究

中国社会科学出版社

图书在版编目(CIP)数据

当代中国教育督导历史研究/凌飞飞著 . —北京：中国社会科学出版社，
2016.6

ISBN 978 - 7 - 5161 - 8112 - 6

Ⅰ.①当… Ⅱ.①凌… Ⅲ.①教育视导—教育史—研究—中国—现代
Ⅳ.①G526.4

中国版本图书馆 CIP 数据核字(2016)第 099847 号

出 版 人	赵剑英
选题策划	罗　莉
责任编辑	刘　艳
责任校对	陈　晨
责任印制	戴　宽

出　　版	中国社会科学出版社
社　　址	北京鼓楼西大街甲 158 号
邮　　编	100720
网　　址	http://www.csspw.cn
发 行 部	010 - 84083685
门 市 部	010 - 84029450
经　　销	新华书店及其他书店

印　　刷	北京明恒达印务有限公司
装　　订	廊坊市广阳区广增装订厂
版　　次	2016 年 6 月第 1 版
印　　次	2016 年 6 月第 1 次印刷

开　　本	710×1000　1/16
印　　张	19.25
插　　页	2
字　　数	308 千字
定　　价	72.00 元

目 录

序 ……………………………………………………………………… （1）

第一章 当代中国教育督导制度的历史渊源 ………………… （1）

　第一节 清朝中期以前的视学制度 ………………………… （2）

　第二节 清朝末期的视学制度 ……………………………… （12）

　第三节 民国前期的视学制度 ……………………………… （18）

　第四节 民国后期的视学制度 ……………………………… （26）

第二章 当代中国教育督导制度 …………………………… （42）

　第一节 当代中国教育督导制度概述 ……………………… （42）

　第二节 当代中国教育督导规章 …………………………… （66）

　第三节 当代中国教育督导法规 …………………………… （94）

　第四节 当代中国教育督导机构 …………………………… （105）

　第五节 当代中国教育督导队伍 …………………………… （114）

第三章 当代中国教育督导实践 …………………………… （125）

　第一节 对教育法律的执法督导检查 ……………………… （125）

　第二节 对"两基"工作的综合督导 ……………………… （130）

　第三节 对义务教育工作的综合督导 ……………………… （137）

　第四节 对基础教育工作的综合督导 ……………………… （150）

　第五节 对体育卫生艺术教育工作的专项督导 …………… （159）

　第六节 对教育难点、重点、热点问题的专项督导 ……… （163）

第四章 当代中国地方教育督导制度 ……………………… （172）

　第一节 当代中国地方教育督导机构 ……………………… （172）

　第二节 当代中国地方教育督导队伍 ……………………… （183）

第三节 当代中国地方教育督导法规规章 ·············· （187）

第四节 当代中国地方教育督导实践 ················· （200）

第五章 当代中国高校教学督导制度 ·············· （205）

第一节 当代中国高校教学督导制度概述 ··········· （205）

第二节 当代中国高校招生执法监察规章 ··········· （213）

第三节 当代中国高校科研管理督导规章 ··········· （221）

第四节 当代中国高校教学督导制度现存问题与对策研究 （225）

第五节 当代中国高校教学督导制度的发展研究 ······· （232）

第六章 当代中国教育督导制度反思 ·············· （237）

第一节 当代中国教育督导的国际交流与合作 ······· （237）

第二节 当代中国教育督导制度现存问题与对策研究 ······· （244）

第三节 当代中国教育督导制度创建发展的历史经验 ······· （254）

附录一 近当代中国教育督导大事记 ·············· （261）

一 近代中国教育督导大事记 ················· （261）

二 当代中国教育督导大事记 ················· （265）

附录二 近当代中国教育督导重要法规规章 ·········· （273）

一 视学官章程（1909 年 12 月 11 日） ············· （273）

二 视学规程（1913 年 1 月 20 日） ··············· （276）

三 专门以上学校视察委员会规程（1920 年 12 月 31 日） ····· （277）

四 教育部督学规程（1931 年 8 月 31 日） ············ （279）

五 教育督导暂行规定（1991 年 4 月 26 日） ··········· （280）

六 教育督导条例（2012 年 9 月 9 日） ·············· （283）

主要参考文献 ···························· （288）

后 记 ······························· （298）

序

　　现代管理体系是由决策系统、执行系统和监督系统三个子系统构成的一个完整的体系，三者既相对独立，又密不可分，也不可或缺。因此，就教育管理来说，教育监督或督导是其中不可或缺的非常重要的组成部分。正因为教育督导十分重要，所以世界各国都重视教育督导制度的建设和教育督导活动的开展，特别是欧美的教育督导制度比较完善。我们中国的教育督导源远流长、丰富多彩，尤其是当代中国教育督导无论是制度建设还是实践活动都取得了巨大成就，为我国教育改革和发展做出了重要贡献。学术界对我国教育督导历史做了多方面的研究，出版了少量相关著作与资料书、发表了一些相关的学位论文和报刊论文。但总体来说，学术界对当代中国教育督导历史的专门研究还比较薄弱。因此，凌飞飞的《当代中国教育督导历史研究》的成书和出版，对于深化中国教育督导历史研究具有重要的意义。

　　凌飞飞是我指导的 2006 届硕士研究生，是一个善良、正直、勤奋、严谨的青年学者。早在她读硕士研究生期间，就在我的指导下致力于当代中国教育督导历史的研究。她从 2005 年开始参与由我主编、重庆出版社 2007 年 8 月出版的《当代中国重大教育改革事件专题研究》一书的研究与撰写工作，具体负责"我国新时期教育督导制度的重建和发展"这一专题的研究与成果的撰写。其硕士论文题目是《新中国省级教育督导制度研究：以湖南省当代教育督导制度为例》，也属于当代中国教育督导历史研究的范围。该文被评为西南大学 2006 年校级优秀学位论文，收录在中国优秀硕士学位论文全文数据库中。据我所知，她毕业离校后在衡阳师范学院工作期间，曾先后主持了两项相关课题的研究工作:《湖南省教育督导制度的现存问题与改革对策研究》(湖南省教育厅 2005 年科学研究项目)、《高校教学督导制度的现存问题与改革对策研究》(湖南省教育科学"十一五"规划 2006 年度课题),同时参与了《新形势下独立学院教学督导制度的建构与实践》(湖南省 2013 年普通高等学校教学改革研究项目)的研究工作。在《上海教育科研》《教育探索》等杂志上发表了一系列关于教育督导制度的学术论文。可以说,凌飞飞多年来一直在从事教育督导历史与现实的研究,而《当代中国教育督导历史研究》是她过去十年里在教育督导制度发展史或教育督导历史研究方面的一个总结,是她十年的呕心沥血之作。

《当代中国教育督导历史研究》一书二十余万言,其正文分为六章。第一章主要追溯了当代中国教育督导发展的历史渊源,即古代中国视学制度和近代中国视学制度。第二章着重梳理了当代中国在教育督导法制、督导机构、督导队伍等方面的历史变迁。第三章介绍的是当代中国教育督导实践,主要包括综合督导和专项督导。第四章论述了当代中国地方教育督导制度的历史变迁。第五章论述的是当代中国高校教学督导制度的历史变迁。第六章论述的是当代中国教育督导制度的发展现状、未来趋势、历史经验,等等。此外,还附录了中国近代以来教育督导大事记及一些重要的教育督导法规规章。可以说,全书内容丰富,可以使读者了解当代中国教育督导历史各个主要方面的情况和作者对相关的历史问题、理论问题和实践问题的真知灼见。

从书中可以看出,凌飞飞在写作过程中体现了严谨、求实的学风。例如,为了获得丰富的、可靠的第一手资料,她不仅认真、细致、广泛地查阅各种相关文献,特别是做了比较艰苦的拾遗补漏工作,还对所获文献材料进行了认真的比对、校勘,这使得所依据的历史材料比较翔实,使其论述有根有据、客观真实、实事求是。与此同时,她特别注重相关历史的文化与历史背景的考察,在广阔的社会文化历史背景下研究教育督导制度的发展变迁,这使得其视野比较广阔。

当然,由于本书所做的工作具有开创性,因此难免有疏漏之处或不够完善之处。例如,书中对教育督导实践的论述还不够深入;书中分析地方教育督导制度还不够全面;书中对教育督导历史的反思特别是理论反思还有待升华等。不过,瑕不掩瑜。该书总体来说内容丰富、视野广阔、观点辩证、史料翔实、逻辑严密、思路清晰、论述明白、文字流畅，具有一定的理论价值和现实意义，值得我国教育督导工作者和研究者、教育的决策者开卷一读。

廖其发
2015 年 8 月

第一章　当代中国教育督导制度的历史渊源

　　教育督导是教育发展普遍的、必然的、规律性的要求。中国教育督导源远流长，发端可以追溯到西周"天子视学"，近当代意义上的中国教育督导起源于欧美国家。清朝末年，废科举、兴学校之际，教育督导经日本传入我国，当时称为教育视导。时光荏苒，时至 21 世纪初期，中国教育督导已是盛况空前。因为种种原因，在我国，教育督导目前还没有一个公认的定义。为了研究的方便，笔者综合已有研究认为，在我国当前和未来相当长的一段历史时期内，教育督导主要包含了以下几层含义：第一，根据教育法律、法规、规章和国家教育方针、政策的规定，教育督导机构指派督学对法律、法规规定范围的各级各类教育实施教育督导。第二，国务院教育督导机构和县级以上地方人民政府负责教育督导的机构在本级人民政府领导下独立行使督导职能。第三，教育督导的内容包括：县级以上人民政府对下级人民政府落实教育法律、法规、规章和国家教育方针、政策的督导；县级以上地方人民政府对本行政区域内的学校和其他教育机构教育教学工作的督导。第四，教育督导的原则为：对政府履行教育工作相关职责的督导与对学校教育教学工作的督导并重，监督与指导并重。

　　教育督导制度是"教育行政管理制度的一个重要组成部分，它规定了教育督导的机构设置、人员配备、业务范围、工作要求及管理权限，保证在法律规定的范围内正确行使教育行政权力，加强对教育的宏观管理和指导。"① 诸多国家的实践已经证明，教育督导制度是国际上普遍认可的有效的教育监督制度，是现代教育管理不可缺少的重要环节，是与教育决策和执行相协调的现代教育管理体系的重要组成部分，对于保证教育的有序运行和权力的正确行使具有重要意义。当今世界各国大都建立了符合本国实际的教育督导制度，中国也不例外。中国教育督导制度历经三个发展阶段，包括古代中国教育督导制度、近代中国教育督导制度、当代中国教育督导制度。古代中国教育督导制度涵盖清朝中期以前（1840 年鸦片战争以前）的视学制度，时间极为漫长，进展极为缓慢。近代中国教育督导制度涵盖清朝末期（1840—1912 年）和民国期间（1912—1949 年）的视学制度，发展速度大为加快，视学工作富有成效并颇具特点。当代中国教育督导制度指 1949 年 10 月 1 日中华人民共和国成立以后建立的教育督导制度。在借鉴近代中国教育督导制度和国外教育督导制度成果的基础上，当代中国教育督导制度与时俱进，取得了历史性进步，在督导实践中逐步创建了中国特色教育督导制度，为我国教育改革和发展做出了不可磨灭的贡献。

第一节　清朝中期以前的视学制度

一　古代中国教育督导制度概述

中国是世界上历史最悠久的国家之一。公元前 21 世纪到公元前 221 年，为奴隶社会。自秦朝（公元前 221—公元前 206 年）至清朝（1636—1912 年），中间经过汉、魏晋南北朝、隋、唐、五代十国、宋、元、明等朝代，在长达两千多年的历史长河中，虽有分裂割据的时期，但基本上是一个统一的、多民族的、中央集权的、专制主义的封建国家。究其原因，纷繁复杂，不可否认的是，古代中国学校教育制度在延续封建制度中发挥了特殊作用。

古代中国学校教育制度主要包括学校教育系统和教育行政管理系统两大类。学校教育系统包括官学、私学、书院三种，其中官学是学校教育系统的主干，分为中央官学和地方官学两大类。教育行政管理系统，

---

① 李冀：《教育管理辞典》（第二版），海南出版社 1997 年版，第 257 页。

指中央政府为加强对教育事业的领导和管理，在中央和地方创建的专门负责管理教育事业的行政机构。古代中国教育督导制度隶属于官学的行政管理系统，涵盖以下几层意思。第一，从结构上说，包括古代中国帝王视学制度和古代中国地方官学的视学制度。古代中国国家政权重视对官学的监督，既有对中央官学的视学，如对辟雍、太学、国子监的"幸学"或"诣学"，又有对地方官学的视学。第二，从对象上说，视学对象局限于官学，并以地方官学为主体，视学对象并不包括私学和书院。视学对象重点突出，但不够完整。第三，从职能上说，中央官学和地方官学两大视学系统互不沟通，成平行发展态势，视学职能呈碎片化、零散化倾向，整体性、系统化程度较低。第四，从时间上说，涵盖清朝中期以前的教育督导制度，持续时间两千多年，贯通古代中国教育管理血脉，贯通古代中国教育血脉。第五，从阶段上说，古代中国教育督导制度与近代中国教育督导制度和当代中国教育督导制度有质的不同，但是，它又为后者提供了有益的借鉴和启示。

二　古代中国帝王视学制度

古代中国帝王，大多都比较重视教育，不惜屈尊驾临中国社会的最高学府（如辟雍、太学、国子监等）进行视学。无论是奴隶社会还是封建社会，总体而言，古代中国统治阶级确实把教育看作是治国理民、巩固阶级统治的一件大事。

（一）西周天子视学

古代中国教育督导制度可以追溯到西周天子视学。夏、商、周（分为西周和东周）三代同属奴隶社会，文化教育方面的典型特征是"学在官府"，三代天子都很重视教育，并亲自过问教育。西周处于奴隶社会的鼎盛时期，学校有国学和乡学之分，国学设在天子、诸侯所在的都城，乡学设在都城以外的乡遂。其中国学又分为小学和大学，小学强调德行教育，大学学大艺，履大节。"大学在郊，天子曰辟雍，诸侯曰泮宫。"西周天子视学专指对辟雍的视学。据《文王世子》记载，西周天子视学指周天子亲自到辟雍举行的一种学礼，学礼与养老典礼结合进行，仪式十分隆重，一年之内在春、夏、秋各举行一次，时间为两天，目的在于显示天子重视教育，尊重长者、贤者，宣扬孝悌之道。西周天子视学无论是形式还是内容都寄寓着统治阶级的政治和道德原则，这也是周代礼教的一种。西周天子视学实质上是一种政治手段，它体现了西周政教合一的基本特征。

（二）历代封建帝王的"幸学"或"诣学"

中国奴隶制鼎盛时期过后，历史步入东周，东周分为春秋（公元前770—公元前476年）、战国（公元前475—公元前221年）两个历史时期。文化教育方面的典型特征是官学衰落，私学兴起。史籍中没有春秋、战国天子和国君的视学记录。公元前221年，战国"七雄"中的秦国统一了六国，秦始皇建立了中国历史上第一个统一的、中央集权的、君主专制的封建国家。秦朝（公元前221—公元前206年）以法家思想为指导思想，实行以法为教、以吏为师的吏师制度，对吏师和弟子的管理、监督实行法治，这在中国教育发展史上实属首创。但是，历代封建帝王的"幸学"或"诣学"源于汉朝。

1. 历代封建帝王的"幸学"

汉朝分为西汉（公元前206—公元9年）和东汉（25—220年）两个阶段。西汉实现了由秦朝的法治教育向汉武帝"独尊儒术"的德治教育的转变。"兴太学以养士"是汉武帝实施"独尊儒术"政策的重要步骤。公元前124年，汉武帝设立太学，设五经博士，为博士置弟子。作为封建社会的最高学府，太学以传授儒家经典为主。汉朝皇帝不定期到太学视学，这带有视察太学的性质，但主要目的是尊经崇儒，这是古代中国历代封建帝王"幸学"的起始。"幸学"的重要内容是皇帝、太学博士、博士弟子的讲经活动。关于西汉期间的帝王"幸学"，历史记载甚少。东汉除汉顺帝以外，其他皇帝都曾"幸学"。"幸学"起到了激励太学博士钻研经学、博士弟子勤读经书的作用，同时在提倡孝道方面也产生了广泛的影响。到魏晋南北朝"幸学"有所发展，将考试学业提到一个重要地位，并直接和选拔官吏及赏赐活动结合起来，在当时，曾起到振兴儒学的作用。唐、宋两朝帝王继承了汉朝和魏晋南北朝各帝王的"幸学"方式，视学的礼仪和内容大同小异。

明朝（1368—1644年）以后，国子监取代太学成为中国封建社会的最高学府，并成为当时最高的教育行政机关。"幸学"对象由太学变为国子监，并增加了祭孔大典，"幸学"时间为三天，目的在提倡尊孔读经。一般是一个皇帝在位期间"幸学"一次，少数帝王也有"幸学"两次的。"幸学"仪式由明太祖朱元璋制定。朱元璋一方面以严厉的学规管束监生，另一方面又给监生优厚的待遇，对学习成绩优秀者下诏表彰，并放手选拔监生补充各级官吏。明初对国子监的管理采用奖惩结合的办法，取得了封建统治阶级期望的效应。明中叶以后，经由科举出仕，无论从人数还是从官位品级都大大超过了国子监，国子监教育由盛转衰。但是，明皇帝仍依例"幸学"国子监。

2. 清雍正改"幸学"为"诣学"

清朝帝王"幸学"基本上沿袭明制。一个皇帝在位期间"幸学"国子监一次，"幸学"的节目、内容也与明代相仿。但是其中的"宣制"，皇帝的制文更为详细。不仅仅是一般的训诫、责令，还阐述治国的指导思想，为学生指出学习的方向。1678 年，雍正即位，下诏将"幸学"改称为"诣学"。他认为帝王亲临学宫，举行视学典礼，目的是向天下宣示"尊师重道"，此为"教化之本"。而历来史册所载，都把帝王视学称作"幸学"（"幸"在古代是专指帝王驾临的意思），这是出于臣下对君王的尊重，雍正深感不安，所以下诏将帝王到国子监进行祭孔和视学的活动，改称为"诣学"（"诣"只是一般到达的意思），以示帝王对孔子之道和先圣先师的"崇敬"。雍正以后，名称虽改，但内容不改。

三　古代中国地方官学的视学制度

随着古代中国帝王对中央官学最高学府的"幸学"，随着古代中国地方官学管理机构的相继设立，尤其是随着古代中国地方官学管理机构职能的不断健全，中国地方官学视学制度也得以逐步建立。

（一）宋朝的提举学事司及其视学职能

中国地方官学始创于汉武帝时期，到唐朝，地方官学的建制已经相当完备。但是自西汉到唐朝，都没有建立独立的管理地方教育的行政机构。对于地方官学的领导和监督的责任，都由各级地方行政机构的正副官员负责，后来简称他们为地方长贰。北宋崇宁二年（1103 年），朝廷在路一级建立了提举学事司，这是中国教育史上正式设立地方教育行政机构的开端。提举学事司的长官称为提举学校官，也叫提举学事。提举学校官一身二任，既是地方教育的行政长官，又是地方教育的视学官，肩负管理、监督学校教官、学生及地方教化的重要责任。因此，朝廷规定提举学校官的品位高于常平官。自崇宁以后，提举学校官一职，或专任，或由地方长贰兼任。提举学校官的基本任务是掌管一路以内的州学、县学的行政管理。提举学校官每年要巡历管辖范围内的州学、县学，考察教官，分别优劣；检查学生学业，分别勤惰；专门负责举报不法的官吏。提举学校官的具体任务为：考察、审批地方官学的教官；统计所辖州、县学在学的实际人数；对地方教育提出改进建议；监督学规的执行；监督、维持学田不被"形势户"侵占。宋朝虽然设立了提举学事司官署，设立了专职或兼职的提举学事官，但尚未制定成文的工作条例，对地方官学的视学制度，还处于初创阶段。

（二）元朝的地方官学管理机构及其视学职能

元朝地方官学，分为儒学、医学、阴阳学和蒙古字学四类。除阴阳学外，其他各学都设立了行政管理机构并具备相应的视学职能。儒学、医学分别建立了提举司，称儒学提举司、官医提举司，并设置了专职的提举官。蒙古字学则设立蒙古提举学校官。其中儒学提举司和官医提举司是地方官学管理机构的主体。

1. 儒学提举司

元朝儒学提举司建于行省一级，设正、副提举各一人，官阶高于常平官。儒学提举司的任务是统一管理、监督各路学、府学、州学、县学的学校祭祀、教学、经费以及审核地方士人的著作，上呈朝廷。和宋代提举学事司的职责相比，元代儒学提举司增加了学校祭祀、管理儒户、审核进呈士人的著作三项事务。元朝虽在行省一级建立儒学提举司，但地方长贰对地方官学仍然负有部分的管理和监督责任。元朝和宋朝相比的一个突出之点，即国家监察机构参与了对负有视导责任的地方长贰、提举学校官和教官的监督。元朝从中央到地方建立了独立的、自成系统的监察机构。中央叫御史台，御史台下设置南北两个分遣机构：江南诸道行御史台（简称南台），陕西诸道行御史台（简称北台）。南台、北台下面设置了 22 个道肃政廉访司。南北台的任务是纠弹行省、宣慰司官吏的违法事件，肃政廉访司（至元二十八年前称提刑按察司）的职责是负责监察路以下的地方官吏。元朝对地方儒学的监督，是由地方长贰、儒学提举司和肃政廉访司共同负责。而地方长贰和儒学提举司本身又要受肃政廉访司的监督。

2. 官医提举司

元朝医学设于路、州、县。地方医学受多重领导、管理和监督：一为中央太医院属下的医学提举司，一为官医提举司，一为各路总管府（长官称总管）。州、县医学还要受路医学教授监督。医学提举司的主要责任，是考核地方医学的教官和学生的课艺。官医提举司，或设于行省一级，或设于路一级。所设置的官员数目也不相同，多则设提举、同提举、副提举各一人，少则仅设提举一人。其职责与路医学教授共同负责，从医户中选择医学生员，协助路总管选任医学教授。各路总管府的行政长官——总管，对属下的各地方医学负有实际的领导与监督责任。一是主持医人科举考试中的乡试级考试；二是监督医学生员、医学教授和医学提举官。此外，元朝创建的三皇庙讲会制度，对医学生员、医学教授及医人医技的提高也有督导作用。当然，对医学最有权威性的监督，则是中央御史台的监察御史和设在道一级的肃政廉访司。

（三）明朝的提督学校官及其视学职能

明朝的府、州、县、卫及各都司普遍设立了儒学。明初沿袭元制，于行省设立儒学提举司。但对地方官学的管理、监督，则比元代规范化。如统一规定各级儒学师生的编制定额、待遇，统一规定经义的文体为散文，禁止四六骈体，颁发禁例八条（史称"洪武卧碑"）规定教官、生员的职责和纪律，等等。明朝中后期的视学开始走上正规化，这主要表现在以下几个方面。

1. 设置提督学校官

明英宗正统元年（1436年），朝廷在南北两京和各布政司（有时亦沿用元代的名称，称之为行省）设置提督学校官。自此以后，朝廷对于地方官学的管理和监督，走上制度化，这在中国教育史上具有重要意义。提督学校官简称提学官、督学官、提学、督学，亦称督学使者。设于两京的提督学校官，一般由中央都察院的监察御史出任，成为提学御史或督学御史。设于各行省的提督学校官，称提学道或督学道，也可简称学道。明廷认为，提督学校官肩负监督地方长贰、学校教官和生员的三重责任。因此，朝廷十分重视督学官的人选。督学官必须具备三方面的条件方可委任：较高的经学造诣，一般须是进士出身；较高的道德修养，即端厚方正；较高的品格，即刚正不阿、严惩不贷的品格，能正己肃下。

2. 制定并修正《勅谕》

明天顺六年（1462 年）朝廷制定了《勅谕》，即专职提督学校官制度，并于万历三年（1575 年）修正了《勅谕》。关于提督学校官的职责，《勅谕》作了详细的说明。（1）提督学校官的基本任务。提督学校官的基本任务是监督地方官学贯彻封建统治阶级的办学宗旨。两份《勅谕》都以皇帝之尊，阐明国家的设学宗旨，提示生员为学的功夫，规定对生员的奖惩原则，这是督学官视学的基本法令依据。其中《勅谕》中关于设学宗旨、为学功夫两点规定集中体现了明代最高封建统治集团的办学思想和对人才的基本要求。提督学校官巡历视学的目的，即在指导、监督这一基本指导方针的实现，这是封建教育阶级性的集中反映。（2）提督学校官的具体职责。提学官每三年一任，任期内须两次到所属各学，包括地方儒学、卫所学、社学，执行任务。提督学校官外出督察叫做"按临"或"出棚"，督责范围为：第一，主持各府、州、县童生的"复试"（即"道试"）。经县试、府试筛选出的童生，须再参加由提学官主持的复试，合格者，方能成为府、州、县学的生员。这种考试带有检查核实的意义。第二，主持岁试。岁试三年举行一次，凡在学的生员，均须应试，这是督学官对在学生员学业的检查与考核，带有督促的意义。第三，主持科试。科试三年举行一次。第四，负责考贡生员。府、州、县学每年须通过考试选送生员中食廪年久者一至二人，贡入京师，入国子监学习，名为"岁贡"。"岁贡"要由督学官举行严格的考试进行选拔。第五，清理学籍。明代学校与科举，从制度上已合二为一。府、州、县学的入学考试，就是科举考试中的"郡试"（亦称"童试"），它是科举的第一个等级考试。提学官的任务之一，就是清理府、州、县学生员的学籍。第六，考核学校教官的学行。明朝极重视对教官的考核与监督。提学官按临之时，须认真考核教官的学行，主要包括德行与学术造诣两个方面。第七，审核各地方官所呈的乡贤名宦、节妇孝子、宾僎资格。明代地方官学，人才教育和教化职能并举。凡充当乡饮酒礼中的宾僎（老年人的代表），进入乡贤祠和名宦祠的乡贤和名宦、受旌表的孝子和节妇，都得由地方长官申报，朝廷认可。为谨防假冒与过滥，须经提督学校官核实。

3. 提督学校官的管理

《勅谕》赋予提学官相当的提督学校的权力，同时也规定了监督提督学校官的一套办法。一般说，提督学校官受多重节制。一是受地方监察官员的监督；二是受吏部、礼部与都察院的监督。提督学校官奉《勅谕》视学，对提督学校官的建制、视学的指导思想、提学官职责范围及管理等都作出了明文规定。这表明，中国封建社会的视学开始走上正规化。明朝提督学校官在督促教官尽职、生员勤学、端正士风与学风等方面，起到了积极的促进作用。但是，自嘉靖以后，封建统治危机愈益严重，世风日下，选择提学官亦未严格坚持条件，多种因素的结合，使提督学校官失去往昔的尊严与光彩。

（四）清朝（1840 年鸦片战争以前）的提督学政及其视学职能

清初曾沿袭明制，在直隶设提学御史，各直省设提学道。顺天、江南、浙江三个省的提督学校官，则称提督学政。雍正四年（1726 年），废除提学御史和提学道的建制，一律改称为"钦命提督学政"，简称"学政"，全国定额二十名。相对于明朝，清朝（1840 年鸦片战争以前）对于地方官学的管理和监督，有许多新的规定和措施。

1. 提督学政的建制

"钦命提督学政"，所谓"钦命"，意思是受皇帝特命，享受"钦差大臣"的待遇。这为低官职、低品级的官员出任学政，提供了权力的保证。学政（尊称为"学台"）的地位和各省的最高行政长官总督（尊称为"枭台"）、巡抚（尊称为"府台"）平行，知府以下官员对学政皆执属员之礼。"学台"、"府台"、"枭台"合称地方"三台"，分别负责一省的学政、行政和监察事务。出任学政，要经过一次文艺的考试，叫做"考差"。但"考差"成绩，只作为遴选的参考。学政任期三年。"钦命提督学政"的衙署，称为学院。学院没有专职固定的属员编制。各种学政公事由提督学政自行聘请幕僚，协助工作。幕僚的俸禄，从学政的"养廉费"中支给。

2. 提督学政的职责

清廷对于地方官学生员的管理、监督的基本原则和手段是：正面训导和严格考试、礼遇和严厉惩罚相结合。学政的视学，自始至终贯彻这一基本精神。这一基本精神主要通过提督学政的基本任务、具体职责得以落实。（1）提督学政的基本任务。提督学政的基本任务是监督清代皇帝亲自制定的"训士规条"的执行。清初诸帝，都直接过问地方官学教育，集中体现在御制《训士规条》上。各种形式"训士规条"的基本内容和特点为：一是阐明国家的设学宗旨，指导生员为学的方向；二是具体规定生员的行为规范，即"禁例"。"禁例"的核心思想是禁止生员出入衙门，参与词讼；禁止生员言政、参政；禁止生员"立盟结社"等。学政的责任，就是检查教官是否认真按朝廷规定宣讲、执行"训士规条"。凡发现执行不力的教官，学政将给予严厉的惩处。（2）提督学政的具体职责。提督学政的具体职责为：第一，主持院试、岁试、科试和录科、录遗。沿用明制，提督学政任期内，要普遍巡历所属的府州县学，主持院试、岁试、科试和录科、录遗。这称作"案临"或"出棚"。其中，院试、岁试、科试，沿用明制。录科、录遗则为清代新增的两种考试，为一部分生员参加乡试增加了两次机会。清代统治者特别强调学政在批阅文艺试卷时，要坚持"衡文"标准，即衡量八股文章的优劣等级，"衡文"的关键又在于能否坚持"清真雅正"的标准。所谓"清真雅正"，就是将士人的思想框定在程朱理学范围之内。乾隆二十四年（1759年），颁布上谕，并下令上谕须悬挂在各学政的官衙和各地方官学的明伦堂，"用资触目惊心"，起到监督作用。上谕基本要点是：学政主持的院试、岁试、科试，是士子取得举人、进士出身进入仕途的第一道关口。上谕提示学政，要正确理解、掌握"清真雅正"的衡文标准。学政相对乡试、会试的主考来说，在厘正文体上，负有"正本清源"的特殊责任。如果学政能够坚持"清真雅正"的衡文标准，必然能够有效发挥衡文的导向作用。第二，维护生员的人格尊严。清廷为笼络汉族知识分子，多次下令各级地方官员，对生员"宜以礼相待，勿得横施凌辱"。康熙九年（1670年），定《生员缘事未黜地方官不得擅挞例》。乾隆元年（1736年），又定《禁地方官擅行斥责生员》条例。第三，奖惩生员。清统治集团以《训士规条》为标准，责令学政如实执行"择优斥劣"。学政出巡，要对生员的学业和思想行为进行全面考核，并执行奖惩。关于学业的考核，基本沿用明制，考试文艺，按六等成绩进行升黜。其中与明代不同之点有：强调文和行的统一；实行"放告"，即允许当地百姓向学政控告生员的不法行为，一般在按临仪式结束以后进行；学政任满，总汇三年"举优黜落"的生员名单。第四，考核教官。清廷一方面提高地方官学教官官阶，另一方面责令学政与总督、巡抚共同负责监督教官、甄别教官。学政在甄别教官中的具体任务是：按临时负责考核教官；监督教官尽力教职；负责教官"计典"。清制，地方官学的教官六年为一任，任期满，须进行一次总的考核，叫"计典"。关于教官"计典"，康熙年间规定，由学政负责。雍正年间，改为知府负责。乾隆六年（1741 年）定为学政会同总督、巡抚共同考核。

3. 提督学政的管理

朝廷给予提督学政"钦差大臣"的尊严和荣誉，委以衡文取士、举优黜落以及甄别教官的重任。同时，对提督学政的任用、管理和监督制定了一系列政策，较明代更为严密，主要包括以下几个方面：（1）皇帝亲自选拔和管理学政。清代建国后的四个皇帝：顺治、康熙、雍正、乾隆，不仅始终如一地将任命学政安排在自己的政事日程上，而且还把学政置于自己直接监督之下。监督的方式多种多样，计有：针对学政执行任务时遇到的困难，下谕旨作出补充规定；针对学政按临视学中存在的问题，下谕旨分别处理；不时下谕旨，教诫学政，提高其督导学校的责任心和加强恪守学政纪律、法纪的观念。（2）颁发"学政关防"。"学政关防"类似今天的工作守则，其中规定随历朝皇帝所下谕旨不断增补、充实。其基本内容，大致有：学政按临沿路的防护设施、礼仪细节，按临地方官学的基本任务、程序、纪律，督抚与学政的职权分限及监督责任，学政的考绩等。其中，按临的纪律核心是防范请托、受贿，堵塞导致取士不公的各种孔道；关于总督、巡抚与学政的职责划分主要包括：总督、巡抚不能干预学政工作；学政见总督、巡抚可不行属员之礼；学政受贿徇私，总督、巡抚一并治罪；清廷赋予总督、巡抚的特殊使命是监督学政是否奉公守法。（3）增俸养廉。清廷为了让学政清廉守正，尽力于职守，提供了优裕的物质条件，即增俸养廉。（4）学政的考核。任满，学政要向吏部作任满述职，由吏部会同礼部，"照例考核"。而总督、巡抚的考评、保荐，起着左右作用。学政考核制度，顺治八年（1561年）开始建立，原则上实行"公明者优先，溺职者参处"。

地位高、责任重、职权明、纪律严、官俸优，这五者的有机结合，是清代建国后百余年，任用、管理学政的基本特点。这些措施，确实有力地推动了学政在贯彻朝廷办学宗旨方面，发挥出相当的监督效应。但是，嘉庆以后，随着封建制度的没落，吏治的腐败，学政往往任非其人，苟且应付，最终陷入了与明末督学官同样的境地。

第二节　清朝末期的视学制度

一　清朝末期视学制度建立的时代背景

从1840年第一次鸦片战争开始到1912年清政府被推翻，以英国为代表的西方资本主义列强先后对中国发动了一系列侵略战争，强迫清政府签订了一系列不平等条约，对中国进行无情的经济掠夺和政治压迫，中国开始丧失独立地位，逐步向半殖民地、半封建社会演变。鸦片战争开启了中华民族一段屈辱抗争的历史，也揭开了中国教育近代化的序幕。面对国门被强迫打开后变化的形势，封建传统教育已再难发挥其维护中国社会生存发展的作用，开始了艰难的改革历程，逐渐由以民族文化为中心的封闭型向与世界文化交流的开放型转变，开启了西方教育模式全面取代中国传统教育模式的时期。1898年，中日甲午战争后，民族危机加深，维新运动爆发。维新运动虽然以失败而告终，但中国教育近代化发展的趋势已不可逆转。1900年后，清政府迫于形势，不得不宣布实行新政。新政教育改革最终导致中国传统教育制度的解体，近代教育在形态上得以确立，主要表现为：结束了延续1300年之久的科举制度；依照西方近代三级教育模式首次建立了规范全国的学制系统；提出了普及全民教育的设想；设置了与近代教育相匹配的各级教育行政管理机构；新式学堂的数量迅速增加；学校教学内容中"西学"在数量上开始占主导地位；形成了规模空前的留学教育高潮；随着西方近代教育观念的大量引入，促进了教育理论的发展。近代中国教育督导制度伴随着近代中国学校教育制度的建立而建立。近代中国教育督导制度包括清朝末期（1840—1912年）和民国时期（1912—1949年）两个阶段。

从清末到民国，近代中国政府都比较重视教育督导工作，教育督导工作也为推动当时的教育改革和发展作出了贡献，在学校乃至社会上扩大了督导影响，树立了督导权威。

二 视学制度的建立

清末视学制度是在借鉴日本教育视导制度的基础上逐步建立、发展起来的。从 1901 年到 1905 年，日本视导制度通过各种方式和途径被系统地介绍到我国，主要包括视导制度的理念、视学规程、视学官的选派、分区视导等。日本视导制度的传入，为清末视导制度的建立，提供了经验和范本。

（一）视学机构建立

1905 年 12 月，清政府批准成立学部，作为统辖全国教育的中央教育行政机关，并将原来的国子监并入。学部成立后，即建议参酌日本文部省官制，设视学官。1906 年 5 月，学部在《奏酌拟学部官制并归并国子监事宜改定额缺折》中再次提出在学部内设视学官，其职能为专巡京外学务，其地位与部内五司平级，其官阶为正五品，与各司内总理司务的郎中相同。同时，鉴于科举制度已废，学校事务日繁，学部呈请裁撤学政，改设提学使。在《奏陈各省学务官制折》中，学部提出各省"提学使以下设省视学六人，承提学使之命令，巡视各府州县学务"。省视学员由提学使详请督抚，委派曾习师范或由出洋游学并曾充学堂管理员、教员、积有劳绩者充任。其官阶为六品，地位在学务公所所辖各科之上，只对提学使负责。此外，学部还规定，各厅州县劝学所亦得设县视学一人。县视学同时兼劝学所学务总董，由提学使委派当地年三十以外、品行端方、曾经出洋经历或曾习师范者充任，给以正七品虚衔。

自上述规定颁布后，各省先后委派了一批专职视学官，而学部倒未实行。原因是学部初设，部务日重，人员编制缺口较多，视学官的编制为各司占用，学部无法再设专门的视学官。学部几次派员赴各地视察，都只是临时从各司人员中委派。后来，学部又认为，视学只负责视察，不管理各司业务，很难了解部内各司的现行工作，视察时难免会产生隔膜。于是，1909 年 9 月，学部奏准将视学官由专职改为从各司中临时差遣。由此，清末视学官即不设定员。

（二）视学规章颁布

1. 学部颁布《视学官章程》。1909 年 12 月 11 日，仿效日本视导
制度，学部奏定颁布了《视学官章程》，这是近代中国关于教育视导的
第一个制度性文件。章程分为七章，共三十三条。第一，视学制度的指
导思想。学部在《奏拟定视学官章程折》中指出，为了随时了解地方
教育行政和教育情况，设立视学制度。第二，视学官分区视察。章程将
全国分为十二个视学区域，每学区派视学官二人，其视察区域由学部临
时指定，视学官按年派遣，每年约视察三四个区，每三年必须视察一
周。这是近代分区视察的开始。第三，视学官的选派规定。视学官从学
部工作人员或直辖学堂管理员、教员中选派。此外，每区所派视学官
中，须有一人精通外国文及各种科学，以便于考察中等以上学校情况。
第四，视学官的视察内容。视学官视察的内容为：各省学务公所、各厅
州县劝学所及劝学区教育行政情形；各种官立、公立、私立学堂教育情
形；学堂内卫生、经费、学务职员办事、教员授课及学生分配情形；有
关教育学艺之设施；特受部示之事件 。第五，视学官的权限。一旦发
现问题，视学官必须行使下列权限：向省内学务人员申诉部议已决定及
特示事件之意旨，劝导办理。发现省学务公所有与章程不合或未能实行
者，妥商该省提学使，改正整理。发现劝学所及劝学区事物有与章程不
合或未能实行者，详告办事人员，令其改正整理，并通知省提学使、省
视学及该厅州县地方官，随时留心考察。发现学堂事务有与章程不合并
未能实行，或所授教课次序方法未妥时，详告学堂有关人员，令其改正
整理，并通知省提学使，省、县视学官及地方官，随时留心考察。遇管
理员、教员不称职及旷课太多、虚糜经费等弊，得详具事实，商由提学
使即行撤换。遇教育事务之争端，移交提学使或地方官办理。有权调阅
学务公所、劝学所、劝学区及各学堂所存之案卷簿册，考试学生，查阅
图书目录、调取讲义稿本。视察前，毋庸预期通知，视察毕，即将视察
情形，随时具呈报部。约会省议长、议绅、教育会长、省视学、县视
学，筹议改良教育办法，并参加当地的教育会议，自陈己见，以期相互
裨益。第六，视学官的工作程序。视学官根据学部视察事项，制订视察
内容、计划，呈学部核准。视学官奉派后一个月，到学部参加视学事宜

研究会，为视学作预备。每省视察实际时间为 80 天（不包括节假日），视察结束后，具文呈报学部，以供学部了解情况，整顿改正。第七，视学官的经费和考试。章程规定视学官为月薪制。并规定，凡视学官二人，可设书记生一人。视学官视察不力，经查明可撤换。《视学官章程》内容相对全面、完整，这对以后的视导章程，无论在形式上还是在内容上都产生了一定的影响。它的颁布，不仅使清末视学官员有了可以依循的法则，更重要的是，它标志着近代中国视学制度的诞生。

2. 各省视学规章概述。《视学官章程》颁布以后，学部并未制定相关的配套制度，如省视学规程。但是，各省对视学活动比较重视，不仅早于部视学，而且做了大量的工作，成为清末视导制度一个不可忽视的重要内容。至 1907 年，直隶、江苏、浙江、四川等 22 个省相继制定了本省的视学规程，内容形式各异，各具特色。囊括各省视学规程要点，主要包括以下几个方面的内容。第一，各省对省视学的重要性都比较认同，都将省视学作为辅佐省级教育行政机构、了解地方教育行政和教育情况的重要途径。《江苏省视学暂行规章》提出："省视学承提学使之委任，专司考察苏省五属学务，以图教育改良进步为要旨。"① 浙江省《视学员办事规则》认为："省视学一差，为考察各属学堂之优劣、管理规则之完缺，随处调查，以辅本司耳目所不及。"② 第二，各省对视学官的视察内容、范围、工作权限等都有明确的规定。按《四川省视学简章》规定，视学内容分为四门：外观、内容、学堂与学堂之关系、学堂与地方之关系。③ 江苏省视学的视察范围则重在考察各学堂内部情形。第三，各省视学机构、视学人员的设置各具特色。直隶省按行政建制将全省划分为十四个区，每区派一至二名视学人员。四川省学务处特设学务调查所，由大学堂监督，任视学官。第四，各省对视学官的工作程序、工作纪律等也作出了规定。各省都规定省视学视察完毕即向省级教育行政长官呈送书面报告，同时强调了省视学不得收受贿赂等工作纪律。其中，直隶省更是三令五申严禁教育贿赂事件的发生。

---

① 《江苏省视学暂行规章》，载《直隶教育杂志》丁未年（1907 年）第 8 期，学制第 65、68 页。

② 《视学员办事规则》，载《浙江教育官报》第 3 期，文牍第 23、25 页。

③ 《四川省视学简章》，载《直隶教育杂志》第 1 年第 5 期，时闻第 64 页。

（三）视学队伍建设

清末视学人员，因其地位特殊，责任重大，一般来说，需要有较好的道德品行和较高的科学文化素养。因清末兴学不久，条件限制，当时视学官基本上由两部分人构成：一部分是传统的封建知识分子，已获得一定的科举功名和官位；另一部分是既有科举功名，又曾到国内外新式学堂学习过的人，是一种同时接受过新旧两种教育的知识分子。当然，这种情况是历史原因造成的。这两部分人在学部、省、县三级视学人员中所占的比例各不相同。各级视学官的构成大致为：部级视学官以旧式知识分子为多；省级视学官以受过新旧双重教育的知识分子为多；县级视学官，可能两者各占一半。由于清末视学人员的特殊构成，清末视学人员独具特点。第一，严重的官僚习气。因为视学人员都有一定的品级，巡视各地，可随带仆役、文书，地方官则另外派兵护送。这些行为，常常激起地方的反感。第二，以日本教育为视学参照标准。视学人员以日本教育为视学标准，并且视察要点较多地集中在学校有形的、物质方面的情况。这在当时新式学堂初兴、教育经费极度紧张、各地只能因陋就简的条件下，一律以日本学校校舍规模作为标准评判优劣，似乎有些勉强。

（四）视学实践开展

视学制度建立以后，学部开始奏派视学官赴地方查学。1906 年 9 月，罗振玉、田吴炤、刘钟琳、张煜全四人，被派赴直隶、河南、山东、山西四省考察学务。这是近代中国由中央教育行政机关派出的首批视学专员。此后，学部经常派视学官赴各省及东南洋华侨集聚处视察学务。据 1908 年《学部奏报分年筹备事宜折》，22 个省每三年须遍查一次，华侨学堂间年查看一次。从 1906 年到 1912 年，学部共派出视学官 10 余批次，20 余人次到各地巡查。各省视学人员的派遣，都早于部视学人员的派遣。随着省级教育行政机构的创设，各省即有视学人员的派遣。因当时各省学务官制尚未确定，所以称呼不一，或称查学、查学员，或称查学委员，到 1906 年后才统称"视学"。1906 年 4 月，清政府允准各省将学务处改设为提学使司，这标志着新式省级教育行政机构的正式建立。提学使司的建立对清末地方教育的统筹发展起到了极其重要的作用。事实上，随着提学使司的设立，各省即有视学人员的派遣。

譬如，1904 年，直隶学务处成立不久，就派定了第一批查学 16 人。这可能是近代中国第一批省级视学官。1906 年，学部《奏设各省学务官制折》颁布后，规定各省视学官为六人、县视学为一人。一般来说，省视学每年奉提学使之命，出省两次，依次巡视各地。1906 年后，各省的县级学也基本派定，并开展了相应的视学活动。此外，有的省还邀请一些在华的外国教师一起参加视学。从此以后，省、县视学官的派遣逐步经常化、制度化。

三　清朝末期视导实践的影响

清末的视导活动，因时间较短，规模较小，没能产生全局性影响。但是，它对清末的教育还是起到了一定的促进作用。

（一）反映教育的真实情况

清末政府规定，凡各级教育行政官吏，每三年考评一次，凭办学成绩升迁。因此，学校数、学生数、课时数等成为考核的硬指标。这样一来，地方官弄虚作假的情况时有发生。因此，各级视学官据实撰写的视察报告便成为教育行政部门和上级教育行政长官了解教育实际情况的重要途径。除了一般地反映各学校管理、教学、经费、设备等方面的成绩和问题外，视学官还常被派赴各地查处一些特殊事件。如教育方面的争端、学款诉讼案件、调查地方学务官的劣迹等。教育行政长官常常依据视学人员的报告，给出相应的处理意见。因此，各级视学官在一定程度上对清末教育发挥了"耳目"和"下情上达"的作用。

（二）提出改正教育的意见

视学官除了反映教育实际情况，各级视学官还会根据所见所闻，向教育行政长官和相关人员提出合理的改进意见。此外，视学人员还通过各种途径，就视察中的共性问题，提出讨论，发表意见。因视学官亲临教育第一线，所提意见和建议往往切中时弊，有较大的参考价值，常常为决策者所采纳。因此，各级视学官在一定程度上为清末教育起到了"参谋"和"咨议官"的作用。

（三）推动地方兴学

虽然清政府颁布了《奏定学堂章程》，但因守旧势力的影响和阻挠，创办新学校并非易事。如何广设学校，始终是各级官吏面临的重要问题。清末视学活动的开展，从一个侧面推动了当时的兴学运动。首先，各地学堂数、学生数、教师数是视学官必须统计汇报的重要内容。视学官巡查之前，地方官或为彰显政绩，或者迫于压力，不得不主动或被动地创办一定数量的学校。这在客观上有助于学校的推广。其次，三级视学官中，县级视学官是主体，县级视学官兼任劝学所学务总董，负有劝民设学的法定责任。事实上，不少县级视学官做出了成绩。客观地说，清末学堂数增长迅速，教育发展较快，这是与各级视学官的工作，尤其是县级视学官的工作分不开的。

清末，作为近代中国视学制度的发端，一方面对视学工作的建章立制，三级视学人员的设置、责权和管理等方面做出了尝试，对以后的视学制度尤其是民国的视学制度产生了一定的影响。另一方面，因其视导实践的开展，留下了诸多可思考、需改革的课题。如视学人员的素质问题、各级视学官的分工合作问题、高校如何配备视学、视学官和办学者的关系问题，等等。民国的视学制度，就是在清末视学制度的基础上改进和发展起来的。

第三节 民国前期的视学制度

一 民国前期视学制度建立的时代背景

清末，中华民族面临严重危机。1911 年，以孙中山为领袖的资产阶级革命党人发动辛亥革命，推翻了清政府，结束了中国两千多年的封建帝制。1912 年 1 月 1 日，在南京成立了以孙中山为总统的中华民国临时政府。中华民国，为资产阶级民主共和国，简称民国。民国的成立，奠定了教育民主化改革的政治基础，建立了资产阶级民主主义教育制度体系，完成了资产阶级依法改革封建教育的法定程序，开辟了中国资产阶级教育发展的新时代。由于辛亥革命的不彻底性、封建势力的根深蒂固以及袁世凯的倒行逆施，民国前期民主政治建设经历了巨大反复，导致严重的封建教育回潮现象。但这终究挡不住教育朝近代化和民主化方向发展，继之而来的新文化运动又为教育改革增添了新的动力。正是新文化运动和大革命时期的种种教育探索和举措，标志着中国教育的现代转换，并初步形成了中国现代教育的基本格局。

二 民国前期视学制度的建立

（一）部—省—县三级视学网的建立

1912 年 1 月 9 日，南京临时政府教育部正式成立。视学作为民国教育行政机构的重要职能和工作，一方面，沿用了清末视学制度的某些做法，另一方面，根据民国前期情况，不断变革和完善，视学制度逐步走上专门化、制度化道路。首先，通过颁布一系列规章制度，建构了一个统一的、独立的、较完整的部、省、县三级视学网络。其次，部、省、县三级视学人员均为专任，改变了清末学部视学临时委派、县视学兼劝学所所长集执行者与检查者于一身的状况。再次，对视学人员的任职资格，由重官品转向重学识经验。

1. 部视学

教育部成立以后，即在部内特设视学室，视学室配备视学人员，主持全国视学工作。视学室是近代设在中央教育行政机构内的第一个专门视学机构。从 1913 年起，教育部相继建立了一系列有关部视学的规章制度。如《视学规程》（1913 年 1 月）、《视学处务细则》（1913 年 3 月）、《视学留部办事规程》（1913 年 12 月）、《视学室办事细则》（1914 年 12 月）、《修正视学公费规程》（1917 年 2 月）等。根据这些规章，民国前期对部视学的规定，有些沿用了清末的做法，但也有相当的不同点。

第一，民国前期与清末部视学类似规定主要有四项。（1）视察内容和范围。主要有七项：教育行政状况；学校教育状况；学校经济状况；学校卫生状况；关系学务各职员执务状况；社会教育及其设施状况；教育总长特命视察事项。去掉了清末相对含糊的"有关教育学艺诸种之设施"，新增了视察社会教育的内容。（2）视学权限。视学遇到五种情况，必须向主管者表示意见，即：与教育法令抵触事项；部议决定事项；学校教授管理事项；社会教育设施事项；教育总长特命指示事项。必要时，视学可变更教授时间、调阅各项簿册、试验学生成绩。（3）视察前的准备。视学出发前，应开各种研究会：关于视察进行及规划事项，呈请总长召集参事司长研究；关于视察应准备事项，由各视学自行研究；关于特别事项，与主管各司或各科人员研究。（4）视察经费。视学出京后，视学公费 200 元/月/人；随带书记 1 人，150 元/月/人；邮票电报等费另行开支。

第二，民国前期与清末部视学不同之点主要有七项。（1）重新划定视察区域。跟清末十二个视学区域不同，民国前期将全国划分为八个视学区域，直隶、奉天、吉林、黑龙江；山东、山西、河南；江苏、安徽、浙江；湖北、湖南、江西；陕西、四川；甘肃、新疆；福建、广东、广西；云南、贵州、蒙古、西藏为特别视学区域。（2）区分视察种类。视察分定期视察和临时视察两种。定期视察，每年八月下旬至次年六月上旬；临时视察根据教育总长特别命令执行。（3）明定视学任用资格。《视学规程》规定："有荐任文官资格而合于下列各项之一者，得任用为视学：一、毕业于本国外国大学或高等师范学校，任学务职一年以上者；二、曾任师范学校中学校长或教员三年以上者；三、曾任教育行政职务三年以上者。"清末视学人员多由官僚充任，对教育学识、经验等无具体明确规定。民国前期视学任用资格明确包括两方面的条件：荐任文官资格、学术资格（含学历、教育经验、教育行政工作经验三个方面）。这是近代中国视学人员逐渐由官僚转向专家的变化。（4）设置视学机构。教育部部内特设视学室，这是近代设在中央教育行政机构内的第一个专门视学机构。它是部视学集合开会的场所，同时也收藏下列文件资料：部视学的视察报告；各地视学姓名、履历表；各省省视学的视察报告；等等。（5）规定视学留部工作。《视学留部办事规程》规定，视学除在外视察外，其余时间按日到部工作，工作内容为：由教育总长分派各司办事；参加各种应行事件的讨论会；按日到总务厅传阅部内已发文稿，并可随时查阅部内收藏的文件。（6）规定部视学报告之种类。视学报告分为两种：年度总报告和临时报告。（7）设置视学专员。教育部设专门的视学人员，初设视学 16 人，后为12 人。

第三，成立专门以上学校视察委员会，这是民国前期特有的部级视学人员。由于部视学的视察范围仅限于初等教育、中等教育和社会教育，而对高等专门以上学校很少顾及。同时，由于当时私立学校纷纷升格为大学、专门学校，程度参差不齐。教会学校须经教育部认可，其毕业生才可予以同等利益。而原部视学因学识、经验所限，很难胜任高等专门以上学校的视导。1920 年 12 月 31 日，教育部制定了《专门以上学校视察委员会规程》。1921 年 2 月 1 日，教育部颁布《专门以上学校视察委员会视察细则》，并决定在教育部内成立专门以上学校视察委员会，这是民国前期特有的部级视学人员。其一，专门以上学校视察委员会的视察范围。专门以上学校视察委员会，隶属于教育总长负责视察专门以上学校，主要包括：国立公立及曾经教育部认可的私立专门以上学校；正在向教育部申请认可的私立专门以上学校；未经教育部认可的私立专门以上学校；专门以上学校所设的某种学科的状况；教育总长特命视察事项。按规定，专门以上学校视察委员会的视察委员在视察某所学校时，应注意学校行政、经济、设备、教职员工作、所设科目及学科分配、学校原定工作计划及其他应行注意之事项；视察某种学科时，应注意该学科的内容、设备条件、教员的资格、学识和教授法、学生对于学科的兴趣以及其他应注意之事项。其二，专门以上学校视察委员会的人员配备。专门以上学校视察委员常任委员一般不超过八人，由教育总长指派部员充任。设主任一人，由专门教育司司长兼任，设干事两人，由部员兼任。在部内设事务处，为该委员会的议事集会机构。其他视察程序、权限、经费等，与其他部视学相同。其三，专门以上学校视察委员会正式成立。1921 年初，专门以上学校视察委员会正式成立。教育部任命七人为专门以上学校视察委员会委员。此七人均为教育部部员中"曾留学外国而有学问者"，另派两部员兼视察委员会干事。事务处附设在专门教育司内。专门以上学校视察委员会的成立标志着近代中国高校教学督导制度正式形成。

2. 省视学

民国前期，各省教育行政制度极其紊乱。1914 年，北京政府颁布各省官制，但其中并无视学一职。同年 6 月 6 日，教育部呈文中央，请求保留各省视学。教育部的呈文中说："拟请仍留省视学一职，应由各省巡按使慎选宗旨正大、深明教育原理之员，委充斯任。其员额即由巡按使酌量地方情形，妥为规定。惟至少之数，必须四人，厘定官守，以专责成。随时督饬分赴各属，认真考察，切实指导。庶几办学官绅，各顾考成，地方学务，日趋正规，实于教育行政，裨益甚多。"教育部的呈文得到批准，于是，各省相继制定省视学规程，委派省视学，开展省级教育视察活动。

1917 年，教育部公布的《教育厅暂行条例》规定："教育厅设省视学四人至六人，由厅长委任，掌管视察全省教育事宜。"1918 年 4 月 30 日，教育部颁布《省视学规程》，计十九条，各省视学制度开始统一。按《省视学规程》规定，各省按省内实际情况，设省视学四至六人，承省教育行政长官之命，专门视察全省教育事宜。省视学由省教育行政长官委任，报教育总长核准备案，不得兼任他职。其视察区域、时间、任务分配等，由省教育行政长官决定。该规定明确了省视学的任职资格、视察的内容和范围、视察权限、工作程序等。第一，省视学的任职资格规定为：大学文化或高等师范学校毕业者；师范学校本科毕业，曾任学务职五年以上，著有成绩者；曾任师范学校、中学校长或教员两年以上，著有成绩者。凡具上列资格之一者，得任用为省视学。此外，遇特别情形，经教育总长核准暂行任用者，不在此限。第二，省视学的视察内容和范围是：地方教育行政及经济状况；中等以下学校教育状况；社会教育及其实施状况；幼儿教育及特殊教育设施状况；学务职员执务状况；主管长官特命视察事项；部视学嘱托视察事项。第三，省视学应行指导事项是：地方教育行政设施事项；学校教育设施事项；社会教育设施事项；幼儿教育及特殊教育设施事项；教育法令上规定之事项；省教育行政机关决定之事项；主管长官特命指示之事项。第四，省视学的权限为：视察时，得调阅各种簿册；必要时，得试验学生成绩，或变更教授时间。第五，省视学工作程序是：出发前，应就视察的内容及指导事项进行研究，写出书面意见，呈请长官核定，然后按指定地点轮流视察；遇部视学莅省时，向部视学报告省内教育情况；视察结束后，撰写详细报告呈省教育行政长官，由省教育行政长官摘要汇送教育部。省视学的电旅费、俸给等由省教育行政长官决定，列入省教育行政公署用款。《省视学规程》是近代中国由国家颁布的关于省级教育视察的第一个规章制度。它结束了自清末以来，各省视察工作办法不一、时设时废的局面，使后来的省视学制度渐趋统一化、正常化、法制化，它是近代中国地方视学制度正式创建的重要标志之一。

3. 县视学

民国前期，各省仍沿袭清末旧制，多设县视学，只是具体办法不一。1914 年 6 月，教育部曾一度按当时行政建制，试行设置道视学。因在实行的过程中，道、县视学职权往往不清，9 月，教育部发文，对道视学的权限作出规定。试行三年以后，道、县视学职权不清的矛盾仍很突出，无法解决。1917 年，教育部通咨各省停设道视学。此后，民国的地方视学制度一直为省、县两级网络。

1918 年 4 月 30 日，教育部颁布《县视学规程》，同时废止民国前期各省的县视学暂行规程，统一县视学制度。《县视学规程》共计十六条，规定各县设县视学一至三人，秉承县知事，视察全县教育事宜。县视学由县知事呈请省教育行政长官委任，报教育部备案，一般不得兼任他职。第一，县视学的任职资格为：师范学校本科毕业，任学务职一年以上者；中学校或两年以上简易师范科毕业，任学务职两年以上著有成绩者；曾任高等小学校长或本科正教员两年以上，经省教育行政长官认为确有成绩者。凡符合上述资格之一者，可任用为县视学。遇特殊情形，经省教育行政长官许可暂时任用者，不在此限。第二，县视学的工作职责为：督察各区对于教育法令施行事项；督察各区对于学务计划进行事项；查核各区教育经费及学校经济之实况；查核各区学龄儿童之就学及出席实况；视察各学校设备编制及管理之状况；视察各学校课程教授及学业成绩之状况；视察各学校训育学风及操行成绩之状况；视察各学校卫生体育及生徒健康之状况；视察社会教育及其设施状况；视察幼儿教育及特殊教育设施状况；视察学务职员执务状况；视察主管长官或省视学所指定之事项；宣传主管长官指示之事项。此外，县视学对县属学务职员负有指导的责任。必要时，可调阅各种簿册、测试学生的成绩、变更教授时间。第三，县视学的工作程序为：县视学视察完毕，应向县知事提出详细报告，由县知事摘要呈报省教育行政长官。遇部、省视学莅县时，县视学应该报告该县教育情形。县视学的俸给、旅费、考核等，均由省教育行政长官掌管。《县视学规程》颁布后，县级视学有了统一的章法和实施的保证。它和《省视学规程》一道，标志着近代中国地方视学制度正式创建。

三　民国前期视学专项问题

民国前期，视学工作全面铺开后，出现了不少具体的、共性的问题，而先前制定的视学规程对这些问题都未曾涉及。为保证视学工作的顺利进行，当时各省对解决这些问题做出了若干补充性的规定。这一系列诸多问题的提出，反映了当时视学工作的实际状况和各省教育行政部门、视学人员在解决这些问题上的初步尝试。

（一）视学人员的教育和管理问题

民国前期，随着部、省、县三级视学系统的建立，视学规程的颁布，视学工作的全面铺开，视学人员队伍日益庞大。视学作为各级教育行政机构和广大教育工作者的中间联系环节，担负着极其重大的责任。对教育行政长官而言，视学是耳目；对学校、实际教育工作者而言，视学是警察、钦差。因此，视学人员自身素质及其如何对视学人员加强教育和管理，是一个十分重要和必须解决的问题。民国前期的视学人员中，不乏勤于职守、实心任事者。他们的辛勤工作，对促进民国前期教育的发展起到了一定的作用。然而，民国前期的视学人员中，也确有不少滥竽充数、敷衍塞责者。这种视学人员素质差、不称职状况，危害甚大，轻则形同虚设，重则贻误教育。因而，各省都相继采取一些补救措施，以加强对视学人员的教育和管理。第一，在提高视学人员素质问题上，一些省份大都采用了组织视学讲习会，专门培训视学。有的省还建议，向视学按期赠送专业教育刊物，组织视学参观团，轮流赴教育发达地区参观学习，以提高视学人员的学识素养、业务能力。第二，为了防止敷衍塞责，调动视学人员工作积极性，一些省建立了视学考成制度。条例规定，由省教育主管长官定期对全省视学人员进行考核。第三，教育部对各级视学有甄别的规定，有的省还举行县视学考试，有的省教育行政长官定期抽查视察报告等。所有这些做法，都是为了约束视学人员，使之恪尽职守。民国前期对视学人员的教育和管理问题，从帮助提高和加强考核两方面做出了初步尝试。

（二）视学人员间的合作与联系问题

民国前期，除中央设视学室外，各省一般无视学机构的设置。视学工作流动性很大，一年中绝大部分时间在各地巡查。视学都为单独作业，彼此间缺乏交流与合作的机会。视学者学识不一，才力各异，意见难免有分歧。长此以往，不仅视学偏于一隅，难以从全局的高度来发现问题，指导实际。而且，对省教育行政长官来说，也得不到比较了解教育实际的视学人员的中肯意见。这对教育工作显然不利。为此，一些省份开始探索如何加强视学人员间的合作与联系问题。当时，各省比较普遍的做法是定期召开省视学会议。省视学会议，以谋求地方教育的改良与进步为宗旨。一般由省长亲自召集或由省教育行政长官受省长委托召集会议，每学期一至两次，省内全体视学均需参加。会议所决议的各事项，如得到省教育行政长官的认可，即可遵照办理。省视学会议的议题，大多分三部分。第一部分议题，是视学在视察中遇到的共性问题，如视察标准、方法、表格、困难等。第二部分议题，是由省教育行政机关交议讨论的问题。一般为当时省内迫切需要解决的问题。第三部分，是省、县视学的提案，其内容涉及制度、设备、作息时间、学习年限、教材等各方面的问题。由于有了省视学会议制度，视学人员定期交流情况，统一认识，讨论问题，这对加强他们之间的合作与联系，发挥他们在监督、咨询方面的整体作用十分有益。

（三）视学的标准问题

视学人员，因学识、才能、经验、办法等的不同，视察标准自然会有不同。如何确定视察标准，并将其转换成具体的、量化的东西，使视学人员易于掌握，这也是民国前期视学工作中遇到的一个新问题。当时，有的省份在这方面进行了一些尝试。如有的省制定了视学视察标准、统一的调查表格等。有了这些标准，视学巡视各地，不仅有了统一的评判尺度，而且比较具体、易于把握。

四　民国前期视学制度的作用

民国前期，部—省—县三级视学网的建立及其视学工作的全面铺开，对当时的教育的兴废改革起到了较大的影响，大至制定政策，小至评点优劣，视学制度都起到了一定的作用。第一，取消私立法政学校，是民国前期社会反响最大的一件事，此举就是教育部根据视学的视察结果做出的正确决断。自清末废科举兴学校，法政学校成为新的做官途径，法政学校即呈锐增趋势。民国后，各省私立法政学校泛滥一时，流弊丛生。这不仅鼓励做官的思想，而且造成了专门学校内种类比例严重失调，亟待整顿。为此，1913 年教育部特派视学员专程赴江苏、江西、浙江、安徽、湖北、湖南、直隶七省专门考察私立法政学校。根据视学报告，教育部立即咨行各省，严令所有的私立政法大学或专门学校，限日遵照部令，一律停办。第二，民国前期，教育部曾制定县知事学务奖惩条例，将发展教育作为县级行政长官的法定义务。这一动议，也是教育部从视学员的报告中得出的启发。1914年，教育部派视学员赴各省考察学务，其中广东学务较为落后。究其原因，除了"二次革命"的影响外，"县知事不知提倡"亦为一大原因，教育部遂决定拟定县知事的学务奖惩条例。第三，收回教育权运动，是20世纪20年代中国教育界的一件大事，其中视学人员也发挥了一定的作用。五四运动以后，社会各界对教会学校在中国的特殊地位表现出日益强烈的不满。1921年，教育部规定，凡外国人在中国举办的学校，特别是高等学校，必须经教育部认可，必须经教育部派员视察一次，以考核其程度是否相当。然后，教育部将根据视察结果，决定是否认可，得到认可的学校方能办理立案、清册手续，学生方可享受与公立、国立学校学生同等待遇。第四，1922年民国政府新学制颁布后，何时采用新学制？新旧学制如何衔接？各省为此颇为踌躇。各省视学通过视学会议等形式集思广益，最终促成了问题的解决。第五，除以上大的、全局性的影响外，视学对诸多个别问题、具体问题的发现和解决，也起到了促进作用。如地方附加税的分配问题、整顿县教育的办法等。

总之，从私立政法学校的停办到职业学校的兴起、师范教育的扩充、美育教育的提倡、白话文的推广、新教材的编写、学术团体的建立，直到1922年新学制的制定，民国前期教育确实进行了一系列重大的改革，多在不同程度上与各级视学的督促有关。视学制度的建立及其视学实践的开展，对民国前期的教育起到了较好的促进作用。

第四节　民国后期的视学制度

一　民国后期视学制度发展的时代背景

1927年4月12日，"四一二事变"发生，国民党背叛孙中山"联俄、联共、扶助农工"三大政策和新三民主义。4月18日，蒋介石在南京建立国民政府。南京国民政府时期的教育，是中国资产阶级教育发展的成熟期。在20世纪20年代初到1937年抗日战争爆发以前的15年时间里，中国教育达到了 20 世纪第一个发展的鼎盛时期，为中国教育的现代化奠定了基础。15 年里，由于社会政局相对稳定，国民政府重视借助教育的力量维护统治，教育投入有所增加，教育体制日趋完善。尤其经过一批教育家和广大教育界人士的不懈探索、辛勤工作，使国民教育进入稳步发展和逐步定型的时期，在五四新文化运动和 20 年代教育改革基础上，各级各类教育都取得了较显著的发展。

二 民国后期视学制度的发展

（一）部视学制度的发展

1. 1940 年前的部视学制度

1926 年 3 月，国民政府尚在广州，即设立教育行政委员会，掌管教育事宜。教育行政委员会下设行政事务厅，内分参事、秘书、督学三处，所有负责视察指导各地教育的人员都称督学，这是近代中国部视学人员又称督学的开始。1927 年，国民政府迁至南京，设大学院，作为全国最高的教育行政机构和科学研究机构。但是，大学院未设专职视学人员和视学机构，仅在 1928 年初颁布过一个《大学院华侨视学员条例》，拟派人分赴美洲、欧洲、日本、东南亚等地华侨聚集区，实地调查和提倡、指导华侨教育。1928 年末，国民政府取消大学院，改设教育部。起初，教育部的视察工作也无专人负责，只是根据需要，临时派人充任。这种部视学无专职视学人员的情况，直至 1931 年 7 月才得以改变。当时，国民政府颁布第三次修正教育部组织法，规定教育部内设督学四至六人。同年 8 月，教育部颁布了《教育部督学规程》；9 月，又颁布了《教育部督学办事细则》。至此，中断了数年的教育部视学制度再次建立。

民国后期视学制度的第一个变化，就是在名称上改视学为督学。联系当时各省都有改视察为分科指导的实际情况，以及理论界关于视察和指导问题的讨论来看，改视学为督学，不仅仅是一个名称问题，而是说明了民国后期的视学制度，从一开始在指导思想上就有了变化，即改变过去只视不导的状况，要求完成视察和指导的双重任务。这种变化，在《教育部督学规程》中得到了充分的反映。第一条规定，督学的任务是"视察及指导全国教育事宜"。第三条规定："督学应视察及指导事项如下：关于教育法令之推行事项；关于学校教育事项；关于社会教育事项；关于地方教育行政事项；关于其他与教育有关事项；关于部长特命视察及指导事项。"将视察与指导并列，并规定为督学的职能，这是过去的视学规程所没有的。

和民国前期的《视学规程》相比，《教育部督学规程》还有以下几点不同：第一，关于督学资格。第二条规定："有简任和荐任文官资格，且曾任教育职务两年以上者，得任用为简任或荐任督学。"删去了对学历和行政职务等方面的要求。第二，关于工作程序问题。第六条规定督学应就视察及指导事项，于出发之前，随时研究讨论，拟定标准、制成表格，并加具说明，会同各主管司处呈请部长核定。这比以前所定的"应行准备事项"，更为具体。第三，关于督学机构的设置及其职能。《教育部督学办事细则》第二条规定："督学应置办公室，由部长于各督学中，轮流指定一人，处理一切事务，并酌设科员书记佐理之。其应办事务如下：督学室往来文件之分配事项；各督学报告表册之整理事物；督学室报告簿册之保管事项；关于视察登记及稽核事项；各种会议之通知及记录事项；视察特刊之编辑事项；其他事项。"此外，"督学室应置视察登记簿及稽核表，详记各督学出发日期、到达日期、所在地点；其未出发者，应记其在部或请假情形"。其职能较民国前期视学室更全面。

2. 1940 年后的部视学制度

1940 年后，教育部先后召开了两次视导会议，这两次会议作出的若干决定，对后来的视学制度产生了重要影响。第一次会议是在 1941 年 3 月，由教育部举行的第一届视导会议。会议议决了教育部推进视导工作计划大纲一案，内容包括视导工作与各部门的联系，省市视导工作，省市视导人员职称、名额等。第二次会议是 1942 年 1 月召开的各省市教育视导会议。会议的中心议题是"检讨各省市推进教育视导过去实况及商定三十一年度（1942 年）实施计划"。会议收到提案 26 件，后合并议决 20 件。其具体内容为：调整省市视导组织案；确定省市视导人员职称与名额案；实施分区与驻区视导案；推行分类及分科视导案；制定视导手册要点及其他应用表格案；规定视导报告格式案；规定视导人员待遇及旅费支给标准案；规定视导人员每期在外视导之时间案；执行视导意见案；增进视导人员联系案；视导人员进修案；改进全国视导办法草案；请确定全国教育视导制度以增进视导效率案；拟定各种教育视导标准案；拟请统一各级视导标准案；加强各级视导工作与统计工作之联系，以利考核而资促进案；请视导人员随时核阅各校财产目录，并特别考察图书仪器标本等实际管理状况，以宏教学效能兼助计政改进案；为辅导在职教师进修，拟具国民教育巡回辅导办法，请推广全国采择推行案；拟请改订各级视导人员任用及铨叙办法案；拟请规定各级师资训练机关，注意培养教育视导专门人才案。这两次视导会议的议案、决定，多被教育部采择。部视学制度较之前有了较大的发展变化，具体表现在如下几个方面。

（1）增加人员，实行分区、分类视导

1940 年 11 月，国民政府公布第七次修正的教育部组织法，视导人员的设置较前大有增加。一是设督学八至十六人，其中四人简任，余荐任。二是设视察员十六至二十四人。三是设社教督导员及服务团视察各四人。总人数较前增加四倍左右。1943 年 1 月公布的第八次修正之教育部组织法，取消了视察员，督学人数定位三十至四十人，一直保持到1949 年。视导人员增加后，视察工作逐步开展起来。从 1941 年起，教育部视察分为定期视导和特殊视导两种，其中定期视导实行分区视导、分类视导两种。所谓分区视导，即清末起实行的做法，把全国各省市分成若干区，每两省或三省为一区，每区派若干人分任该区域内教育的视导。分类视导为新生事物。所谓分类视导，即按教育的种类，分高等教育、中等教育、国民教育、社会教育、边疆教育、职业教育、体育、训育、助产护士等类，按类派人视察。从当时情况来看，分区视察多由部督学担任；分类视察则多由部内外专家担任。

（2）制定统一的视导标准和表格

为了使各级视导人员在视导时，能有统一的评判标准和依据，从1942 年 5 月起，教育部开始拟定各级各类教育的视导标准。1946 年 4月，教育部颁布了《教育部视导试行标准》，供各地试行、修改。试行标准分为省市教育行政、地方教育行政、中等学校、中心国民学校、国民学校、社会教育六个部分，视导标准涉及方方面面。第一，省市教育行政视导试行标准主要包括：组织机构、人事、工作效能、设计、经费款产、业务实施、视导考核、法令推行等。第二，县市教育行政视导试行标准主要包括：组织及人员、各级地方人员办理教育情形、人事管理、一般行政设施、经费及款产处理、各项事业设施、视察与辅导、研究及活动等。第三，中等学校视导施行标准主要包括：中等学校行政、中等学校教师教学等。中等学校行政主要包括学校环境及一般行政处理、经费与事务管理、教务设施、训育、体育及医药卫生、推广工作等。中等学校教师教学主要包括教学环境、教师特性、教室管理、教材管理、教育方法及技能等。第四，中心国民学校视导试行标准主要包括：中心国民学校行政、中心国民学校教师教学等。中心国民学校行政主要包括一般行政、校舍设备、教职员、教学实施、训育实施、体育及卫生、研究辅导、社教事业及其他等。中心国民学校教师教学主要包括仪容、教室管理、教学方法及技术等。第五，国民学校视导试行标准主要包括：国民学校行政、国民学校教师教学（同中心国民学校教师教学）等。国民学校行政主要包括一般行政、校舍设备、教职员、教学实施、训育实施、社会事业及其他等。第六，社会教育视导试行标准主要包括：省社会教育行政、县社会教育行政、省立民众教育馆、县市立民众教育馆等。此外，教育部还编制了一些表格，主要包括：省（市）教育行政概况表、专科以上学校概况表、中等学校概况表、县（市）教育行政概况表、社会教育机关概况表、（中心）国民学校概况表等，供视导人员统一使用。

（3）加强部督学与省市县视导工作的联系

1946 年 2 月，教育部通令各地，强调加强部督学与省市县视导工作间的联系。其要点有五：第一，部督学视察省市教育时，应将所视察省市之教育视导计划、视导报告切实审阅，以资参证。第二，部督学到达省市后，应尽量明了省市教育情形，应与有关人员举行会议，听取报告。第三，部督学到达省市后，得与省市视导人员联合视察省市教育，并将部省视导人员以前历次报告之改进意见，加以复查，以作彻底的改进。第四，部督学视察省市教育完毕后，应召集该省市视导人员及部局主要人员交换视导意见，并商议改进办法。第五，各省市每期视察报告与部视察报告应摘要印发各省市县学校及社教机关，切实参考，以利改进。

（4）建立辅导制度

教育视导，含视察与指导两方面意见。而指导，更多地落实在具体的业务研究领域。为加强指导力量，1940年前后，教育部颁布了一系列文件，主要包括：《各省市实施分区辅导职业学校办法大纲》（1939年2月）、《师范学院辅导中等教育办法》（1940年8月）、《各师范学院区中等教育辅导委员会组织通则》（1940年8月）、《三十一年度大学、师范、农工学院辅导中等学校办法大纲》（1942年4月）、《师范学院辅导地方教育办法》（1943年）、《国民教育实施纲领》（1940年）等。这样，在全国形成了高等学校辅导中等学校、师范学校辅导小学、中心国民学校辅导国民学校的三层辅导网。所谓辅导，即业务上的具体指导。内容包括：编订教材、选择教材、改进教法；指导各科教师进修；指导生产实习、提供教学设备和实习场所、帮助制订生产计划和推销产品；编订教学计划、教学进度表等。为使辅导工作顺利开展，教育部对辅导区域、机构、内容、经费等都作出了具体的规定。从全国实际情况来看，少数学校和省市确实做了不少辅导工作，但多数学校和省市并未真正实行各项辅导工作，辅导制度远未收到预期的效果。

（5）加强对省市视导工作的督促领导

1940年6月，教育部责成各省市必须定期（后定每年二月八日）将上年度视导情况结果报告教育部，供部考核。1944年7月，教育部制定了各省视导报告的统一格式。1945年，教育部进一步要求，每年年初，各省市必须将本年度视察方案报教育部。视察方案主要包括视察人数、视察范围、校数、时间、视察经费等。由教育部负责对视察方案进行审核，指令改进。同时，部视导人员视察各省市时，将按此视察方案详细考察，看各省市是否遵行。

（二）地方视学制度的发展

1. 1929年前的省市视学制度

1927年大学院建立后，指定在北平、江苏、浙江等地试行大学区制，其余各省仍实行教育厅制。当时的大学院除在1928年3月颁布的《试行大学区制省份特别市教育局暂行条例》中规定特别市教育局设督学外，对地方视学制度无任何规定。但从史料来看，各地视学工作实际上都在有效进行。和1927年以前相比，1927—1929年这三年间的地方

视导工作有以下几个特点。（1）视导人员名称十分不一致。有称教育
督察员、导学、教育视察指导员、督学、分科指导员和视察员、视学委
员、教育委员等。这种名称的不统一，反映了当时中央无统一部署，地
方视学制度各自为政的局面。（2）视导工作趋向分科和指导。客观地
说，这种趋向早在1924年就有了。如江苏省教育厅曾试行增设分科指
导员。1927年后，这种趋向表现得更加明显和广泛。江苏、广西、上
海、湖北等省份试行分科指导和分科视察。（3）视导人员任职资格进
一步提高。在专业知识方面，由单纯的学历变为强调教育方面的知识和
实际经验。上述特点说明，民国后期的地方视学制度从一开始，就显露
出向专门化、科学化、视察与指导并重方向发展的趋势。这些新的变
化，有的被吸收到教育部制定的省市督学规程，统一向全国推广，有的
则继续在实践中发展。

2. 1929—1946年的省市视学制度

（1）《省市督学规程》颁布。因各省视学制度不统一，1929年2
月2日，教育部专门制定了《督学规程》十九条，令各地遵照办理。
于是，各省视导人员统一改称为督学。1931年6月16日，教育部又废
止了《督学规程》，重新颁布《省市督学规程》，并一直沿用至1949
年，作为各地实施督学工作的依据。《省市督学规程》共十七条，它总
结了以往省市督学工作的经验，和民国前期颁布的《省督学规程》《县
督学规程》相比，有了一些新的变化。第一，和民国前期相比，督学
人数有所增加，委任机构改为地方行政部门，任务则视察与指导并重。
第一条规定："各省教育厅设督学四至八人，由省政府荐任。行政院、
直辖市、各市教育局，设督学二至四人，由市政府荐任或委任，承主管
长官之命，视察及指导各该管区域内教育事宜。"第二，特别强调督学
教育方面的学识和经验。第二条规定督学任职资格为："一、国内外大
学教育学院或文学院教育系毕业，曾任教育职务二年以上，著有成绩
者；二、国内外专门以上学校毕业，曾任教育职务三年以上，著有成绩
者；三、高中师范科或师范学校毕业，曾任教育职务七年以上，著有成
绩者。"第三，较民国前期，督学视察和指导的事项特别增加了义务教
育事项的内容，这是一个亮点。第三条规定督学应视察和指导的事项
为："一、关于教育法令之推行事项；二、关于地方教育行政事项；

三、关于地方教育经费事项；四、关于学校教育事项；五、关于社会教育事项；六、关于义务教育事项；七、关于地方教育人员服务及考成事项；八、关于主管教育行政长官特命视察及指导事项。"第四，关于督学工作程序的规定更加具体详细。第五条规定督学在定期视察出发前，应就规定的视察指导事项，"议定标准，制定表格，并加具说明，呈请主管教育行政长官核定"。这比民国前期"共同研究、缮具意见书，呈请长官核定"更为具体。第五，新增了一些规定，如"督学不得兼任学校或其他机关职务"（第十三条），"各省市主管教育行政长官，遇必要时得聘任专门视察员"（第十六条）等。

（2）各省市视导工作新特点。根据《省市督学规程》，不少省市制定了本省市的督学规程及细则。根据本地实际，将某些条框具体化，各省市视导工作出现了一些新的特点。第一，视导办法多样化。长期以来，各省市普遍采用的视导方法为分区视导法。所谓分区视导，即各省将省内各县按地区远近、交通便利及学校多寡，划分为若干区域，然后派视导人员前去轮流视察或抽查，以每年视察一次为原则。到了民国后期，除了分区视导法，还采用了一些新的视导办法。一是驻区视导，即将全省划分为若干区域，按省内督学人数，每区派督学常驻。督学在区内指定地点办公，一学期或一学年后再互易地点。驻区督学通常一人，另有地方教育视导员或教育厅派职员协助。驻区督学先对全区教育做普遍视察，然后选择教育较落后的县进行特殊视导。二是集中视导，即按需要，临时增派人员，组织教育视导团，集中力量对某种教育进行视导。三是分科视导，即按教学科目，抽调某一学科的专家，着重视察该学科的教学及学生学习情况。四是随时指派，即为解决某种纠纷、学潮、矛盾或其他影响较大的问题，由省教育行政机关随时派人视察、解决。上述办法，每一省市在具体操作时，并不只是限于一种。有时数种并用，有时同一时间，同一年度，先后采用不同的视导办法。第二，视导报告内容格式统一化。民国后期，各省市对视导人员的视导报告、表格等做了统一的规定。1933 年 11 月，教育部统一制定了省市督学报告要点，作为各省市督学编制督导报告的依据。督导报告主要包括本期视导工作、教育沿革、教育行政、教育经费、学校教育、社会教育、改进意见等内容。第三，加强视导人员与教育行政机关的联系。如何加强督学人员与教育行政机关之间的联系，这是民国后期各省市在视导工作中试图解决的问题之一。当时，各省市都将举行视导会议当作是加强两者联系的一个重要手段，会议定期举行。虽然各省视导会议，规模、次数、时间长短不一，但一般由教育行政负责人主持、由督学人员和教育行政机关内主要人员参加，以便互通情况，解决问题。通过视导会议，视导人员和教育行政机关之间建立起相互联系的通道，彼此可减少隔膜。

（3）教育部下令设置主管体育的督学或指导员、义务教育视导员、社会教育督察员。各省市除设专职督学外，1932 年，教育部下令设置主管体育的督学或指导员，由国内外大学体育系或体育科毕业，并在体育界服务两年以上者充任。1937 年，教育部将全国划分为十五个义务教育视导区，7 月 1 日，颁布《省市义务教育视导员规程》，下令各省市一律增设义务教育视导员，常驻各省区。视导有关法令推行、计划、实施、设备改进等事项，并兼理各地初等教育、民众教育及其他特殊教育视导事务。1938 年，教育部下令各省市以行政督察专员区为范围，每一区或二区设立社会教育督察员二人，分驻各区。巡回视察执行社会教育法令、筹划经费等事项，同时指导社会教育机关工作。于是，在一个省或直辖市内，除了专门视察地方教育行政和学校教育的督学（有的省还设有专门视察学校教学的专门视察员）外，还有主管体育的督学或指导员、义务教育视导员、社会教育督察员，教育督导人员数量大大增加，这有助于视导活动的深入开展。

3. 1946 年后的省市视学制度

抗战胜利以后，1945 年 9 月，国民政府在重庆召开了全国教育善后复员会议。会议通过了一项议案："健全各级教育视导组织，增进辅导效能，以适应复员后改进教育之需要。"关于健全各级教育视导组织的议案规定，省、市教育厅（局、处）设督学室，分中等教育、国民教育、社会教育三股。室设主任督学一人，每股指定一督学主持，人数以每一二行政区各设一人为原则，但得视教育发达情形增减人员。这是近代关于设置省市督导机构的第一个规定。虽然，早在 1930 年前后，个别省设有视导机构，但全国各省市统一设置督导机构，则是在 1946 年以后。1946 年 1 月 26 日，教育部将该案议决各项办法咨送各省市办理。此后，各省市视学制度在组织机构和人员方面有了进一步的加强和充实，各省市督导制度有了较大的发展。1946 年以后，全国 31 个省市中，设有督学机构的达 27 个省，视导人员超过 20 人的有 8 个省，其中四川省的视导人员多达 65 人。

4. 省市以下的视学制度

民国后期，省市以下视学制度的发展主要表现在以下几个方面。（1）增加视导人员的设置层次。民国后期，形成了一个与地方行政制度配套的、多层次的视导网络，视导人员由行政督察专员、县督学、教育委员或学区教育指导员等组成。1932 年，南京国民政府下令在省与县之间，因某种特别需要，可设置行政区，派行政督察专员一人，辅助省政府督察该行政区域的地方行政。另设若干视察员协助完成对地方教育行政的考察、督促、指导之责。毫无疑问，教育视察是行政督察专员工作的重要组成部分。因此，行政督察专员成为民国后期省以下视学制度中的一环。县督学基本上沿用民国前期旧制，各省规程多定一至三人，但事实上以一人居多。民国后期，不少省在县以下划分的学区内也设置教育视导人员，有的称教育委员，有的称学区教育指导员。他们是当时最基层的教育视导人员。有的省虽未设专职的教育委员等，但安排中心国民学校校长督察该学区的教育工作，其职能与教育委员相似。（2）提高和加强了县督学的任用、管理和考核。民国后期，教育部没有颁布统一的县督学规程。但是，1929 年 2 月，教育部在《督学规程》中规定县教育局须设置督学，由省、市教育厅制定县督学规程，呈教育部核准备案。此后，各省、市都制定了单行的县督学规程，这些规程在形式、内容上各有不同，但也有共同点：第一，各省市提高了县督学学历与经验方面的任职资格；第二，各省市加强了对县督学的考核、管理；第三，各省市明确规定县督学负有督察、指导的双重职责。必要时得亲自示范，为当事人指定相当的参考书；要从现状中寻找最重大并亟待改进的问题，谋解决办法；要负责规划本县教育事业。（3）部分县、市建立了视导机构。1945 年全国教育善后复员会议关于健全各级教育视导组织的议案规定，县、市教育局（科）必要时得设督学组织，设主任督学一人，督学人数以每二三乡镇设一人为原则，但应视教育发达情形增减人员。1946 年后，河南、辽北、辽宁、广州、西康等省市均于县、市教育局（科）内设置了视导机构，只是名称不统一，如督学组、视导室、督学室等。这是近代中国最早的县、市教育视导机构。

三 民国后期视学理论

近代中国视学制度从日本引进以后不断发展改进，但是在20世纪的前20年里，视学理论几乎为空白。后来，中国由模仿日本，转而模仿美国。美国20世纪初的各种教育理论、学说、制度、方法等被系统介绍到中国，其中包括美国的教育视导理论。当时，对中国教育界影响较大的美国教育视导专著主要有9本，如：克伯雷的《学校组织和行政》、易烈提的《城市学校视导》、格斯特的《视导研究》、马克斯·韦尔的《教学观察法》、南特的《教学视导》、伯顿的《视导和教学改进》、皮特曼的《视导的价值》、柯林斯的《学校视导的理论与实践》、瓦格纳的《学校视导通论》等。上述著作，有的被译成中文，在国内出版，更多的是被中国学者广泛引用，作为批判现实制度弊端和立论的依据。除了介绍美国的视导理论外，中国学者也开始注意视导理论的研究工作。根据世界各国的视导制度和理论，结合自身从事视导的经验，他们撰写了一批视导专著。专著主要有27本，如：王光鹜《视学纲要》（商务印书馆1923年版）、施仁夫《教学观察法》（中华书局1923年版）、洪石鲸《国民教育视导》（商务印书馆1948年版）、梁春芳《教育视导纲要》（中华书局1949年版）等。除上述专著外，在当时的报纸杂志上也发表了相当数量的文章，或介绍国外视导概况和经验，或批评现行视导制度弊端，或提出如何建设中国视导制度等。所有这些，都推动了视导理论的研究。同时，对民国后期的视导实践也产生了一定的影响。当时提出的理论问题，总括起来，有以下五个方面。

（一）教育视导与教育行政的关系问题

教育视导是教育行政管理工作的一个重要组成部分，但又别于一般的教育行政管理。当时的学者，原则上都认为教育视导和教育行政之间存在一种既相互区别又相互联系的关系。但是，当进一步具体讨论教育视导在教育行政制度中的地位时，却出现了意见分歧。总括起来，不外乎三种情况：第一，教育视导隶属于教育行政，以后者为主角，为其服务。持该意见者，基本上还是坚持清末以来的视学制度，即以中央、省、县三级教育行政机关为单位，里面附设一定数量的视学人员，根据教育行政机关的需要，随时出发至指定地点，了解情况，以供教育行政机关制定和修改政策时作参考。在这种情况下，视学只是教育行政机关的外勤人员，是耳目、侦察，是为教育行政机关服务的。持该意见者，或者主张应增加视学人员名额，或者认为应提高视学人员资格、待遇、地位，或者建议视学人员应加强同教育行政部门的联系，但在视学和行政两者关系上，基本上认为前者隶属于并服务于后者。第二，教育视导与教育行政并行，互相无隶属关系，分掌立法、执法与监察之责。该意见代表人物有邱椿等。持该意见者，依据三权分立的理论，认为在教育上也有一个集权与分权、执行和监督的问题。他们强调，教育行政组织的作用在于制定、推行政策，但政策制定得好不好，推行是否有力，应另有一种机制来监督它、检查它。视导就是发挥这种机制的作用。因此，它不能隶属于行政，必须与教育行政并行。邱椿关于教育行政组织中立法、执法、检查三权分立的构想为：各级教育委员会是立法、审议、决策机关，院长、区长等是教育委员会各种政策的执行、推行者，各级督学院则负检查、督促之责。第三，教育视导为教育行政的中心工作，应转变教育行政机关的重心，使之致力于督导。该意见代表人物有程湘帆、常导之、夏承枫等。他们认为，行政机关不能终日忙于行政琐务，而忽视视导工作。他们认为，行政机关除了一些文件来往之类的琐务外，绝大部分工作都有很强的专业性。建议设一些专职秘书处理琐务，将现在的督学改为行政编制，和其他行政人员一样，按专长，分掌各方面的事务。凡是某一方面的全部事务，从制定法令、规程、计划，到安排设施、督查指导，均由一个行政人员担任。这样，教育行政机关的大部分人，人人都是督学，视察也就成了教育行政机关的中心工作。还有人主张，中央教育行政机关，以立法为主，省、市教育行政机关，则以视察为主。上述三种意见，虽然对后来的实践影响不大，但在理论上提出了很有价值的问题。因为教育督导与教育行政的关系问题，是决定教育视导体制、机构、职能的重要理论依据。

（二）视察与指导的关系问题

美国学者易烈提认为，教育行政的作用有四项：立法（或计划）、行政（或执行、设施）、指导、视察。这一观点普遍为当时中国学者接受。他们认为这四项作用，立法和行政应由行政官署和行政长官负责，指导和视察则由视导人员负责。联系中国实际，他们一致指出，中国自有视学制度以来，仅有视察而无指导。这一方面，是因为中国以前的视学制度偏重视察，视学作为领导机关的耳目，其职责是了解情况、评判优劣，即使在民国前期颁布的视学规程中提及指导之责，但仅包含在视察之中。另一方面，各级视学人员多非专门人才，因此，只有视察，并无指导。为了改进教学，提高教师和地方教育行政人员的水平，学者们认为，应提倡指导，在教育视导工作中重视和开展指导。受这一思想的影响，1924 年后，江苏、安徽等省一度试行在省视学以外，另聘专家充任各学科指导员。一些县还主张将视学改为指导员。但是，视察和指导究竟有何不同，学者们从不同的角度研讨了这一问题。其中有学者认为，视察和指导相比，视察的作用是消极的，而指导的作用是积极的。根据这种理论，学者们认为，在一个完整的视察过程中，视察只是第一步，指导则是最后一步。视导人员，不仅仅是教育行政机关的耳目、侦探，更应该是教师的朋友、医生。那种视而不导，或者即使有批评和指导意见，也一定等到评报揭晓，大众周知时，被批评者才能得知其做法极为不妥。当被视导者处于绝对服从、消极对抗的地位上时，视导制度就失去了其建立的初衷，从而无法取得应有的效果。

（三）教育视导的专门化问题

民国以来，实行的是分区视察制。因一个地区本身就是一个包罗万象的繁杂系统。要求视导员一人考察评定，难度很大。因此，视导人员事务太繁、责任不专，成为当时视导制度收效不大的一大原因。当时的学者参照国外的做法，特别是从美国在小学高年级和中学设置专科视学指导员的制度中得到启发，提出了教育视导专门化的问题。所谓教育视导专门化，即视导内容专一化，视导人员专门化，就是在分区视察的基础上，再按教育阶段、事业性质、学校种类、学科内容等划分视学事项，每一事项，各聘专门视导人员负责。学者们认为，社会越进步，分工越精细，这是客观规律。教育视导专门化以后，视导人员能各展所长，提升视导效果。教育视导的专门化，被看作是救治当时视导制度弊端的良方。至于如何专门化、如何分工，概括起来，又有三种意见。

1. 主张将视察分为教学视察和行政视察两种。由北京师范大学校长李建勋提出。他认为，行政视察包括地方行政机关和各级各类学校行政两方面，教学视察则有学校级别和各校内每一科目之区别。行政视察人员，以常任人员为主，必要时可临时聘请。教学视察人员，初等教育以常任为主，中等教育以常任与临时聘请并用，高等教育及特种教育，以临时聘请为主。2. 主张中学视察以科分，小学视导以级分。以常导之、孙邦正为代表人物。他们认为，中小学因教育性质与程度有根本的不同，视导也应分别进行。小学各科可由熟悉小学教育者一人承担。中学则按科目，实行分科视察。3. 认为应建立内部分工的视导制度。由吴学信提出。他认为，根据当时教育行政制度，教育视导制度也应分为三级，各级都应贯彻"分工、任用专才分任"的原则，以期教育视导专业化。方案设想为：教育部设教育视导处，省市教育局设教育视导室，县市教育局科增设教育视导室，各级视导机构按教育性质分别分为若干视导组，每组设教育视导员若干人，分别视导。此外，还有学者提出，如职业教育、专门教育、建筑设备、体育卫生、会计事物、社会教育等，都具专门性质，必须设专科视导员，才能收到实效。

（四）教育视导的科学化问题

20 世纪以后，美国的教育统计学、教育测量学、智力测验方法等被介绍到中国。这些新教育技术的引进，改变了中国研究教育的传统手段和方法，也改变了人们的观感。在该背景下，当时的学者们重新审视近代中国视导历史之际，不约而同提出了教育视导的科学化问题。教育视导的科学化，主要包括三个方面的内容：确定客观标准、采用科学办法、撰写好视导报告。1. 确定客观的视导标准问题。我国近代颁发的视导规程，只规定笼统的视察事项，缺失具体的客观标准。视导人员缺乏依据，视导结果往往取决于个人的能力、知识、好恶、观感等。因此，制定统一、具体、客观的视导标准，是视导工作发展的必然要求和可靠保证。不仅视导人员可以此作为视察辅导的根据，被视导者也可以此作为检查改进的准绳。在一些著作中，学者们根据国外的经验和国内的实际情况，研究厘定了各种视导标准，有表格式、提要式等，供视导人员采用。有学者在此基础上提出，视导标准是视导工作的标尺和依据，必须具有权威性，应由教育部牵头研究制定。2. 采用科学办法问题。主要指的是在视导时，采用测量、量表等手段和工具。有学者强调在视学工作中采用现代科学方法的必要性，有学者进一步提出使教学视导的研究科学化。教学视导必须采用测验、统计、定量分析等技术手段，进行科学的评估，才能实现教育视导学科研究的科学化。3. 撰写视学报告问题。撰写好视学报告是教育视导全过程中至关重要的一环。如何撰写视导报告，当时的学者通过分析，提出下列一些原则：第一，视导报告的内容。一般包含三个要素：视察时的实况、与过去及周边学校的比较、将来的需求及改进意见。第二，撰写视导报告的方法。要有科学的态度，客观的叙述，具体的指示，简明确实的证据，详细的统计资料。第三，撰写视导报告的过程。首先是搜集材料，其次是审查材料，最后是规范撰写视导报告。

（五）教育视导的民主化问题

在教育视导活动中，视导人员和被视导者是一对天然矛盾。视导人员因为上级教育行政部门所派，握有评定教师及地方教育行政人员工作优劣的大权，容易将自己和被视导者看作是隶属关系；被视导者从自己的地位、利益出发，却常常会对视导人员产生惧怕和敌对情绪。教育视导的民主化问题，就是如何处理好这一对矛盾，使双方摆正关系，以期收到更好的视导效果。学者们认为，因为地位和工作性质的关系，在视导人员和被视导者之间，矛盾的主要方面可能在于视导人员一方。因此，解决视导人员的态度问题，是解决这对矛盾的关键。学者们都十分注重视导人员的态度，强调视导人员应和被视导者居于平等的地位。他们认为，视导人员好的态度，是做好视导工作的先决条件。但是，视导人员态度好，这只是工作的第一步，而不是全部。视导人员担负着艰巨的视察和指导任务，必须借助自己的才能、知识，发现问题、抓住要害、指明方向，从而让被视导者信服。因此，由态度入手，学者们进而指出，为了更好地完成视察和指导任务，视导人员应具备相应的资格和条件。当然，不同的学者有不同的标准，但主要包括品格、学识、经验、才能等方面的条件。学者们指出，为使视导人员认真有效地开展视导工作，除自身素质好以外，还必须对视导人员建立考核制度。他们指出，以往的考核，由派出部门主持，凭视导学校数量多寡和视导报告好坏决定，这是不够的。学者们认为，对视导人员考核的最佳人选，应是被视导者，包括行政人员的考核、校长的报告和教员的考核三个方面。

考核的内容主要包括态度、能力等，以保证考核结果的相对客观和可靠。

以上介绍的有关教育视导理论问题的研究，都是基于当时的历史背景，而且很多问题的研究，大多基于一些学者的个人学术思想，对于当时的教育视导实践的推动意义难以鉴定。但是，有些问题的提出，对于当代中国教育督导制度的改革发展颇具启发和借鉴意义。

第二章　当代中国教育督导制度

在近代中国教育督导制度的基础上，借鉴世界各国教育督导制度，结合中国实际，当代中国教育督导制度得以建立。当代中国教育督导制度经历了创建（1949—1966 年）、中断（1966—1977 年）、恢复重建（1977—1986 年）、中国特色教育督导制度（1986—2050 年）四个阶段。当代中国教育督导制度的创建及其恢复重建为中国特色教育督导制度的建立奠定了坚实的基础。中国特色教育督导制度阶段时间跨度大，可分为三个时期：酝酿准备时期（1986—2000 年）、初步建立时期（2000—2020 年）、逐步健全时期（2020—2050 年）。

第一节　当代中国教育督导制度概述

以毛泽东同志为领袖的中国共产党领导全国各族人民，在经历了长期、艰难、曲折的武装斗争和其他形式的斗争以后，终于推翻了帝国主义、封建主义和官僚资本主义的统治，取得了新民主主义革命的伟大胜利。1949 年 10 月 1 日，建立了新中国——中华人民共和国，首都为北京。从此，中国人民掌握了国家权力，成为国家主人。新中国逐步实现了由新民主主义到社会主义的过渡。新中国建立了社会主义教育制度，翻开了中国教育现代化的新篇章。新中国教育开始从西方模式向苏联模式转变，继而又力图突破苏联模式向多元化模式转换，并努力寻求中国特色社会主义教育现代化道路和模式。尤其是 1978 年以后，与新中国的改革开放和现代化过程相适应，新中国确定了教育在国家发展和社会现代化中的战略位置，教育现代化步入正轨，与社会主义市场经济体制相适应的多元化发展模式相适应，初步建立了中国特色社会主义现代化教育体系。

一　当代中国教育督导制度创建的时代背景

（一）《中国人民政治协商会议共同纲领》颁布

1949 年 9 月 29 日，中国人民政治协商会议第一届全体会议通过并颁布了《中国人民政治协商会议共同纲领》（以下简称《共同纲领》）。《共同纲领》分为总纲、政权机关、军事制度、经济政策、文化教育政策、民族政策、外交政策，共 7 章 60 条。它肯定了人民革命的胜利成果，宣告了封建主义和官僚资本主义在中国统治的结束和人民民主共和国的建立，规定了新中国的国体和政体。它规定人民代表大会制度为我国的政权组织形式；宣布取消帝国主义在华的一切特权；没收官僚资本，进行土地改革；并且规定了新中国的各项基本政策和公民的基本权利和义务。尽管它不是真正意义上的宪法，但不管从内容上还是从法律效力上看都具有国家宪法的特征，起了临时宪法的作用。它是新中国成立初期团结全国人民共同前进的政治基础和战斗纲领，对于巩固人民政权，加强革命法制，维护人民民主权利，以及恢复和发展国民经济方面起着指导作用。

（二）《中华人民共和国宪法》颁布

1954 年 9 月 20 日，第一届全国人民代表大会第一次会议通过并颁布了《中华人民共和国宪法》。它分为总纲、国家机构、公民的基本权利和义务、国旗、国徽、首都，共 4 章 106 条。这是中华人民共和国的第一部宪法，在《共同纲领》的基础上修改制定。它明确了我们国家的性质，即人民民主国家，国家的一切权力属于人民；规定了政权组织形式，即人民代表大会制度；实现各民族的团结平等；确立适合当时国家经济和社会发展的经济制度、国家机构、中央和地方的关系、人民法院和人民检察院等；规定了公民享有的广泛的权利和自由，以及应承担的义务；等等。《中华人民共和国宪法》是国家的根本大法，具有最高的法律效力，以法律的形式确认了中国各族人民奋斗的成果，规定了国家的根本制度和根本任务，是治国安邦的总章程，是保持国家统一、民族团结、经济发展、社会进步和长治久安的法律基础。

二 当代中国教育督导制度的创建

（一）视导司的设立

1949 年 11 月 1 日，中央人民政府教育部成立。教育部设办公厅、高等教育司、中等教育司、初等教育司、社会教育司、视导司，共一厅五司。视导司在原华北人民政府高等教育委员会研究室、华北人民政府教育部视导室、资料科等几个单位基础上组建。《中央人民政府教育部试行组织条例》第十条规定：视导司掌管事项包括：关于各级教育之视察、考核、督导事项；关于各种教育之调查、统计、研究事项；关于教育资料之整理、编辑事项；关于教科书之审查事项；关于教科书之编辑、审查、翻译及介绍事项；关于新民主主义教育理论及各项教育专门问题之研究事项；关于教育之典型实验及各种教育经验之总结研究事项，其他有关视导、编审、研究事项。第十一条规定：视导司设视导员、研究员、编审员若干人。1949 年 12 月 16 日，政务院第十一次政务会议通过，柳湜任教育部视导司司长，陈选善、程今吾任副司长。视导司的建立、视导员的配备，标志着当代中国教育督导制度建立。

（二）教育视导规章的颁布

教育视导规章主要包括三大类：教育视导基本规章、教育视导相关规章、教育视导专项规章。其中，教育视导基本规章主要有四项，教育视导相关规章主要有九项，教育视导专项规章主要有七项。

1. 教育视导基本规章的颁布

（1）《关于本部视导工作组织原则（草案）》通过。1950 年 11 月 21 日，教育部第 32 次工作会议通过了《关于本部视导工作组织原则（草案）》。文件指出，在现阶段，视导工作任务以检查各地执行教育政策为主，并注意了解情况、发现问题，同时对于各级学校的教学情况作重点的考察；视导工作采取统一领导、分工合作的原则；视导工作人员以教育部各厅司处长级以上干部及视导司视导员、办公厅研究员为领导骨干，以各司科长级干部及视导司助理视导员等为辅；视导工作方式目前一般采取调查研究的慎重态度；视导司掌管组织教育部视导工作：制定视导工作计划，主持视导工作会议，组织视导人员进行视导的准备工作，按期向部务会议作口头汇报及书面视导报告。

　　（2）《部内各单位分工执掌（草案）》通过。1953 年 1 月 14 日，教育部第 89 次工作会议通过了《部内各单位分工执掌（草案）》。其中，视导司负责九大类工作：第一，各级教育部门对方针、政策、法令、决议执行情况的组织视察工作。第二，各级各类学校教学工作的系统视察研究工作。第三，组织力量进行重点视导与典型调查工作。第四，有关教育方面、政策、法令、制度、编制以及有关教育行政问题的研究工作。第五，部长交办的专题视导工作。第六，各种教育工作总结、报告与重大问题的研究处理工作。第七，本部各业务司、处工作情况的了解研究改进工作。第八，涉及几个业务司、处之重大问题的组织处理工作。第九，其他有关视导方面的工作。

　　（3）《教育部 1954 年上半年视导工作计划要点（草案）》印发。1954 年 3 月 20 日，教育部第 41 次部务会议通过了《教育部 1954 年上半年视导工作计划要点（草案）》。会议提出：第一，从今年开始应有计划地进行行政检查，检查各地如何贯彻执行中央制定的方针、政策、计划。第二，视导工作应以"联合检查、统一领导"为原则，并尽可能与大区、省（市）的视导工作配合进行。视导工作由一名副部长领导，办公厅负责组织；检查组由有关司、处联合组成，以司长级以上干部为组长，检查组人员以少而精为原则；在检查组的统一领导及完成总任务的基础上，各司视导人员可开展专门的调查研究工作；检查工作一般应于当地教育行政部门配合进行。第三，上半年，组织六个检查组，分赴东北、华北、华东、中南、西南、西北各区检查工作，并由民族司派一调查小组到蒙绥区。第四，调查时间，一般规定四月初出发，七月初返部，大约三个月时间。出发之前要拟定检查提纲，组织学习，明确视导任务及视导方法等问题。

　　（4）《关于加强视察工作的通知》印发。为了帮助各地区进一步做好视察工作，以保证国家方针政策的贯彻执行，1955 年 4 月 23 日，教育部印发《关于加强视察工作的通知》。文件强调视导工作的重要性，要求各省级教育厅（局）除设专职视导外，处、科级干部一般要兼任视导员，同时指出视察工作要依靠地方党委的领导，对视察提出了具体要求。一是明确视察目的，制订周密计划，统一认识，加强领导；二是依靠各地党委的领导，密切联系群众；三是注意发现、解决问题，重视总结和交流经验；四是重视培养与提高视察人员的工作；五是逐步建立视察工作制度；六是做好视察工作报告与视察工作总结。

2. 教育视导相关规章的颁布

（1）《关于〈中央人民政府教育部1950年上半年工作计划〉的报告》通过。1949年12月23日至31日，教育部在北京召开第一次全国教育工作会议。教育部副部长钱俊瑞在《关于〈中央人民政府教育部1950年上半年工作计划〉的报告》中提出关于建立健全视导制度的要求，并详细阐述了建立视导制度的目的、意义。文件指出，视导司的工作任务包括以下几点：搜集整理建立教育资料、开展教育调查统计、总结研究老解放区教育经验、编译出版教育资料、教育研究工作、审查中小学教科书等。

（2）《关于加强视导司与各司厅工作联系的办法》通过。1950年12月12日，教育部第34次工作会议通过了《关于加强视导司与各司厅工作联系的办法》。第一，视导司指定视导员与各司保持联系，参加各司重要业务性会议。视导司视导室在研究与某司业务有关的重大问题时，应通知有关司派人参加。各司也须指定专人与视导司保持联系。第二，办公厅应将本部和各司厅所发指示文件发一份给视导司视导室。第三，各司及统计研究室在工作中，发现重大问题，应随时转知视导司视导室。视导司在工作中发现重要问题，应随时转知各有关司室。

（3）《关于1950年全国教育工作总结和1951年全国教育工作的方针和任务的报告》通过。1951年5月18日，政务院第85次政务会议批准教育部部长马叙伦在会上作《关于1950年全国教育工作总结和1951年全国教育工作的方针和任务的报告》。报告提出：为完成1951年全国教育工作任务，要逐步健全各级教育行政领导，合理调整和充实省、市、县、区教育行政机构。特别要加强调查统计研究工作和视导工作，充分掌握情况，检查各项政策、方针、决定执行的情形，及时加以指导，及时总结和推广经验，纠正偏向和缺点，严格实行教育工作的请示报告制度和奖惩制度。

（4）《教育部1952年工作计划要点》印发。1952年9月5日，政务院第149次政务会议批准《教育部1952年工作计划要点》。要点指出：各级教育行政部门应加强对下级和各级学校的思想领导，并有计划地进行视导工作，深入检查中央、教育部各项决定、指示的执行程度，初步总结改革旧教育和举办新教育的经验。

（5）政务院大区文教委员会主任会议的相关精神。1953 年 1 月 13 日至 24 日，政务院文化教育委员会召开大区文教委员会主任会议，会议提出 1953 年文教工作的方针是"整顿巩固、重点发展、提高质量、稳步前进"。第一，会议认为，三年来，文教部门基本上完成了恢复工作，有了一些发展，并在恢复和发展的过程中，对原有的文教事业进行了改革和调整，取得了显著成绩。第二，文教工作存在的缺点：工作计划性不够，盲目性很大；追求数量，忽视质量；文教工作的领导机关缺乏具体领导，特别是深入检查很不够，调查研究统计也不够。第三，会议研究了文教机构的编制和领导问题，强调组织机构应力求精干，层次要减少，人员要精简。

（6）《教育部 1954 年工作计划要点》印发。1954 年 3 月 16 日，教育部第 40 次部务会议通过了《教育部 1954 年工作计划要点》。要点要求加强视察研究工作，并要有计划、有组织、有重点地进行。当年视察工作的主要任务是检查各地如何贯彻执行中央制定的方针、政策、计划。要深入学校课堂，了解和研究教学工作，并有重点地检查省（市）教育厅（局）的领导工作。根据统一领导、联合检查的原则，各司、处提出视察计划，由部长审查批准，联合组织视察小组，分赴各大区检查工作，并指定司长级以上干部负责检查组的领导工作。视察工作，一年进行两次（第二、四季度），每次要求在三个月左右。视察组回部后，必须进行总结研究工作，并就发现的问题，对下面作必要的指示。

（7）《教育部 1955 年工作计划要点》印发。1955 年 1 月 7 日，教育部第 10 次部务会议通过了《教育部 1955 年工作计划要点》。要点提出：第一，加强行政领导。首先要求严格进行国家监督，建立视察制度，认真检查工作，并给予下级教育行政部门和学校以具体指导。第二季度，着重行政视察工作，有重点地了解一部分省（市）教育厅（局）的领导情况。第三季度，着重总结视察工作，对所视察的省、市工作中存在的问题提出改进意见，继续制定有关提高教育质量的方案和规章制度。第四季度，着重检查学校提高教育质量方面的情况。第二，制定视察工作条例，进行经常的、系统的视察工作。当年须组织两次综合视察。除综合视察外，由各司、局、处根据工作需要，分别进行业务视察。

（8）《全国文教工作会议教育组讨论会的小结》通过。1955 年 5 月 19 日至 6 月 10 日，全国文化教育工作会议举行，并形成了《全国文教工作会议教育组讨论会的小结》。小结指出：必须切实加强视察工作，要建立视察制度；要有意识地培养一批视察工作干部；当前视察学校工作，主要是视察贯彻全面发展的教育方针、政策和计划的执行情况。6 月 6 日，教育部第 22 次部务会议原则通过了小结，并进一步指出：应加强视察工作，并把视察工作和研究工作结合起来，给下级以具体指导。

（9）《教育部 1956 年工作计划要点（草案）》印发。《教育部 1956 年工作计划要点（草案）》强调：制定视察工作条例，建立视导工作制度；部长、副部长重点进行行政考察，各司、局、处根据工作需要分别进行业务视察；调配总视导员，并督促省、市教育行政部门配备专职的视导人员，改进视导工作。要建立与健全省、市教育部门的视察机构，加强检查总结工作。

3. 教育视导专项规章的颁布

（1）关于高等学校视导工作的相关规定。1952 年 5 月 31 日，教育部颁发《关于华北区高等学校教学研究指导组暂行办法》，规定教务长对教研组的教学工作负有计划、组织、督导检查的责任。9 月 10 日，教育部就政治课问题向华北区各高等学校发出指示：为了纠正政治课与业务课对立，只有政治课才进行思想政治教育等错误看法，取消"政治课"的名称，将"社会发展史"改为"辩证唯物论与历史唯物论"，与"新民主主义论"及"政治经济学"同为独立的科目。由教务长负责计划、组织和督导检查。

（2）关于中等技术学校视导工作的相关规定。1952 年 6 月 11 日至 22 日召开的第一次全国中等技术教育会议通过了《中等技术学校暂行实施办法》。办法第十二条提出：中央、大行政区及省（市）人民政府教育行政部门对中等技术学校有视导、检查及向有关业务部门提出改进意见的责任，并应负责指导学生的思想政治教育、校外社会活动，协助指导教师的政治与业务学习及普通的教学工作。8 月 29 日，教育部印发了《中等技术学校暂行实施办法》。

（3）关于幼儿教育、特殊教育视导工作的相关规定。1953年3月1日，教育部部务会议分别讨论了幼儿教育工作、特殊教育工作规划的相关问题。《幼儿教育工作的十二年全面规划的初步意见》提出：加强调查研究和视导工作；要求省（市）、县（市）在两年内建立和健全视导机构；在省（市）、县（市）教育厅、局、科之下，可组织幼教事业委员会（社会性质的），吸收优秀工作者为成员，主要负责视导工作和收集经验的工作。《特殊教育十二年规划纲要（草案）》提出：在1960—1963年以内，配齐各省（市）教育厅（局）的特殊教育视导员（每个省、市一般须配齐2人）；1961年召开全国省（市）教育厅（局）特殊教育视导员会议，并将拟定省市一级特殊教育视导员工作条例。为了加强视导力量，解决幼教视导员数量少而幼儿园数量多的矛盾，1956年11月6日，教育部印发《关于组织幼儿教育义务视导员进行视导工作的办法》（〔56〕幼教委字第26号），明确规定了幼儿教育义务视导工作的组织原则、工作方法、工作要求，幼儿教育义务视导员的条件、职责等。

（4）关于高等师范教育视导工作的相关规定。1953年3月5日，教育部部务会议讨论《高等师范教育十二年规划纲要（草案）》。草案提出：教育部对全国高等师范学校的领导，主要是统一管理有关高师的方针、政策、教学、师资培养、事业规划、学校设置、停办以及视察等事项。各省、市、自治区教育厅、局在其人民委员会领导下，应该经常对高师各项重要工作（包括教学工作）以及高师执行方针政策的情况进行督导与检查。3月13日，教育部部务会议讨论的《高等师范教育三年来基本总结及今后方针任务的报告》又重申了草案要求。3月20日，教育部部务会议讨论了《关于中华人民共和国教育部与省、市、自治区人民委员会对高等师范学校的领导关系及其分工职责的暂行规定（草案）》。该草案规定，由教育部"掌管高等师范教育的方针、政策，拟定、颁发重要法令、规章、制度，并监督检查其贯彻执行"，"视导与检查全国高等师范学校的行政、教学及科学研究工作，并总结与交流其经验"。

（5）关于体育、卫生视导工作的相关规定。1953年4月3日，教育部发出通知：在本年上半年内，各省（市）教育厅（局）要设立体育科或专职视导员，以加强对体育、卫生工作的领导，增强青年一代的体质，保证师生健康。

（6）关于中学教育视导工作的相关规定。1954 年 1 月 14 日至 27 日，教育部召开全国中学教育会议，会议要求各级教育行政部门必须切实贯彻中央的工作指示和教育计划，必须建立视察制度，加强对下级的具体领导。1954 年 8 月 24 日，教育部发出《关于改进 1954—1955 学年度中学教育工作的通知》。通知提出：省（市）教育厅（局）应对所属教育行政部门及学校进行深入检查和加强具体指导，主要办法是做好和加强视察工作。省（市）教育厅（局）要在现有编制中设立一定数量的专职视察员。同时，要通过多种方式加强视察员的培养，以提高工作质量。视察工作以检查对政务院《关于改进与发展中学教育的指示》的执行情况为中心，尤其要注重如何贯彻全面发展的教育方针。要注意视察方法，要深入不同类型的学校视察，要善于总结经验。1955 年 4 月 9 日，教育部印发了《关于中学教育工作汇报会的通报》。通报指出：为了加强对学校具体工作的领导，教育厅（局）除应加强视导工作，有计划地培养视导人员，建立视导机构和视导制度外，还应创造条件，建立或健全教学研究室，进行教学研究工作，以加强对学校教学工作的具体指导。

（7）关于普通教育、师范教育视导工作的相关规定。1954 年 3 月 15 日，教育部向全国文化教育工作会议作了《全国普通教育和师范教育工作 1953 年的基本总结和 1954 年的方针任务》的报告。报告提出：今后必须深入检查工作，加强具体领导；要进一步做好教育行政视察与业务视察工作，给下面的工作以具体指导。1955 年 8 月 19 日，教育部第 29 次部务会议讨论通过了《关于提高中小学和师范学校教育质量的指示》。指示提出：每年必须保证一定的时间到学校视察工作，并给予学校具体指导；在三年内，各教育厅、局应该把省、市的中学、师范学校和中心小学全部视察一遍；专署教育科应督促、帮助各县教育科把所属小学全部视察一遍。1956 年 5 月 16 日，教育部印发《关于 1956 年普通教育和师范教育的工作计划》。计划提出：1956 年必须加强视察工作和研究工作，教育部司局长以上干部和省、市、自治区教育厅（局）

长，每年必须有 7 周至 10 周的时间下去检查工作，了解具体情况，研究和解决实际问题；要特别注意发现积极因素，推广先进经验。

（三）教育视导实践的开展

教育视导实践涉及教育工作的方方面面，如教育行政工作、普通中小学教育、高等教育、函授教育、业余教育等。其中，对教育行政工作的视导工作为最。

1. 对典型学校的调查研究工作

1952 年 6 月 20 日，教育部成立调查研究工作委员会办公室，组织开展针对北京市典型学校的调查研究工作。

2. 对函授教育、教育行政工作、普通教育的视察

1954 年 5—6 月间，教育部派三个视察小组视察了东北师范大学的函授教育工作、河北省教育厅的行政工作、湖北省普通教育 1954 年事业计划执行情况，视察组分别撰写了三份视察报告。随后，教育部将视察报告印发批转各地。第一，视察报告指出：应加强行政视察工作，建议省教育厅对专署和省辖市教育科、局每半年进行一次行政视察，并推动教育科、局检查学校；教育厅要有视察工作计划，要提出具体要求，视察后要向被视察的机关提出视察意见；业务视察要帮助学校解决教学问题；不在于视察学校的多少，而在于视察之后能发出具体指示，改进学校工作。第二，教育部批示指出：两省教育厅工作有成绩，也有问题，并且问题具有普遍性。对河北省教育厅提出：学校教育中的主观主义偏向，必须努力克服；组织领导工作要加以改进。对湖北省教育厅提出：某些中学和农村小学学生留级现象比较严重，教育厅应采取有效措施，逐步消灭留级现象，减少学生流动；中学生助学金分配已发生不合理现象，要改进管理工作；要改进和充实中学、师范学校的教学设备。第三，教育部部务会议决定：今后教育部应加强视察工作，以便加强对省（市）教育厅（局）和学校的监督，并对他们进行具体帮助。为了更好地开展视察工作，启动了视察工作条例的起草工作。

3. 对高等师范院校的视察

1955 年 1 月 18 日，教育部第 11 次部务会议听取并同意柳湜副部长对南京师范学院、华东师范大学、浙江师范学院和华中师范学院的视察报告。2 月 22 日，教育部向全国高等师范学院印发了视察报告。

4. 对教育行政工作的视察

1955 年 5 月 6 日，教育部派视察组赴江苏省教育厅视察。8 月 23 日，教育部将视察报告批转各地，并指出：江苏省教育厅应继续巩固和发扬已有成绩和优点；应继续注意克服一般化的领导方法，尽可能减少行政性会议和文件，集中更多时间和力量深入基层、深入学校，并给予具体指导，帮助解决学校教育工作中尤其是教学工作中的重要问题；当前应着重考虑：帮助下级教育行政机关和学校的领导干部改进教育行政领导工作；研究和指导改进教学工作，克服教学中的主观主义和形式主义；设法增进学生的健康，注意贯彻全面发展的教育方针。

5. 对教育行政工作的视察

1956 年 3 月 12 日至 22 日，教育部视察组视察北京市教育局和工农业余教育局的教育行政工作。8 月，教育部将视察报告转发各地。第一，视察报告针对北京市视导制度建设问题指出，视导员对思想政治教育工作很少过问和提出意见，视导工作的机构和制度实际上还没有建立起来。如：没有建立经常的、系统的视导工作，视导工作未能有计划、有系统地开展，视导员水平不高；市教育局对视导员如何视导、视导的方法缺乏具体的帮助；视导以后，不能做出总结并提出消除缺点的实际措施；有的科室视导员数量不足，有些视导员实际上并未做视导工作；等等。第二，视察报告针对如何加强视导制度建设提出：认真加强视导检查工作，以切实改善现有机构，使其更有利于深入基层、接近群众，以加强对基层的领导为原则。改善机构的核心问题是：真正建立一个有效的视导机构，大力配备较强的视导人员；制订严格的视导计划并切实执行；通过组织学习、召开视导会议等方式提高视导人员的水平；教育行政部门要听取视导工作总结，给出具体建议，并复查学校执行情况。学校要定期召开家长会，制定家长委员会组织条例，视导员要加强督促检查。

6. 对工农业余教育工作、小学的视察

1956 年 5 月 10 日至 6 月 3 日，教育部派视察小组视察了东北三省的沈阳、旅大（今大连）、鞍山、抚顺、长春、吉林、哈尔滨七个城市和肇东（今肇东市）、怀德（今公主岭市）两个县的工农业余教育工作。9 月 3 日，教育部批转了视察组的视察报告。视察报告指出：东北的业余教育工作一年来取得很大成绩，不仅文盲入学人数有了显著增加，而且业余中小学也普遍有了发展。但是，有些省（市）教育厅（局）还没有把工农业余教育当作一项重要工作去抓。在制订扫盲规划时，不少地区和单位偏高、偏急，少数地区和单位出现了强迫命令的做法。这些情况应该引起高度重视。11 月 23 日至 12 月 22 日，教育部小学教育司相关人员在副部长陈曾固带领下，视察了北京市第二实验小学。

（四）教育视导工作的国际交流

1955 年 10 月 9 日至 12 月 18 日，以教育部副部长陈曾固为团长的中国中小学教师代表团应邀前往苏联访问和考察。代表团重点学习了苏联的综合技术教育、教学工作、师范教育、教育行政领导四方面的经验。代表团认为：苏联教育厅（局）深入基层、深入学校的基本办法是加强视导工作。从中央到省（市）、县（区）已经形成了从上到下的视导网，并积累了一套视导经验。教育厅（局）的编制中基本人员是视导员，普通教育科的编制除科长及个别人员外全是视导员。编制上的这个突出特点，保证了行政领导能深入基层和学校，使机关中的文牍主义、官僚主义、事务主义可以减少或避免。1956 年 2 月 8 日，教育部第 40 次部务会议听取了代表团的报告后做出决定：全国中小学、师范学校教师和教育工作者学习代表团的总结报告，结合我国具体情况，认真研究，把原苏联教育工作的先进经验运用到我们的实际工作中去。

（五）教育视导工作的演变

1. 视导司负责视导工作

1949 年 11 月 19 日，教育部第 2 次部务会议讨论并通过了各司工作计划。视导司的工作计划为：目前主要工作是整辑资料，教育研究工作以老解放区教育为重点，审查教科书工作，组织苏联专家作教育报告，配合各司开展调查工作。1950 年 3 月 9 日，教育部第 13 次工作会议对视导工作提出下列要求：必须加强教育视导工作，必须派专人到基层开展教育视导工作；今后应有系统、有重点地检查教育工作，并根据检查结果改正工作；必须有系统地解决重大教育问题；必须改进教育视导工作的方式方法。1951 年 2 月 15 日，视导司向教育部部长汇报工作，部长指示：视导司的工作任务主要是视导工作，检查各大行政区对于中央人民政府的各项教育政策、决议、指示的执行情况。各司可指定专人负责，配合视导司组成视导小组。

2. 教育部撤销视导司，在各司设视导室

1953 年 11 月 15 日，教育部设 16 个司、处室，无视导司，但分别在各司设视导室，在各处设视导员承担视导工作。11 月 18 日，教育部办公厅提请部务会议为中等师范教育司视导室、中学教育司视导室、小学教育司视导室、高等师范教育司视导室分别任命了视导员。

3. 教育部撤销各司视导室，视导工作并入司内各科

1954 年 10 月 20 日，教育部设 1 厅、8 司、1 局、3 处，各司视导室撤销，视导工作并入司内各科。高等教育司配备 2 名视导员，中等师范教育司配备 1 名视导员，中学教育司、小学教育司各配备 3 名视导员，体育指导处配备 2 名视导员。

4. 办公厅视察研究室成立，随后又被撤销

1956 年 1 月 7 日，教育部呈报国务院关于增加编制的请示提出：为了加强各级教育的视察工作，新编制方案内办公厅下设的研究室改为视察研究室，由部长直接领导；原编制 6 人，拟增至 8 人，实增 2 人。1956年 7 月，教育部成立办公厅视察研究室，编制为 8 人，其中视导员 6人。1957 年 7 月，教育部撤销了办公厅视察研究室。

5. 各相关司配备视导员

1959 年 7 月 8 日，根据中央精简机构原则，教育部向国务院报送"机构编制表"。同年 8 月，国务院印发了《关于教育部机构编制的批复》，同意教育部设置 1 厅、9 司、2 委员会。其中，办公厅军体处、普通教育司、业余教育司、政治教育司分别配备 2～10 名视导员。

6. 各相关司视导员被取消，视导工作由各职能司、处承担

1960 年 10 月，根据中央国家机关精简小组的指示，教育部进一步进行机构精简，精简后下设 1 厅、1 室、8 司、1 局，各司中的视导员被取消。但是，视导工作由教育部各职能司、处承担。

三　当代中国教育督导制度的中断

1966 年 5 月 16 日，"文化大革命"开始，一直持续到 1976 年 10月才结束。"文化大革命"给中华民族带来了沉重灾难。"文革"十年，

党和政府的各级机构长期陷于瘫痪和不正常状态，当代中国教育事业陷
入低谷，教育现代化进程被迫中断，当代中国教育督导制度也被迫
中断。

四 当代中国教育督导制度的恢复重建

当代中国教育督导制度的恢复重建，是指在恢复重建新中国教育督
导制度的基础上，借鉴国外和近代中国教育督导制度的经验，依照当代
中国社会主义教育制度和教育事业发展的需要而建立的新型教育督导制
度。当代中国教育督导制度的恢复重建是伴随着国家的改革开放和教育
的改革和发展逐步实现的。

（一）当代中国教育督导制度恢复重建构想的提出

1977 年 9 月 19 日，邓小平同志在《教育战线的拨乱反正问题》中
指出："要健全教育部的机构，要找一批 40 岁左右的人，天天到学校
里去跑。……了解情况，监督计划、政策的执行，然后回来报告。这样
才能使情况反映得快，问题解决得快。可以先跑重点大学，跑重点中
学、小学。这些就是具体措施，不能只讲空话。"① 这是关于恢复重建
当代中国教育督导制度的最早构想，也是邓小平教育思想的重要组成部
分，内涵十分丰富。第一，它指出了当时教育部机构设置不够健全的问
题，并建议恢复重建当代中国教育督导制度。第二，它把恢复重建当代
中国教育督导制度作为拨乱反正、重视和加强教育工作的一项重要措施
提了出来。第三，它指明了当代中国教育督导工作的任务、工作方法、
人员配备等问题。正是在这个构想的指引下，当代中国教育督导制度才
逐步得以恢复重建。根据邓小平同志的指示精神，1978 年 2 月 5 日，
教育部成立巡视室。1978 年 10 月 13 日，教育部任命王季青、苏灵扬、
姚文、杨滨等一批老教育工作者做督学、巡视员，并在中学设置视导
室，恢复教育巡视工作。教育巡视员们在重点中小学及重点大学做了大
量的教育调查研究工作，这对当时教育战线拨乱反正、恢复正常秩序起
到了重要作用。这一阶段的教育巡视工作填补了当代中国教育督导制度

---

① 中国教育年鉴编辑部：《中国教育年鉴 1949—1981》，中国大百科全书出版社 1981 年
版，第 52 页。

从构想到恢复重建之间的一段空白。

（二）当代中国教育督导制度恢复重建的时代背景

中国共产党第十一届中央委员会第三次全体会议的召开，新修订的《中华人民共和国宪法》《中共中央关于教育体制改革的决定》《中华人民共和国义务教育法》《扫除文盲工作条例》的颁布和实施为当代中国教育督导制度的恢复重建提供了契机。

1. 中国共产党第十一届中央委员会第三次全体会议的召开实现了中国历史上新的伟大转折

1978 年 12 月 18 日至 22 日，中国共产党第十一届中央委员会第三次全体会议（简称十一届三中全会）在北京举行。十一届三中全会作出了实行对内改革、对外开放的战略决策。改革开放是决定当代中国命运的关键抉择，是发展中国特色社会主义，实现中华民族伟大复兴的必经之路。十一届三中全会标志着中国共产党从根本上冲破了长期"左"倾错误的严重束缚，端正了党的指导思想，使广大党员、干部和群众从过去盛行的个人崇拜和教条主义束缚中解放出来，在思想上、政治上、组织上全面恢复和确立了马克思主义的正确路线，结束了 1976 年 10 月以来党的工作在徘徊中前进的局面，将党领导的社会主义事业引向健康发展的道路。党的十一届三中全会揭开了党和国家历史的新篇章，是新中国成立以来我党历史上具有深远意义的伟大转折。

2. 新修订的《中华人民共和国宪法》以国家根本大法的形式对普及义务教育作出了明确规定

宪法是法治的最高表现，也是制约公权力滥用、保障公民权利最重要的公器。因此，宪法在依法治国，建设社会主义法治国家的进程中处于重要的地位。1982 年 12 月 4 日，第五届全国人民代表大会第五次会议审议通过了新修订的《中华人民共和国宪法》。它分为序言、总纲、公民的基本权利和义务、国家机构、国旗、国歌、国徽、首都，共五章一百三十八条。第四十六条规定："中华人民共和国公民有受教育的权利和义务。"第十九条规定："国家举办各种学校，普及初等义务教育，发展中等教育、职业教育和高等教育，并且发展学前教育。"这是新中国成立以来第一次以国家根本大法的形式对普及义务教育作出的明确规定，这为相关法律和政策的出台尤其是《中共中央关于教育体制改革的决定》和《中华人民共和国义务教育法》的出台奠定了法律基础。

3.《中共中央关于教育体制改革的决定》是指导中国教育改革的第一个纲领性文件

1985年5月27日，《中共中央关于教育体制改革的决定》（以下简称《决定》）发布，这是一个与经济体制改革决定和科技体制改革决定相配套的、引领中国教育改革和发展的第一个纲领性文件，在我国教育体制改革历史上具有里程碑的意义。同时，这对于加强智力开发，实现经济腾飞和社会进步具有极其重要的意义。第一，《决定》真正把教育扭转到为社会主义建设服务的轨道上来，《决定》指出："教育体制改革的根本目的是提高民族素质，多出人才，出好人才。""教育必须为社会主义建设服务，社会主义建设必须依靠教育。""教育应该面向现代化、面向世界、面向未来。"第二，《决定》提出："把发展基础教育的责任交给地方，有步骤地实行九年制义务教育。""实行九年制义务教育，实行基础教育由地方负责、分级管理的原则，是发展我国教育事业、改革我国教育体制的基础一环。义务教育，即依法律规定适龄儿童和青少年都必须接受，国家、社会、家庭必须予以保证的国民教育，为现代生产发展和现代社会生活所必需，是现代文明的一个标志。……为此，需要制定义务教育法，经全国人民代表大会审议通过后颁行。"这是中央文件中首次提出实行九年义务教育，制定义务教育法，这为《中华人民共和国义务教育法》的制定、颁布和实施提供了指导思想。

4.《中华人民共和国义务教育法》的颁布和实施为当代中国教育督导制度的恢复重建提供了契机

为了保障适龄儿童、少年接受义务教育的权利，保证义务教育的实施，提高全民族素质，1986年4月12日，《中华人民共和国义务教育法》（中华人民共和国主席令第38号，以下简称《义务教育法》）由六届人大四次会议通过，共十八条，自7月1日起施行。《义务教育法》规定，国家实行九年制义务教育，义务教育事业，在国务院领导下，实行地方负责，分级管理。《义务教育法》以国家立法的形式正式确立我国实施九年制义务教育，它确立了普及义务教育制度。它的颁布和实施开创了中国教育史的新纪元，不仅结束了长期以来中国义务教育无法可依的历史，使我国普及义务教育有了法律保障，而且使我国教育事业走上了依法治教的轨道。为了确保地方各级人民政府认真贯彻执行《义务教育法》，加强教育执法监督即教育督导必然成为一项非常紧迫的任务。

5. 《扫除文盲工作条例》确立了当代中国教育督导制度在扫除文盲工作中的作用和地位

为了提高中华民族的文化素质，促进社会主义物质文明和精神文明建设，1988 年 2 月 5 日，《扫除文盲工作条例》（国发〔1988〕8 号）由国务院发布，共十七条，对扫盲对象、标准、规划目标、政策措施等作了具体规定，自发布之日起施行。《扫除文盲工作条例》的颁布和实施确立了当代中国教育督导制度在扫除文盲工作中的作用和地位。

（三）当代中国教育督导制度的恢复重建

十一届三中全会以后，经济的高速发展、社会的全面进步不断推动着教育的改革和发展，也推动着当代中国教育督导制度的恢复重建。当代中国教育督导制度的恢复重建是伴随着我国教育改革开放的进程，特别是伴随着义务教育的普及与巩固提高而逐步实现的。当代中国教育督导制度的恢复重建是我国教育行政部门转变职能的必然趋势，是深化教育体制改革的必然结果，是完善科学的教育管理体系，加强教育管理的必要条件。

1. 视导室成立

1982 年 8 月 16 日，经国务院同意，教育部增设视导室，由中学教育司代管。1983 年 7 月 18—28 日，教育部召开全国普通教育工作会议，集中研究改革和发展基础教育问题。第一，教育部部长何东昌在报告中提出：要建立督学制度；县以上教育行政部门都要设立督学机构，并要求先试点，而后逐步实行；省、市、自治区和地（市）、县的主任督学，应相当于同级厅、局级干部，受同级和上一级教育行政部门的双重领导；督学具有一定权力，负责对中小学教育进行检查、督促和指导。第二，会议讨论了《关于建立普通教育督导制度的意见（讨论稿）》，提出了督学的任务、机构及人员的职权和条件。要求先行试点，取得经验，逐步实施。1984 年 2 月 23 日，教育部向国务院报送的《关于请求增加机构和编制的报告》提出："1979 年，小平同志指示我们抽调 40 名中年干部经常深入基层了解情况，督促检查。由于我们编制过

紧，始终未能落实，因此，拟增设视导室承担这项工作。""视导室 30
人。"1984 年 8 月，经国务院批准，教育部设立视导室，编制为 10 人，
负责巡视、检查和指导帮助全国各地的普通教育工作。

2. 督导司成立

1985 年 6 月 18 日，六届人大常委会第十一次会议决定设立国家教
育委员会（简称国家教委）作为国家教育管理行政机构，撤销教育部。
1986 年 3 月 25 日，六届人大四次会议通过的国务院关于第七个五年计
划的报告中，明确提出："要加强教育事业的管理，逐步建立系统的教
育评价和监督制度。"① 1986 年 9 月 11 日，国务院办公厅转发了《国家
教委、国家计委、财政部、劳动人事部关于实施〈义务教育法〉若干
问题的意见》（国办发〔1986〕69 号），文件明确指出："逐步建立基
础教育督学（视导）制度。国家和地方逐步建立基础教育督学（视导）
机构，负责对全国或本地区范围内义务教育的实施进行全面的视察、督
促和指导，并协同当地人民政府处理有关实施义务教育的各项问题。"②
1986 年 10 月，经国务院批准，视导室更名为督导司。11 月 27 日，《国
家教委办公厅关于建立督导司的通报》（〔86〕教导厅字 001 号）发布，
这标志着当代中国教育督导制度正式恢复重建。通报指出：督导司是国
家教委所属的教育评价和监督的行政职能机构；教育督导是一项新工
作，开展这项工作要采取积极稳妥的步骤；同时，对建立我国教育督导
制度的目的、主要任务、职责范围和工作内容等，都做了初步规定。第
一，为了更好地贯彻国家的教育方针，加强对教育事业的管理，提高教
育的质量和效益，需要逐步建立系统的教育评价和监督机制。第二，督
导司的主要任务和职责为：监督检查地方各级教育部门和学校贯彻执行
党和政府的方针、政策、法规的情况；评价各地区、学校的教育管理、
办学水平和教学质量；指导和帮助各级教育部门、学校的工作；对教育
工作中的重大问题进行调查研究并提出建议。第三，当前督导工作的范
围暂限于地方各级教育部门、普通中小学与中等师范教育。第四，督导

---

① 中国教育年鉴编辑部：《中国教育年鉴 1998》，人民教育出版社 1999 年版，第 103
页。

② 国家教育委员会：《中华人民共和国现行教育法规汇编》，人民教育出版社 1991 年
版，第 35 页。

司当前的工作是组建自身的机构，进行调查研究，总结各地经验，研究制定有关工作条例，培训督导人员。

五　中国特色教育督导制度的创建

教育督导制度必须符合本国实际，这是欧美国家的成功经验。因此，我国不能照搬任何一个国家的督导制度，教育督导制度必须符合中国实际，必须与时俱进。换句话说，随着中国特色社会主义现代化教育体系的初步建立，建设中国特色教育督导制度势在必行。

（一）中国特色教育督导制度建立的时代背景

继《中共中央关于教育体制改革的决定》之后，我国又相继出台了三个关于教育方面的、具有里程碑意义的纲领性文件，即《中国教育改革和发展纲要》《中共中央、国务院关于深化教育改革　全面推进素质教育的决定》《国家中长期教育改革和发展教育规划纲要（2010—2020 年）》。这些纲领性文件指引我国教育发展不断迈上新台阶、教育改革不断取得突破性进展。文件中关于加强教育督导工作、完善教育督导制度的重要决定和指示，进一步统一了人们对教育督导工作的认识，极大地推动了教育督导工作的顺利推进，也为督导机构、督导队伍和督导制度建设扫除了思想障碍、行动障碍。

1. 《中国教育改革和发展纲要》首次提出加强教育督导队伍、完善教育督导制度

1992 年 10 月，党的十四大明确提出了战略目标："各级各类学校都要全面贯彻党的教育方针，全面提高教育质量。到本世纪末，基本扫除青壮年文盲，基本实现九年制义务教育。"（简称"两全"和"两基"）[1] 为了贯彻落实党的十四大精神，1993 年 2 月 13 日，中共中央、国务院颁布了《中国教育改革和发展纲要》（中发〔1993〕3 号，以下简称《纲要》）。《纲要》以建设中国特色社会主义理论和党的基本路线为指导，总结了新中国成立 40 多年来，特别是党的十一届三中全会以来教育改革和发展的经验，分析了教育工作面临的形势，提出了 90 年代乃至 20 世纪初我国教育发展的目标、战略、指导方针和许多重大政

---

[1]　中国教育年鉴编辑部：《中国教育年鉴 1993》，人民教育出版社 1994 年版，第 11 页。

策措施，是指导我国教育改革和发展的纲领性文件。① 第一，《纲要》提出建立中国特色社会主义教育体系的指导思想。《纲要》规定："到本世纪末，形成具有中国特色的、面向二十一世纪的社会主义教育体系的基本框架。再经过几十年的努力，建立比较成熟和完善的社会主义教育体系，实现教育的现代化。"这为中国特色教育督导制度的建立提供了理论依据。第二，《纲要》提出建立《义务教育法》的检查、监督和奖惩制度。《纲要》规定："各级政府要认真贯彻执行《中华人民共和国义务教育法》及其实施细则，以积极进取的精神，从本地区的实际出发，把普及九年义务教育法的目标落到实处。要建立检查、监督和奖惩制度，确保义务教育法的贯彻执行。"这为"两基"督导评估验收制度的建立提供了依据。第三，《纲要》提出加强教育督导队伍，完善教育督导制度。第三十二条规定："建立各级各类教育的质量标准和评估指标体系。各地教育行政部门要把检查评估学校教育质量作为一项经常性任务。要加强督导队伍、完善督导制度，加强对中小学校工作和教育质量的检查和指导。"② 这是执政党和国家在最高决策层面关于教育督导工作的第一次重要决定和指示。1994 年 7 月 3 日，国务院发布《关于〈中国教育改革和发展纲要〉的实施意见》，第二条规定："各省、自治区、直辖市要制定落实到县、乡的普及九年义务教育的分阶段规划，组织落实，并且按国家教委发布的《普及九年义务教育评估验收办法》，在县（市、区）自查的基础上，负责检查验收。……要强化各级教育督导机构及其职能，负责对义务教育实施和验收的监督、检查。"国家提出了强化教育督导机构和教育督导职能，明确了各级教育督导机构对义务教育实施检查、验收的具体责任。

2.《中共中央、国务院关于深化教育改革全面推进素质教育的决定》再次提出健全教育督导机构、完善教育督导制度

1999 年 6 月 13 日，《中共中央、国务院关于深化教育改革全面推进素质教育的决定》（中发〔1999〕9 号）再一次提出，要健全教育督

---

① 中国教育年鉴编辑部：《中国教育年鉴 1994》，人民教育出版社 1995 年版，第 17 页。

② 中国教育年鉴编辑部：《中国教育年鉴 1994》，人民教育出版社 1995 年版，第 2、3、9 页。

导机构，完善教育督导制度，把保障实施素质教育作为教育督导工作的重要任务。文件提出："全面推进素质教育是党和政府的重要职责。""各级政府都要建立健全减轻学生课业负担的监督检查机制。""建立符合素质教育要求的对学校、教师和学生的评价机制。""建立自上而下的素质教育评估检查体系，逐级考核省、市、县、乡各级党委和政府及其主要领导干部抓素质教育工作的情况。""进一步健全教育督导机构，完善教育督导制度，在继续进行'两基'督导检查的同时，把保障实施素质教育作为教育督导工作的重要任务。"党和国家确立了教育督导工作在教育行政管理体系中的地位，为建立中国特色教育督导制度，促进我国教育的振兴和繁荣奠定了基础。

3. 《国家中长期教育改革和发展教育规划纲要（2010—2020 年）》再次提出制定教育督导条例、健全教育督导制度

为促进教育事业科学发展，全面提高国民素质，加快社会主义现代化进程，2010 年 7 月 29 日，中共中央、国务院印发了《国家中长期教育改革和发展教育规划纲要（2010—2020 年）》（以下简称《教育规划纲要》），分为总体战略、发展任务、体制改革、保障措施，共四个部分二十二章七十条。《教育规划纲要》是 21 世纪我国第一个教育改革发展规划纲要，它描绘了 2010—2020 年教育改革发展的宏伟蓝图，是一份指导我国教育改革发展的纲领性文件。《教育规划纲要》再次提出制定教育督导条例、进一步健全教育督导制度的指导思想。第六十五条规定："完善督导制度和监督问责机制。制定教育督导条例，进一步健全教育督导制度。探索建立相对独立的教育督导机构，独立行使督导职能。健全国家督学制度，建设专职督导队伍。坚持督政与督学并重、监督与指导并重。加强义务教育督导检查，开展学前教育和高中阶段教育督导检查。强化对政府落实教育法律法规和政策情况的督导检查。建立督导检查结果公告制度和限期整改制度。"该规定明确了四个方面的指导思想。第一，它将"完善督导制度和监督问责机制"作为目标明确加以规定，就是要建立和完善监督问责机制，使督导部门在督导过程中行使必要的监督问责处置权。教育督导部门监督问责处置权的行使将使教育督导工作进入一个全新的、更具权威的发展阶段。第二，它提出"加强义务教育督导检查，开展学前教育和高中阶段教育督导检查"。

这表明教育督导工作在未来十年内要继续做好"普九"督导检查的同时，还要完成"普高三"和"学前三"检查验收任务。教育督导进入全面推进普及十五年教育督导检查和评估验收的新阶段。第三，它提出"督政与督学并重、监督与指导并重"，这既是教育督导工作的指导思想，也是教育督导的基本原则。"两个并重"标志着教育督导工作职能、工作方式将发生重要转变。坚持"两个并重"将教育督导工作和督导制度建设推进到现代化建设的新阶段。第四，它提出："2020年，基本实现教育现代化。"基本实现教育现代化包括义务教育、高中阶段教育、学前教育的现代化。教育督导服务对象的现代化，需要实现教育督导理念、督导体系、督导队伍、督导方式、督导手段等多方面的现代化。因此，2020年之前，必须以教育督导现代化为目标。在教育督导制度、机构、队伍、机制、手段等方面的建设中，坚持从全国实际和各地实际出发，着力推进现代化建设。《教育规划纲要》对教育督导工作提出了教育督导现代化的中长期目标任务，这标志着教育督导工作和教育督导制度建设进入一个新的发展阶段。

（二）中国特色教育督导制度的建立

为了贯彻落实国家关于教育方面的、具有里程碑意义的纲领性文件精神，尤其是为了贯彻《中国教育改革和发展纲要》提出的建立中国特色社会主义教育体系的指导思想，我国逐步着手建立中国特色教育督导制度，以实现教育管理现代化，为建立科学完备的社会主义教育体系做出应有的贡献。

1. 中国特色教育督导制度的酝酿准备

改革开放以来，当代中国教育督导制度在实践中不断发展和健全，为中国特色教育督导制度的初步建立奠定了坚实的基础。这主要表现在以下几个方面：一是具有鲜明的社会主义性质。始终坚持全面贯彻党的教育方针，全面落实党和国家有关教育工作的路线、方针、政策和法律法规，为确保社会主义办学方向提供了坚实的保障。二是坚持了为办好让人民满意教育服务的宗旨。在保障教育优先发展，普及九年义务教育、扫除青壮年文盲，全面推进教育改革、提高教育质量和解决人民群众关心的教育问题等方面，都发挥了重要的不可替代的作用。三是走出了一条行之有效的教育督导新路子。实行督政与督学相结合，综合督导与专项督导相结合，对政府和学校的教育工作既进行全面、系统的常规监督和指导，又进行有针对性的、深入的专门检查，使教育督导为教育改革发展服务的功能得到了充分发挥。四是基本形成了中央、省（区、市）、市（地、州）、县（市、区）四级教育督导网络。在中央，成立了国家教育督导团和国务院教育督导委员会。在地方，建立了省（区、市）、市（地、州）、县（市、区）三级人民政府教育督导机构。随着1991年4月26日国家教委《教育督导暂行规定》的颁布，省（区、市）、市（地、州）、县（市、区）三级教育督导规章相继出台。五是初步建立了一支专兼结合的督导队伍。截止到1999年12月31日，全国形成了一支拥有三万多人的专兼职督导队伍，各级教育督导工作者认真贯彻党和国家的教育方针、政策，开展了一系列督导检查和调研，为教育事业改革和发展发挥了重要作用。

2. 中国特色教育督导制度的外延和内涵

中国特色教育督导制度的提出与发展是一个逐步深化的过程。第一，邓小平同志是中国特色教育督导制度的奠基者。恢复教育视导制度是邓小平教育理论的重要组成部分，是教育拨乱反正的重要内容，是邓小平同志对中国教育的一大贡献。第二，当代中国教育督导制度的恢复重建，在理论层面、实践层面为建立中国特色教育督导制度奠定了坚实的基础。随着教育督导实践的纵深拓展，教育督导机构日趋健全、完备，教育督导队伍不断发展壮大，教育督导法制建设不断健全、完善，教育督导成就日趋丰富，教育督导地位日趋提升，教育督导权威日趋提高。第三，《中国教育改革和发展纲要》明确提出建立中国特色社会主义教育体系的指导思想，这为中国特色教育督导制度的建立提供了理论依据。第四，中国特色教育督导制度的提出及其诠释。1999年1月9日，在第五届国家督学会议暨全国教育督导先进集体、先进工作者表彰会上，教育部部长陈至立发表了题为《发展和完善具有中国特色的教育督导与评估制度》的讲话。她指出："在各级教育督导部门和广大教育督导工作者的共同努力下，我们已经创造并积累了非常丰富和宝贵的经验，正在发展和完善有中国特色的教育督导与评估制度。"2000年10月16日至18日，教育部国家副总督学、国家教育督导团办公室主任郭振有在《在第六届国家督学会议上的工作汇报》中指出："当前我们的目标和任务是逐步建立起中国特色的、全面的、科学的、有效的督导与评估制度，使督导与评估工作为保障教育目标的实现做出应有的贡献。"2001 年 2 月 26 日至 3 月 1 日，在全国教育督导工作会议上，郭振有同志再次指出："在新的世纪里，督导工作的目标和任务是，逐步建立起一个有中国特色的、全面的、科学的、有效的督导与评估制度。"随后，郭振有同志在《人民教育》2001 年第 4 期又发表了《关于发展和完善有中国特色的教育督导制度的思考》的专题文章，文章进一步指出："所谓'有中国特色的'，是说我们可以借鉴，但不能照搬国外的督导工作经验，必须从实际出发，走自己的路；所谓'全面的'，是指督导评估的范围包括中等及中等以下各类教育以及与此相关的教育工作；所谓'科学的'，是说督导评估工作的指导思想、指标体系、评估方法等，都应该是科学的，符合教育方针，符合现代教育理念，符合教育发展规律；所谓'有效的'，是说督导评估工作必须一切从实际出发，讲求实效，不搞任何繁琐哲学，花架子，形式主义。"①

第五，中国特色教育督导制度时间跨度大。中国特色教育督导制度时间跨度较大，从 20 世纪 80 年代后期持续到 21 世纪中期，涵盖酝酿准备时期（1986—2000 年）、初步建立时期（2000—2020 年）、逐步健全时期（2020—2050 年）。

3. 中国特色教育督导制度的初步建立

在中国特色教育督导制度初步建立时期，督导机构、督导队伍、督导法制、督导实践等方面的建设都迈出了重大步伐，并且都有标志性成果。截止到 2010 年底，我国 2856 个县（市、区）全部实现了"两基"，全国"两基"人口覆盖率达到 100%。这是我国教育发展史上具有里程碑意义的伟大成就，也是中国特色教育督导实践推进的标志性成果。2012 年 8 月 26 日成立的国务院教育督导委员会是首次成立的国家最高级别的教育督导机构，也是中国特色教育督导机构建设的标志性成果。2012 年 9 月 9 日国务院颁布的 624 号令《教育督导条例》是我国第一部专门的教育督导法规，也是中国特色教育督导法制建设的标志性

① 郭振有：《关于发展和完善有中国特色的教育督导制度的思考》，《人民教育》2001年第 4 期。

成果。2012 年由国务院教育督导委员会聘任了第九届国家督学，这是国务院教育督导委员会聘任的首批高规格国家督学，也是中国特色教育督导队伍建设的标志性成果。这是从督导机构、督导队伍、督导法规、督导实践四个方面推进教育督导事业发展的战略部署，是深入贯彻《教育规划纲要》、推进教育行政管理体制改革的重大举措，充分表明了党中央、国务院对教育督导工作的高度重视，标志着中国特色教育督导制度建设迈出了重大步伐，在我国教育史上具有里程碑意义，必将产生重要而深远的影响。

4. 中国特色教育督导制度需要与时俱进

中国特色教育督导制度需要与时俱进。一方面，中国是一个拥有几千年悠久文明史的教育大国，但又是一个城乡教育差别巨大、区域教育发展很不平衡的发展中国家，构成了特殊的教育内外环境。这意味着教育督导将担负更重要的历史使命。另一方面，21 世纪前 20 年是我国发展的重要战略机遇期，我国正逐渐由从教育大国向教育强国、由人力资源大国向人力资源强国迈进。教育的环境发生了重大变化，教育改革发展正处于最佳时期，既面临前所未有的机遇，又面临严峻的挑战和压力。全面提高教育质量、办好人民满意的教育，对发挥教育督导工作的保驾护航作用提出了新的更高要求。为此，中国特色教育督导制度需要与时俱进，从中国实际出发，把学习外国经验与本土探索创新紧密结合，以保障教育改革与发展为中心，以理顺督导体制和创新工作机制为重点，以建立一支专业化的督学队伍为关键，按照"决策、执行、监督相协调"的行政管理体制的要求，坚持督政与督学并重、监督与指导并重，统筹规划、分步推进，勇于实践、大胆探索，不断开创督导工作的新局面。

第二节　当代中国教育督导规章

当代中国教育督导规章既是我国教育督导工作经验的总结，也是我国教育督导工作经验的提升，对督导机构、督导队伍、督导实践的建设具有指导性。当代中国教育督导规章涉及教育工作的各个领域，其中最先涉及的领域是基础教育领域和义务教育领域，事实上，这两个领域既是重点领域又是难点领域。从内容上说，当代中国教育督导规章主要包括教育督导自身规章、教育督导重点规章、教育督导基本规章、教育督导专项规章、教育督导治理规章五个方面。自 1986 年 1 月 1 日至 2015 年 8 月 31 日，教育部（国家教委）、国家（国家教委）教育督导团、国务院教育督导委员会等部门先后建立了二十三项规章制度，其中教育督导自身规章四项、教育督导重点规章四项、教育督导基本规章五项、教育督导专项规章七项、教育督导整治规章三项。

一　教育督导自身规章

（一）《国家教委关于转发〈国家教委督导工作座谈会纪要〉的通知》出台

1987 年 3 月 3 日，《国家教委关于转发〈国家教委督导工作座谈会纪要〉的通知》（〔87〕教督字 001 号）印发。文件明确了督导对象，督导机构的性质、任务、组织形式、督学应具备的条件等，具体包括：第一，督导工作应面向整个普通教育，包括普通中、小学，中等师范，职业中学。第二，督导机构的性质是在教育行政部门内设置的专门负责对下级教育部门和学校工作进行监督、评价、帮助和指导的行政职能机构。督导机构不是咨询机构，应受同级教育部门领导和上级督导机构的指导。第三，督导机构的任务：监督、检查下级教育行政部门和学校贯彻执行国家的有关方针、政策、法规的情况，以及其他有关事项；评价下级教育行政部门和学校的管理水平和教育质量；帮助和指导下级教育行政部门和学校的工作；反映下级教育行政部门和教育工作者的要求，对教育工作中有关问题进行调查研究，向政府和教育行政部门提出意见和建议。第四，明确督学应具备的条件：坚持四项基本原则，拥护和积极贯彻党的十一届三中全会以来的路线、方针、政策，努力学习马列主义、毛泽东思想，忠诚于社会主义教育事业；受过高等教育或具有同等学历，至少具有十年以上的教育工作经历，有一定的理论和政策水平，教育思想端正，熟悉教育业务，懂得教育规律，有一定的教育领导管理能力和文字写作水平；坚持原则，作风正派，实事求是，遵纪守法；身体健康，能坚持第一线督导工作。该文件为当代中国教育督导制度的规范化建设迈出了第一步，具有开创性意义，对教育督导工作起到了指导和推进作用。

（二）《关于加强教育督导与评估工作的意见》出台

为贯彻落实《中共中央、国务院关于深化教育改革全面推进素质教育的决定》，指导各地开展教育督导工作，1999年8月20日，教育部印发了《关于加强教育督导与评估工作的意见》（教督〔1999〕6号）。文件对加强教育督导与评估工作的重要性，教育与督导评估工作的性质，督导机构的职责，教育督导与评估制度建设，以及如何加强和改善教育督导与评估工作的领导，充分发挥督学的作用等方面提出了指导性意见。第一，文件指出，要建立和完善"两基"督导检查和巩固提高复查制度、全面推进素质教育的督导评估制度、对地方教育行政工作的督导检查制度。第二，文件要求，各地以监督和引导学校实施素质教育为中心内容，全面开展对普通中小学的综合督导评估工作，引导学校逐步把升学竞争转变为提高办学水平和教育质量、效益的竞争。第三，文件指出，各级政府和教育行政部门要加强和改善对教育督导与评估工作的领导，切实加强教育督导法规、规章建设，从中央到地方初步形成教育督导的法规体系和依法督导的工作程序。要进一步加强教育督导评估工作机构和队伍建设，建立与教育督导职责相适应的教育督导机构，明确督导机构和督学的职能和权限，要充分发挥国家督学和各级督学的作用。该文件有利于更好更有效地指导各地开展教育督导工作，同时对于地方制定督导规章、完善督导制度、开展督导工作起到了指导和推动作用。

（三）《教育督导报告发布暂行办法》出台

1.《教育督导报告发布暂行办法》出台

为充分发挥我国教育督导工作的督政职能，改革督导工作机制和方式，国家教育督导团决定，从2006年起发布《国家教育督导报告》并形成制度。教育督导报告围绕教育的重点工作，针对群众普遍关注的热点问题进行全面、客观的分析和评价，推动各级政府切实履行教育职责，大力加强和改进教育工作。为了进一步规范教育督导报告发布工作，推动国家、省、市、县级教育督导机构有序开展教育督导活动，为依法依规实施教育督导提供制度保障，2015年2月26日，《国务院教育督导委员会办公室关于印发〈教育督导报告发布暂行办法〉的通知》

（国教督办〔2015〕2号）出台。《教育督导报告发布暂行办法》详细规定了督导报告的发布主体、原则、类型、内容、格式、时限、方式和作用，共十二条，自发布之日起施行。主要规定如下：第一，教育督导报告分为专项督导报告、综合督导报告和年度督导报告三类。第二，发布教育督导报告遵循"分级负责、客观公正、及时准确"的原则。第三，明确规定了教育督导报告的内容、撰写要求、发布格式、运用、时限要求、发布方式等。该文件旨在进一步规范教育督导报告发布工作，推动国家、省、市、县级教育督导机构有序开展教育督导活动，为依法依规实施教育督导提供制度保障。

2. 重要教育督导报告

（1）《国家教育督导报告2005》发布。2006年2月23日，国家教育督导团首次向社会发布《国家教育督导报告2005——义务教育均衡发展：公共教育资源配置状况》（国教督〔2006〕18号）。报告对全国义务教育资源均衡配置状况进行了全面、系统的分析和评价，引起了社会的广泛关注，产生良好反响。报告抓住了义务教育均衡发展的核心，瞄准了大家关心的公共资源配置问题，针对性强，指向明确。督导报告是一份体现国家意志的工作报告，具有监督和指导的作用。该报告既讲成绩也讲问题，并指出是谁的问题，差距有多大，用数据说话，不回避矛盾。该报告共点了13个省（区、市）的名，在社会上引起了强烈的反响，也引起了地方政府特别是被点名的省级政府的高度重视。

（2）《国家教育督导报告2008（摘要）》发布。2008年12月3日，国家教育督导团发布了《国家教育督导报告2008（摘要）》（国教督〔2008〕6号）。报告从对义务教育教师的规模结构、能力水平、权益保障三方面进行了分析，并提出了督导意见。报告指出：第一，全国义务教育教师总体规模按现行编制标准基本满足需求，保证了普及九年义务教育目标的实现。但目前教师配备结构性问题依然突出，农村边远地区教师数量不足、补充困难，影响义务教育均衡发展。第二，全国义务教育教师师德水平、学历水平和教育教学能力不断提高，但教师培养培训"学非所教"问题严重，教师专业化程度不高，教育教学能力与全面实施素质教育的要求仍有较大差距。第三，近年来，教师的工资逐步提高，福利待遇及工作条件有所改善，教师培训也有了较大进展，但法律有关规定执行不力，教师法定权益缺乏有效保障。报告建议：要建立完善教师资源配置机制，努力满足农村边远地区教育的需要；要进一步改进和完善教师培训体系和机制，提高教师整体素质和水平；要保障教师工资福利收入，完善医疗、保险、住房待遇。该报告旨在推动政府履行教育职责，保障教师合法权益，激励教师教书育人，引导全社会形成尊师重教的良好氛围。

（3）《国家教育督导报告：关注中等职业教育（摘要）》发布。2011年7月5日，国家教育督导团发布了《国家教育督导报告：关注中等职业教育（摘要）》（国教督〔2011〕3号）。报告从战略地位与政策落实、事业发展与社会贡献、资源配置与经费保障、人才培养与改革创新四个方面，对全国中等职业教育发展状况进行了客观评价，并提出了督导意见。报告旨在客观评价全国各地中等职业教育发展现状，推动政府更好地履行职责，引导社会关心和支持中等职业教育发展，更好地落实《教育规划纲要》提出的目标和任务，促进中等职业教育提高质量，实现科学发展。

（4）《2014年教育督导报告》发布。2015年3月6日，教育部发布了《2014年教育督导报告》。督导报告指出：2014年，在国务院教育督导委员会正确领导下，教育督导战线认真贯彻党的十八大和十八届三中、四中全会精神，落实《教育规划纲要》《教育督导条例》和国务院教育督导委员会第一次会议要求，深化教育督导体制改革，强化督政、督学和评估监测工作，加大教育督导问责力度，推进教育督导机构和队伍建设，教育督导工作取得了新成绩，为转变教育管理方式，促进教育公平，提高教育质量作出了新的重要贡献。一是深化教育督导改革，加快推进教育管办评分离。二是大力促进教育公平，着力解决教育薄弱环节。三是密切学校师生联系，破解教育领域突出问题。四是推动教育质量提升，强化学校内涵式发展。五是强化督导结果公开，加大约谈和问责力度。

（四）《国务院教育督导委员会办公室关于印发深化教育督导改革转变教育管理方式意见的通知》出台

为贯彻党的十八届三中全会"强化国家教育督导"、"深入推进管办评分离"精神，落实《教育规划纲要》和《教育督导条例》要求，保障教育法律、法规、规章和国家教育方针、政策贯彻执行，实施素质教育，提高教育质量，促进教育公平，推动教育事业科学发展，2014年2月7日，《国务院教育督导委员会办公室关于印发深化教育督导改革转变教育管理方式意见的通知》（国教督办〔2014〕3号）出台。文件共分为四个部分，十六条，指出了深化教育督导改革在转变教育管理方式中的重要意义，提出了深化教育督导改革的总体思路和工作目标，明确了深化教育督导改革的主要任务，强调要加强组织领导、教育督导机构建设、督学队伍建设和经费保障。第一，明确了深化教育督导改革的总体思路。即：建立督促地方政府依法履行教育职责的督政机制、指导各级各类学校规范办学提高教育质量的督学体制、科学评价教育教学质量的评估监测体系，形成督政、督学、评估监测三位一体的教育督导体系，为促进教育事业科学发展、办好人民满意的教育提供制度保障。第二，根据教育督导督政、督学、评估监测的三大职能，明确了深化教育督导改革的工作目标。第三，从督政、督学、教育质量评估监测、教育督导和评估监测结果使用四方面提出了深化教育督导改革的主要任务，这也是近期教育督导工作的重点。（1）督政方面：建立地方政府履行教育职责督导制度，开展对地方政府履行教育职责情况的综合督导；建立专项督导制度，就一些普遍性问题和教育重点工作开展专项督导；做好义务教育均衡发展督导工作；建立对地方教育行政部门督导制度。（2）督学方面：加强督学责任区建设；加强学校督导队伍建设；开展对各级各类学校教育教学质量、办学条件、规范办学行为和实施素质教育的督导评估；针对教育热点难点问题开展专项督导。（3）教育质量评估监测方面：建立健全各级各类教育质量监测指标体系，完善基础教育质量监测标准和工具，建立县域义务教育均衡发展监测制度和对地方政府发展教育事业情况监测制度；根据各级各类教育的发展现状和实际需要，开展教育质量监测工作；培育和扶持一批专业评估机构，引导社会力量参与教育质量评估监测；加强教育质量监测国际交流，积极参与国际组织的教育质量监测项目。（4）教育督导和评估检测结果使用方面：完善教育督导和评估监测报告发布制度，建立分级发布教育督导和评估监测报告制度；建立健全教育督导和评估监测的公示、公告、约谈、奖惩、限期整改和复查制度；建立教育督导和评估监测问责机制。该文件的出台，对深化教育督导改革、转变教育管理方式、指导教育督导工作开展、加快推进教育治理体系和治理能力现代化建设将产生积极重要的影响。

二　教育督导重点规章

(一) 基础教育重点规章

1. 建立了"两基"督导评估验收制度

(1)《国家教委关于下发〈普及九年义务教育评估验收办法〉等三个文件的通知》印发。为了实现党的十四大提出的"到本世纪末，基本扫除青壮年文盲，基本实现九年制义务教育"（以下简称"两基"）的战略目标，1993 年 3 月 8 日，《国家教委关于下发〈普及九年义务教育评估验收办法〉等三个文件的通知》（教督〔1993〕2 号）印发，国家教委决定建立对普及九年义务教育县（市、区）和扫除青壮年文盲的县（市、区）进行评估验收制度。文件指出：第一，"两基"评估验收工作从 1993 年开始实行，每年开展一次。由各省、自治区、直辖市人民政府依据《普及九年义务教育评估验收办法（试行）》《县级扫除青壮年文盲单位检查评估办法（试行）》负责组织。国家教委负责对评估验收工作进行指导、监督、检查。评估验收的对象：县、不设区的市、市辖区和省级人民政府确定的其他实施义务教育的县级行政区划单位。第二，《普及九年义务教育评估验收办法（试行）》分为评估验收的范围和单位、评估项目及指标要求、评估验收的程序、表彰办法，共四章十九条，自公布之日起施行。"普九"评估项目及指标要求包括：普及程度、师资水平、办学条件、教育经费、教育质量五个方面的指标要求。第三，《县级扫除青壮年文盲单位检查评估办法（试行）》分为检查评估的范围和单位、检查评估的指标要求、检查评估程序、表彰办法，共四章十一条，自公布之日起施行。第四，《关于 1993 年普及九年义务教育县（市、区）和扫除青壮年文盲县（市、区）评估验收工作的通知》对 1993 年的"两基"评估验收工作提出了具体要求。

(2)《国家教委关于颁发〈普及义务教育评估验收暂行办法〉的通知》印发。为了贯彻落实全国教育工作会议精神，实现 20 世纪 90 年代基本普及义务教育的目标，1994 年 9 月 24 日，国家教委对《普及九年义务教育评估验收办法（试行）》进行修订，印发了《国家教委关于颁发〈普及义务教育评估验收暂行办法〉的通知》（教基〔1994〕19号），要求各省、自治区、直辖市根据《普及义务教育评估验收暂行办法》修订本地区的评估验收办法，以更好地推进普及九年义务教育工作的发展。《普及义务教育评估验收暂行办法》分为总则、评估项目及指标要求、评估验收程序、表彰和处罚、附则，共五章二十六条，自发布之日起施行。普及义务教育评估项目及指标要求包括：对普及九年义务教育县普及程度的基本要求（入学率、辍学率、完成率、文盲率）、对 2000 年以前只能实现普及初等义务教育的县普及程度的基本要求（入学率、辍学率、完成率、文盲率）、师资水平的基本要求、办学条件的基本要求、教育经费的要求、教育质量的要求。《普及义务教育评估验收暂行办法》是 20 世纪 90 年代到 2010 年全国"两基"实现之前"普九"评估验收工作的文件依据。

（3）《教育部关于印发〈关于贫困地区普及初等义务教育评估验收工作的意见〉的通知》印发。为进一步规范贫困地区普及初等义务教育评估验收工作，加强对评估验收工作的指导，1998 年 4 月 21 日，《教育部关于印发〈关于贫困地区普及初等义务教育评估验收工作的意见〉的通知》（教督〔1998〕4 号）印发。

（4）《国家教育督导团关于加强西部地区"两基"攻坚督导评估工作的意见》印发。为贯彻落实《国务院关于进一步加强农村教育工作的决定》（国发〔2003〕19 号），认真实施《国家西部地区"两基"攻坚计划（2004—2007 年）》（国办发〔2004〕20 号），保障西部地区"两基"攻坚目标的如期实现，2004 年 6 月 15 日，《国家教育督导团关于加强西部地区"两基"攻坚督导评估工作的意见》（国教督〔2004〕9 号）印发。文件就西部地区"两基"攻坚工作的评估验收标准和程序提出了指导性意见。第一，在验收的标准上，针对西部地区存在的一些特殊困难及原来验收标准中一些不合时宜的标准将进行微调。在验收中增加了教师编制落实情况和发展现代远程教育、发展寄宿制学校、落实"两免一补"政策等方面的内容。总体上，验收坚持"软件从严，硬件从实"的原则，《普及义务教育评估验收暂行办法》和《县级扫除青壮年文盲单位检查评估办法（试行）》中已量化的核心指标，必须从严掌握。其他方面的要求则可以根据西部的特点灵活掌握。第二，在验收的程序上，原有的工作程序必须坚持和落实，并增加了四个新的环节：一是建立公示制度。二是向县级人大和政协汇报自查结果。三是建立全程跟踪监测系统。四是国家督学每年对西部"两基"工作进行抽查。该文件就加强对西部地区"两基"攻坚督导评估工作的指导，强调统一"两基"评估验收基本标准，统一对各项指标的理解，统一掌握评估验收的尺度等问题提出了指导性意见，这有利于保障西部地区"两基"攻坚目标的如期实现，促使地方政府和学校依法治教，有利于扎实推进素质教育。

（5）建立"两基"督导评估验收制度的意义。"两基"督导评估验收制度的建立极大地推动了全国"普九"和"扫盲"工作的发展，推进了《义务教育法》贯彻实施，保证了"两基"战略目标的实现，保证了"两基""重中之重"地位的落实。在"两基"督导实践中，督导机构和督导队伍不断壮大，督导影响不断扩大，督导权威不断提高，督导的各项制度也逐步建立。同时，也确立了教育督导在中国现代教育事业发展中、在现代化教育管理中的不可缺少的重要地位。

2.《关于加强基础教育督导工作的意见》出台

为贯彻落实《国务院关于基础教育改革与发展的决定》（国发〔2001〕21号）和全国基础教育工作会议精神，指导、督促地方政府、教育行政部门和学校依法治教，扎实推进素质教育，2001年9月8日，国家教育督导团印发了《关于加强基础教育督导工作的意见》（国教督〔2001〕5号），对"十五"期间基础教育督导工作的目标、任务提出了明确要求。文件指出：第一，确立教育督导在基础教育改革与发展中的重要地位，进一步明确基础教育督导工作的指导思想。第二，继续加强对普及九年义务教育工作的督导评估，推动基础教育事业持续发展。第三，开展专项督导，促进基础教育热点、难点问题的解决。第四，建立符合素质教育要求的督导评估机制，保障素质教育顺利实施。第五，加强领导，完善督导机构、队伍和法制建设。该文件有利于进一步健全中国特色教育督导制度，也有利于指导、督促地方政府和学校依法治教，有利于扎实推进素质教育。

（二）义务教育重点规章

1. 《关于加强农村义务教育经费保障机制改革督导工作的意见》出台

为确保农村义务教育经费保障机制改革顺利实施，推动农村义务教育持续健康发展，2006 年 9 月 19 日，教育部、财政部印发了《关于加强农村义务教育经费保障机制改革督导工作的意见》（教督〔2006〕7号）。文件提出，一要加强经费投入督导，要对省级政府统筹落实农村义务教育经费保障机制情况、农村义务教育经费安排情况和地方各级政府实施农村义务教育经费保障机制改革的工作情况进行督导检查，推动政府分担责任落实到位。二要加强经费使用督导，要对学校预算编制和执行情况、学校国有资产管理情况、学校教师培训经费使用情况进行督导检查，促进学校资金管理规范有效。三要加强改革效益督导，对农村义务教育均衡发展情况、义务教育实施质量情况、学校收费情况进行督导检查，努力提高农村义务教育水平。该文件强调，开展教育督导工作是推进农村义务教育经费保障机制改革顺利实施的重要保证，要加强组织领导，确保督导工作顺利实施。第一，教育督导工作要在当地人民政府的领导下，教育、财政等有关部门共同参与。第二，各级教育、财政部门要保证督导经费和办公条件，指导下级教育、财政部门做好自查工作，根据督导意见，做好整改工作。第三，教育督导机构要把农村义务教育经费保障机制改革的督导工作，作为当前和今后一个时期教育督导的主要任务之一。第四，建立对农村义务教育经费保障机制改革督导工作的限期整改、结果公报和问责奖惩等制度。

2. 《县域义务教育均衡发展督导评估暂行办法》出台

为推动义务教育均衡发展，促进教育公平，2012 年 1 月 20 日，教育部印发了《县域义务教育均衡发展督导评估暂行办法》（教督〔2012〕3 号），建立县域义务教育均衡发展督导评估制度，开展对义务教育发展基本均衡县的督导检查和评估认定工作。文件指出，县域内义务教育学校，包括小学、一贯制学校、独立初中、完全中学。县域内义务教育均衡发展督导评估的程序，主要采取自下而上的方式进行，即县级自评、地市复核、省级评估、国家认定。县域内义务教育均衡发展督导评估的主要内容可以概括为：一个门槛、两项内容、一个参考。第一，一个门槛，即基本办学标准评估。要求在对一个县进行评估认定前，要对其所辖义务教育阶段学校是否达到本省基本办学标准进行评估。达到这一条件的县，才有资格接受均衡督导评估认定。第二，两项内容，这是均衡督导评估认定的核心内容，包括对县域义务教育校际间差距的评估和对县级政府推进义务教育均衡发展工作的评估两个方面。校际间差距评估是以八项指标来分别计算小学、初中综合差异系数。达到基本均衡评估的标准为：小学综合差异系数不高于 0.65，初中综合差异系数不高于 0.55。对县级政府推进义务教育均衡发展工作的评估主要是通过入学机会、保障机制、教师队伍、质量与管理四个方面的 17 项指标来进行的，每个指标赋一定分值，总分为 100 分，达到 85 分以上的县方可视为达到此项评估的要求。第三，一个参考，是指公众对本县义务教育均衡发展状况的满意度，作为评估、认定一个县是否实现基本均衡的重要参考依据。县域义务教育均衡发展督导评估制度的建立，是依法治教的客观需要，这为推进义务教育均衡发展提供了更加清晰的衡量标准和评价办法。通过开展均衡督导评估，督促地方政府切实履行职责，提高推进义务教育均衡发展工作的针对性和有效性，有力地促进义务教育的均衡发展。这项督导评估制度，也是继"两基"督导评估制度后，在新时期推进义务教育持续健康发展的重要机制和强有力手段。

三 教育督导基本规章

（一）建立并健全了中小学督导评估制度

1.《普通中小学校督导评估工作指导纲要》印发

为指导各地开展中小学的督导评估工作，1991 年 5 月 21 日，《国家教委关于印发〈普通中小学校督导评估工作指导纲要〉等两个文件的通知》（教督〔1991〕1 号）印发。文件要求各地从本地的实际出发，制定实施的具体方案，有步骤地开展中小学督导评估工作，这标志着我国普通中小学校的督导评估工作逐步走向规范化轨道。《普通中小学校督导评估工作指导纲要》就督导评估三个方面的目的即督促学校、督促政府及其教育行政部门、引导社会和家长，督导评估四个方面的内容即办学方向、学校管理、教育质量、办学条件等作了原则规定。它是各地督导评估实践经验的总结和提升，它有利于更好地指导各地开展中小学督导评估工作；有利于督促学校认真贯彻有关教育的方针、政策、法律、法规，端正办学方向，遵循教育规律，深化教育改革，优化教育管理；有利于督促政府及其教育行政部门改进对学校的领导；有利于引导社会、家长用正确的标准评价学校的办学水平。

2. 《普通中小学校督导评估工作指导纲要（修订稿）》印发

为使学校坚持社会主义办学方向，全面贯彻教育方针，全面提高教学质量，实施素质教育，1997 年 2 月 27 日，国家教委印发《普通中小学校督导评估工作指导纲要（修订稿）》（教督〔1997〕4 号），国家教委要求 1998 年前在全国范围内全面推行普通中小学校督导评估工作制度。① 《普通中小学校督导评估工作指导纲要（修改稿）》较《普通中小学校督导评估工作指导纲要》内容更加丰富、更加全面，更具有导向性和可操作性，这主要体现在以下几个方面：第一，强调以素质教育为目标，建立全面科学的评估学校办学水平的机制。第二，强调政府和教育行政部门要办好每所学校，学校要面向全体学生，因材施教，并充分注意少年儿童个性发展，使他们能够得到生动活泼的主动发展。第三，增加了组织实施的内容，对学校督导评估工作的职责分工、工作原则、需要注意的问题等提出了明确的意见和要求。第四，评估内容更加丰富全面，修订了部分指标，对学校的办学方向、学校管理、教师管理、教育教学工作、办学条件、教育质量等都有具体的要求。修订《普通中小学校督导评估工作指导纲要》是推动基础教育摆脱"应试教育"影响，实施素质教育的重要举措。中小学督导评估制度作为一项重要的导向机制，它有力推进了学校全面贯彻教育方针，全面提高教育质量，实施素质教育。同时，有利于督促政府及有关职能部门加强对中小学的领导和管理，保障教育投入，改善办学条件，区域内整体推进素质教育。该制度的建立和广泛开展，在广度和深度上极大地丰富和发展了中国特色教育督导制度的内容和工作方法。

（二）建立全面推进素质教育的督导评估制度

为了全面贯彻教育方针，全面提高教育质量，引导中小学摆脱

---

① 中国教育年鉴编辑部：《中国教育年鉴 1998》，人民教育出版社 1999 年版，第 143 页。

"应试教育"的影响，实现向全面提高国民素质的转变，三个关于全面推进素质教育的督导评估制度文件先后印发。1996 年 7 月 23 日，《国家教委办公厅关于印发〈构建督导评估机制，推动实施素质教育汨罗研讨会纪要〉的通知》（教督〔1996〕2 号）印发。1997 年 4 月 16 日，《国家教委督导办关于印发〈构建督导评估机制，推动实施素质教育实验联系县工作研讨会纪要〉的函》（教督〔1997〕16 号）印发。1998 年 1 月 14 日，《国家教委关于印发〈国家教育委员会关于开展素质教育区域实验工作的指导意见〉的通知》（教办〔1998〕2 号）印发。文件指出：第一，1996 年至 2000 年，各素质教育实验县（市、区）逐步建立和健全了各具特色的、保障实施素质教育的督导评估机制，创造了以下经验：进一步提高了对《普通中小学校督导评估工作指导纲要（修改稿）》重要性的认识。建立了"督政"与"督学"有机结合的督导评估机制，加大了督导评估工作力度。完善了督导评估指标体系，使对政府、教育部门、学校的督导评估工作更加规范化、制度化、科学化。促进了党政领导、教育行政部门和学校办学思想的转变，推动基础教育从应试教育向素质教育转变，有利于提高教育质量和办学效益。[1] 第二，对进一步搞好素质教育实验县（市、区）工作提出了以下意见：县（市、区）委、县（市、区）政府必须重视素质教育和对素质教育的督导评估工作。县（市、区）级督导机构健全，并有相应的规格。建立健全同级督政和对县（市、区）政府及其县（市、区）长履行教育职责进行督导评估的制度。建立多种形式的督导评估制度，要理顺学校评估工作体制，对学校的各类评估工作进行整合，实行督导部门归口管理，注重实效，提高评估效益和信度督导部门要同中小学教研室等部门团结合作，形成协调配合的良好关系。建立"两基"监评制度。建立督导专报和公报制度。[2]

（三）进一步规范健全中小学校督导评估工作

1.《教育部关于规范普通中小学校检查、评估工作的意见》出台

针对各种检查、评估过多给学校造成过重负担的问题，为进一步规

---

[1]　中国教育年鉴编辑部：《中国教育年鉴1999》，人民教育出版社1999年版，第177页。
[2]　同上。

范对普通中小学的检查评估工作，2007 年 1 月 19 日，《教育部关于规范普通中小学校检查、评估工作的意见》（教督〔2007〕1 号）出台。文件确定了普通中小学校检查评估工作的三项基本原则，即依法开展检查评估，严格控制对学校检查评估的项目和次数，检查评估要以学校自检、自评为主。文件要求建立规范的工作制度，包括建立检查评估年度审定制度、建立检查评估的公告制度、建立免检制度。文件要求加强管理，提高检查评估工作的实效。一是进一步改进检查评估的工作方法，提高检查评估的实效性。二是改革创新检查评估的手段。三是建立和完善对中小学检查评估工作的监督管理。四是建立和完善对学校综合督导评估制度。

2.《关于进一步加强中小学校督导评估工作的意见》出台

为了认真贯彻落实《教育规划纲要》，更好地发挥教育督导的作用，有效地促进学校加强教育教学管理、提高办学水平，2012 年 9 月 5 日，教育部印发了《关于进一步加强中小学校督导评估工作的意见》（教督〔2012〕9 号）。文件提出要严格督导评估程序，规范督导评估管理，完善结果报告制度，创新督导评估机制。文件从四个方面提出了中小学校督导评估的主要内容：一是健全规章制度、依法规范办学的情况。主要包括：学校制定学校章程和发展规划；实行目标管理和绩效管理，完善学校自评制度和质量评价机制；健全安全保卫制度和工作机制；建立健全校务公开、民主监督、社会参与的现代学校管理制度等方面。二是有效使用资源、提高管理效率的情况。主要包括：学校对教师教学活动的指导和专业发展的支持；资金的科学预算和规范使用，设备设施和图书资料的有效使用；校园文化建设；与社区合作、利用社会资源等方面。三是优化教学管理、提高教学质量的情况。主要包括：学校执行国家课程方案和学科课程标准，开足开好规定课程；开展课程和课堂改革，促进德育、智育、体育、美育有机结合；改进教学方式，创新教学方法，注重因材施教，增强教学效果；合理安排学生作息和锻炼，切实减轻过重课业负担等方面。四是学生的健康成长和自我实现的情况。主要包括：学生思想道德素质、科学文化素质养成和身心健康发展的情况；学习兴趣、良好习惯培养的情况；审美情趣、人文素养的形成和实践能力、创新精神培养等方面，也包括学校对学生进行综合素质评价的情况。文件指出，新时期学校督导评估要建立和完善四项基本制度，即定期督导评估制度、督学责任区制度、限期整改制度、公报制度。为确保督导评估各项工作落到实处，文件进一步明确了国家、省（区、市）、市（地、州）、县（市、区）在学校督导评估工作中的职责分工，要求各地明确工作职责任务，配齐督导人员，改善工作条件，提供经费保障，加强督学能力建设，不断提高学校督导评估工作的水平和质量。

（四）建立教育质量监测制度

1. 建立并健全教育监测与评价统计指标体系

（1）《中国教育监测与评价统计指标体系（试行）》出台。1991年4月，国家教委出台《中国教育监测与评价统计指标体系（试行）》。监测评价指标体系侧重于对整个国民教育水平、结构及其支持条件的评价和监测，全部为再生性或结构比例性指标，分为综合教育程度、国民接受学校教育状况、学校办学条件、教育科学研究四个维度，包括入学率、文盲率、受教育年限、生师比、校舍建筑、学校仪器配备、学校信息化建设、教育经费、教育科学研究等方面的77个指标。这是当代中国第一个国家级教育评价监测指标体系，提出了我国教育发展规模的基本标准。

（2）《教育部关于印发〈中国教育监测与评价统计指标体系〉的通知》出台。为全面贯彻落实《教育规划纲要》，充分发挥教育统计工作对教育管理、科学决策和服务社会的重要作用，指导各级教育行政部门和学校科学开展教育事业发展监测与评价工作，教育部组织专家对《中国教育监测与评价统计指标体系（试行）》进行了修订和完善，2015年8月10日，《教育部关于印发〈中国教育监测与评价统计指标体系〉的通知》（教发〔2015〕6号）出台。修订后的监测评价指标体系分为综合教育程度、国民接受学校教育状况、学校办学条件、教育经费、科学研究等5类102项指标，涉及各级各类教育。与修订前的4类77项指标体系相比，保留指标9项、修订指标18项、新增指标75项。其中，有12项为国际组织常用指标。修订后的指标体系更具科学性和针对性，能够更好地监测与评价各级教育事业发展状况。

2.《国家义务教育质量监测方案》出台

为科学规范开展义务教育质量监测工作，推动实施素质教育，提升义务教育质量，根据《教育规划纲要》"建立国家义务教育质量基本标准和监测制度"的要求，2015年4月15日，《国务院教育督导委员会办公室关于印发〈国家义务教育质量监测方案〉的通知》（国教督办〔2015〕4号）印发，决定从2015年起在全国开展义务教育质量监测工作。《国家义务教育质量监测方案》包括监测目的、监测原则、监测学科、监测对象、监测周期、监测时间、监测内容、监测工具、监测样本、统一测试、水平划定、监测报告、组织实施13个方面。该文件对于推动政府提高决策科学性和管理有效性，在指导学校改进教育教学、实施素质教育、不断提升义务教育质量等方面将发挥积极作用。该文件是落实党的十八届三中全会关于"深入推进管办评分离，强化国家教育督导，委托社会组织开展教育评估监测"要求和《教育规划纲要》"完善监测评估体系，定期发布监测评估报告"规定的具体体现和重要措施，它标志着我国义务教育质量监测制度的建立，中国特色"PISA"（国际学生评估项目的缩写）揭开了面纱。

（五）建立中小学督学责任区、责任督学制度

1.《关于加强督学责任区建设的意见》出台

为督促和引导普通中小学校（含幼儿园）贯彻执行教育法律、法规、规章和国家教育方针政策，规范学校办学行为，提高教育教学质量，2012年5月4日，教育部印发了《关于加强督学责任区建设的意见》（教督〔2012〕7号）。第一，文件指出，按照"因地制宜、分级负责、全面覆盖、推动工作"的原则，在省（区、市）、市（地、州）、县（市、区）三级分别设立督学责任区。地方各级责任区督学负责落实本责任区的主要职能，责任区督学应由各级人民政府聘任的督学担任。责任区督学主要负责对本责任区中小学校的办学行为和教育教学工作进行随机督导。责任区督学在同级教育督导部门的领导下开展工作，对中小学校督导检查实行组长负责制。第二，文件要求，地方各级教育行政部门和督导部门要高度重视督学责任区建设，切实加强对督学责任区工作的领导，为责任区督学开展工作提供必要的条件保障。加强督学责任区建设，是落实《教育规划纲要》"坚持督政与督学并重"要求，

推动"督学"工作制度化、常态化，加强对中小学校工作监督与指导的重要措施，有利于及时了解和掌握中小学校的工作状况，发现存在的问题和不足，指导和督促中小学校规范办学行为，提高教育教学质量。同时，通过对责任区内中小学校教育教学工作的监督检查，对中小学校工作提出改进建议，为政府和教育行政部门推进教育改革与发展提供决策参考。

2.《中小学校责任督学挂牌督导办法》出台

为健全学校督导制度，加强对中小学校的监督指导，2013 年 9 月 17 日，国务院教育督导委员会办公室印发了《中小学校责任督学挂牌督导办法》（国教督办〔2013〕2 号）。该文件对中小学校挂牌督导的性质、责任督学的选聘配备、职责任务、工作要求、培训与考核以及工作条件保障和督导结果运用等方面作了具体规定。第一，明确界定了挂牌督导。挂牌督导是指县（市、区）人民政府教育督导部门为区域内每一所学校设置责任督学，对学校进行经常性督导。第二，明确了责任督学的基本职责和督导事项。责任督学有五项基本职责：对学校依法依规办学进行监督；对学校管理和教育教学进行指导；受理、核实相关举报和投诉；发现问题并督促学校整改；向教育督导部门报告情况，并向政府有关部门提出意见。同时，责任督学有权对学校管理、招生收费、课程开设、教育教学、教师师德、学生学习和课业负担及学校安全卫生、校风、教风学风等十项管理进行督导。第三，明确了责任督学的任务和工作要求。责任督学对每所学校实施经常性督导每月不得少于 1 次，督导结果要当场反馈，并需提交报告。第四，明确了责任督学的聘任和考核。明确规定责任督学应符合《教育督导条例》第七条规定的条件，由教育督导部门聘任和考核。第五，明确了保障措施和督导结果运用。规定各地要为责任督学提供必要的工作条件和专项经费。实行责任督学制度既是世界上教育督导制度较完善国家的普遍做法，也是基于我国教育的现实情况所进行的教育督导机制改革，对我国教育行政管理体制改革将具有深远意义。一是落实党的群众路线教育实践活动的基本要求。二是加快转变教育管理职能的必然要求。三是加强对学校监督和指导的现实需要。总之，责任督学对学校实施常态化、公开化监督指导，有利于提高对学校督导的针对性和有效性，有利于规范学校办学行为，坚持依法办学，切实解决教育热点难点问题，提高教育质量。

3.《中小学校责任督学挂牌督导规程》和《中小学校责任督学工作守则》出台

为了规范中小学校责任督学挂牌督导工作，2013 年 12 月 18 日，《国务院教育督导委员会办公室关于印发〈中小学校责任督学挂牌督导规程〉和〈中小学校责任督学工作守则〉的通知》（国教督办〔2013〕6 号）印发。《中小学校责任督学挂牌督导规程》明确了制定规程的目的，详细规定了开展中小学校挂牌督导工作的内容、方式、程序和步骤，并对责任督学走访调查、反馈意见、督促整改、撰写督导报告、上报工作情况、接受检查考核等提出具体要求。《中小学校责任督学工作守则》规范了责任督学工作中的言行举止，并对责任督学的工作态度、工作规范、工作方法、工作纪律和职业素养等提出明确要求。《规程》和《守则》是对中小学校责任督学挂牌督导制度的补充和完善，具有重要意义。一是有利于规范中小学校责任督学挂牌督导工作。二是有利于加强对学校的监督和指导。三是有利于转变政府教育管理职能，落实党的群众教育实践活动基本要求。

4.《中小学校责任督学挂牌督导创新县（市、区）工作方案》出台

为推动各地进一步落实《中小学校责任督学挂牌督导办法》（国教督办〔2013〕2 号），逐步实现学校督导评估工作科学化、规范化和制度化，2015 年 3 月 12 日，《国务院教育督导委员会办公室关于印发〈中小学校责任督学挂牌督导创新县（市、区）工作方案〉的通知》（国教督办〔2015〕3 号）印发。国务院教育督导委员会办公室决定在全国开展中小学校责任督学挂牌督导创新县（市、区）工作，每年将根据各地工作进展情况进行实地考察，并在年底公布一批全国中小学校责任督学挂牌督导创新县（市、区）。中小学校责任督学挂牌督导创新县（市、区）的主要条件包括：领导组织、管理制度、督学队伍、开展工作、保障措施、督导方式、问责整改、结果运用八个方面。开展中小学校责任督学挂牌督导创新县（市、区）工作是建立中小学校督导长效机制的重要举措，旨在充分发挥创新县（市、区）的示范引领作用，带动全国中小学校责任督学挂牌督导工作水平全面提升，为中小学

校规范办学行为、提高办学水平和教育质量提供保障。

四 教育督导专项规章

除自身领域、重点领域、基本领域外，当代中国教育督导规章建设在专项领域也颇有建树。

（一）《教育部关于建立对县级人民政府教育工作进行督导评估制度的意见》出台

2004 年 1 月 17 日，国务院办公厅转发了《教育部关于建立对县级人民政府教育工作进行督导评估制度的意见》（国办发〔2004〕8 号），文件明确了对县级人民政府教育工作督导评估的内容、工作原则、程序及县以上各级人民政府实施此项工作的责任和相关部门的职责。第一，督导评估的范围包括全国所有的县、不设区的市、市辖区、旗和其他县级行政区划单位，对象是县级人民政府及其有关职能部门。第二，对县级人民政府教育工作的督导评估工作，要在省级和地（市）级人民政府的领导下组织开展，各有关职能部门参加，教育督导部门具体实施。第三，督导评估的主要内容包括领导职责、教育改革与发展、经费投入与管理、办学条件、教师队伍建设、教育管理。第四，督导评估的程序是县级自评、地（市）级复查、省级督导评估、结果反馈。第五，对县级人民政府教育工作的督导评估制度，现阶段主要督导检查区域内政府主要领导依法治教、依法行政、改革发展教育情况，并且对区域内教育发展的体系、结构、质量、水平进行评估。第六，在一个较长时期内，区域督导工作的重点应放在县（市、区）一级。在此基础上，可以逐步地开展对地（州、市）域以及省域教育的督导评估。区域教育工作的督导包括督政和督学，督政可采用综合督导、专项督导和经常性督导等多种督导方法，但综合性督导是督政的基本形式。建立对县级人民政府教育工作进行督导评估的制度，是按照党的十六大提出的决策、执行、监督相协调的要求，促进县级人民政府实施科教兴国战略，落实教育优先发展战略地位，依法履行教育管理职责的一项重要举措。这对于巩固和完善农村义务教育管理体制，对推动基础教育以及县域内各类教育的改革与发展具有重要意义。

（二）《教育部办公厅关于加强专项督导检查管理的意见》出台

为规范专项督导检查程序，加强对专项督导检查工作的管理，2005年7月20日，《教育部办公厅关于加强专项督导检查管理的意见》（教督厅〔2005〕2号）印发。文件从立项、实施到结果的处理都对专项督导检查作出了具体的规定：第一，它明确规定，专项督导检查项目由国家教育督导团根据教育部年度工作要点确定，有关司局也可根据工作需要提出申请。专项督导检查的内容是中等及中等以下教育改革和发展中的重点难点问题和社会普遍关注的热点问题。检查对象为省级人民政府，检查重点是地方各级人民政府对有关教育法律、法规和规章的贯彻落实情况。专项督导检查每年一般安排3项。第二，它对督查程序作了严格规定。首先各省、自治区、直辖市自查。其次是国家教育督导团组织抽查。督查结束后，形成督导报告，并向各省、自治区、直辖市政府反馈督查情况。最后由国家教育督导团审定督导报告并形成督导公报，向社会发布。

（三）《中小学体育工作督导评估指标体系（试行）》出台

为了贯彻落实《中共中央国务院关于加强青少年体育增强青少年体质的意见》（中发〔2007〕7号）提出的"各级政府和教育部门要加强对学校体育的督导检查，建立对学校体育的专项督导制度"的要求，切实加强青少年体育工作，增强青少年体质，2008年8月20日，教育部印发《中小学体育工作督导评估指标体系（试行）》（教督〔2008〕3号）。作为首次以教育部名义下发的学校体育督导评估指标体系，它架构了一个学校体育硬件建设和管理的科学体系和标准，同时对学校体育的"软"、"硬"件提出了基本的要求。指标体系强调了针对政府部门进行的督导检查，并分为三级指标。一级指标涵盖教育管理、条件保障、评价机制、学生体质状况四方面，注重的是机制、管理、效果和过程。教育管理包括建立联席会议制度、纳入地方经济社会发展规划、落实一小时体育锻炼时间、建立定期组织综合性或专项性的学生体育运动会制度。条件保障非常关键，包括体育卫生师资配备与培训、体育卫生设施设备、公共体育卫生服务。评价机制中要求各地形成经常性的督导机制，形成经常性检查学校体育工作情况的制度。同时，还必须有反馈制度。评价机制中突出了中考体育。学生体质状况包括学生体质健康标准通过率、视力不良率等。《中小学体育工作督导评估指标体系（试行）》是新中国成立以来第一次针对学校体育工作发布的督导评估体系，也是新中国成立以来第一次专门为一个学科而作的督导评估体系，是为了更好地促进学校体育的改革、建设和发展。由于评估体系对各级政府、各级学校乃至学生都提出了具体而全面的要求，具有很强的可操作性，对各级政府提高对学校体育的认识、加大投入、深化管理都将起到积极作用。同时，指标体系的出台，有利于加强社会各界的联系，形成全社会关注学校体育的局面；有利于学校体育管理长效机制的建立及科学决策的引导；有利于推进素质教育，特别是有利于逐步转变全社会的人才观、教育观，进一步端正学校的办学思想。

（四）《中等职业教育督导评估办法》出台

为贯彻落实《中华人民共和国职业教育法》和《教育规划纲要》，全面推进《中等职业教育改革创新行动计划（2010—2012年）》的实施，督促省级人民政府及相关部门认真履行发展中等职业教育的职责，进一步推动中等职业教育的发展，2011年12月30日，教育部印发了《中等职业教育督导评估办法》（教督〔2011〕2号）。围绕中等职业教育发展的宏观政策建设与制度创新、经费投入、办学条件保障及发展水平与特色等方面，文件设计了《中等职业教育督导评估指标体系》《中等职业教育督导评估标准》及《中等职业教育督导评估有关情况调查表》三项测量工具。指标体系以百分制为总分计，将政策制度、经费投入、办学条件及发展水平列为一级指标，下设政策建设、制度创新、总量投入、专项投入、基础设施、教师队伍、发展规模、教育质量八项分类，再由此细分出30个二级指标以及指标权重。评估标准对指标体系的每一个二级指标进行细致阐释，相当于实施督导评估的工作细则。调查表详细列出每一项指标的核算方法、计算公式及事项说明，供各级教育行政主管部门和基层中等职业学校如实填写、及时反馈。文件规定，中等职业教育督导评估将采取自查和实地督导相结合的方式，其督导评估的结果将作为对被督导检查单位表彰和责任追究的重要依据。该文件有助于发挥教育督导监督、导向、激励、调控功能，保障中等职业教育发展目标的实现。

（五）《学前教育督导评估暂行办法》出台

为贯彻落实《教育规划纲要》和《国务院关于当前发展学前教育的若干意见》（国发〔2010〕41号）精神，进一步推动各地学前教育三年行动计划的实施，2012年2月12日，教育部印发了《学前教育督导评估暂行办法》（教督〔2012〕5号）。文件规定，学前教育督导评估的对象是地方政府，主要对政府职责、经费投入、园所建设、队伍建设、规范管理和发展水平六个方面进行评估。第一，政府职责方面主要评估落实政府责任和部门职责，完善管理体制，健全工作机制，建立督促检查、考核奖惩和问责机制等方面的情况。第二，经费投入方面主要评估加大学前教育经费投入，落实各项财政支持政策，构建学前教育公共服务体系等方面的情况。第三，园所建设方面主要评估多种形式扩大学前教育资源，大力发展公办幼儿园，积极扶持民办幼儿园，扩大普惠性学前教育资源等方面的情况。第四，队伍建设方面主要评估加强幼儿教师队伍建设，核定并保证公办幼儿园教职工编制，落实并提高幼儿教师待遇，加强幼儿教师培养培训等方面的情况。第五，规范管理方面主要评估规范学前教育管理，有效解决"小学化"倾向和问题等方面的情况。第六，发展水平方面主要评估提高学前教育发展水平，缓解"入园难"问题及社会公众对当地学前教育满意程度等方面的情况。文件指出，学前教育督导评估要坚持规范性评估与发展性评估、定性评估与定量评估、自我评估与督导评估"三个结合"。文件强调，要建立省级政府学前教育工作的表彰奖励与问责机制、学前教育督导结果报告制度、学前教育督导评估的宣传交流机制、学前教育督导结果通报和公布制度。

（六）《教育重大突发事件专项督导暂行办法》出台

为督促各地各校切实履行职责，积极应对并妥善处理教育重大突发事件，保障师生生命财产安全和教育教学工作正常开展，2014年2月7日，《国务院教育督导委员会办公室关于印发〈教育重大突发事件专项督导暂行办法〉的通知》（国教督办〔2014〕4号）印发。《教育重大突发事件专项督导暂行办法》分为总则、专项督导的内容、专项督导的实施、问责、附则，共五章十五条，明确规定了教育重大突发事件专项督导的原则、范围、内容、程序、机制等方面的要求。第一，教育重大突发事件专项督导要坚持"及时有效、公正公开"的原则。第二，凡涉及影响和危害师生生命财产安全、教育教学工作正常开展，或严重侵害师生切身利益并在社会上造成恶劣影响的各种突发事件，包括自然灾害、事故灾难、公共卫生事件、社会安全事件等，都属于教育重大突发事件专项督导的实施范围。第三，教育重大突发事件专项督导的内容主要包括预防和准备阶段、应对处理与救援阶段、过程处理阶段、后续处理阶段、建立健全公告制度、监督检查和考核问责机制五个方面。第四，国务院教育督导委员会办公室组织实施教育重大突发事件专项督导的具体程序。第五，为推动教育重大突发事件的解决，建立了信息报告制度和督导问责机制。该文件的出台具有法律基础和实践经验，它是及时有效处理教育重大突发事件的必然要求，是保障师生生命财产安全和教育教学工作正常开展的有效手段，是落实党的群众路线教育实践活动的重要举措，是充分发挥教育督导职能的必然要求，标志着我国建立了教育重大突发事件专项督导制度。

（七）《语言文字工作督导评估暂行办法》出台

为深入实施《中华人民共和国国家通用语言文字法》，全面落实《国家中长期语言文字事业改革和发展规划纲要（2012—2020年）》，2015年8月13日，国家语委、国务院教育督导委员会办公室印发了《国务院教育督导委员会办公室关于印发〈语言文字工作督导评估暂行办法〉的通知》（国教督办〔2015〕5号）。《语言文字工作督导评估暂行办法》分为总则、督导评估的内容、督导评估的实施、奖励与问责、附则，共五章十一条，自公布之日起施行。国务院教育督导委员会办公室要求，各地要结合实际制订实施方案，有计划、有步骤地开展语言文字工作督导评估。国务院教育督导委员会办公室将适时对各地语言文字工作进行专项督导检查。

五　教育督导整治规章

深入开展纠风和专项治理，重点纠正教育等领域损害人民群众利益的不正之风和突出问题是我们党和国家的一贯指导思想。教育乱收费就是教育领域损害人民群众利益的不正之风和突出问题，属于专项整治对象。

（一）基本规章制度

1.《教育部关于治理义务教育阶段择校乱收费问题的指导意见》出台

为着力解决义务教育阶段择校乱收费问题，2010年10月13日，《教育部关于治理义务教育阶段择校乱收费问题的指导意见》（教基一〔2010〕6号）出台。文件就严格执行《义务教育法》，规范招生入学秩序、完善招生入学政策、加快薄弱学校建设、合理配置师资力量、共享优质教育资源、支持发展民办教育、持续做好专项治理、健全完善督导制度等问题提出了明确的实施意见，着力解决义务教育阶段学校择校乱收费问题。

2.《教育部关于全面实施教育收费治理工作责任制的通知》出台

为了进一步加强教育系统行风建设，深入推进教育收费治理工作，切实维护广大人民群众的切身利益，教育部决定在教育系统全面实施教育收费治理工作责任制。2011年9月30日，《教育部关于全面实施教育收费治理工作责任制的通知》（教监〔2011〕10号）出台。文件要求：一要切实提高对实施治理工作责任制的认识。二要建立健全治理工作责任制。三要建立健全科学合理的责任目标体系。四要建立健全监督检查和责任追究制度。五要扎实做好治理工作责任制落实工作。文件指出，各地教育行政部门和各级各类学校要坚持"谁主管谁负责"、"管行业必须管行风"的原则，全面实施签署《教育收费治理工作责任书》制度。坚持从领导机构做起，从基层单位抓起，建立起主要领导负总责，分管领导具体负责，层层抓落实的治理工作责任体系。文件指出，各地要建立健全人民群众直接评议教育部门和学校履行治理工作责任的监督机制。把履行治理工作责任制情况作为领导班子、领导干部述职述廉和考核评价的重要内容。

3.《教育部 发改委 审计署关于印发〈治理义务教育阶段择校乱收费的八条措施〉的通知》出台

为实现"力争经过三到五年的努力，使义务教育阶段择校乱收费得到明显缓解，使义务教育阶段择校乱收费不再成为群众反映强烈的问题"的工作目标，2012年1月20日，《教育部 发改委 审计署关于印发〈治理义务教育阶段择校乱收费的八条措施〉的通知》 （教基一

〔2012〕1号）出台。针对义务教育阶段择校乱收费问题，文件提出了明确、具体的治理措施：一是制止通过办升学培训班方式招生和收费的行为；二是制止跨区域招生和收费的行为；三是制止通过任何考试方式招生和收费的行为；四是规范特长生招生，制止通过招收特长生方式收费的行为；五是严禁收取与入学挂钩的捐资助学款；六是制止公办学校以民办名义招生和收费的行为；七是加强招生信息和学籍管理；八是加大查处力度。《治理义务教育阶段择校乱收费的八条措施》有利于治理工作扎实推进，有利于对各地的监督检查。这是教育系统贯彻落实科学发展观，着力解决人民群众反映强烈的突出问题，确保教育事业科学发展的重要举措。

（二）年度督导通知

1.《教育部等七部门关于 2005 年治理教育乱收费工作的实施意见》出台

为了认真贯彻落实十六届中央纪委第五次全会和国务院第三次廉政工作会议精神，继续深入开展治理教育乱收费工作，2005 年 2 月 23 日，《教育部 国务院纠风办 监察部 发改委 财政部 审计署 新闻出版总署关于 2005 年治理教育乱收费工作的实施意见》（教监〔2005〕8 号）出台。文件指出，2005 年治理教育乱收费的工作任务为五个方面：一是全面实行"一费制"① 收费办法。二是继续稳定高等学校收费标准，清理高校收费项目，进一步规范高等学校收费行为。三是进一步规范公办高中招收择校生的"三限"② 政策。四是加强学校收费"收支两条线"③ 管理，制止挪用、截留、挤占、平调教育经费和学校收费收入行为。五是进一步加强中小学教材和教辅材料出版发行选用的管理。文件指出，2005 年治理教育乱收费的主要措施分为四个方面：一是提高认识，加强领导。二是不断加大教育投入，确保学校教学工作正常开展。

---

① "一费制"指对收费方法的规范，是指每学期开学后，在严格核定杂费、课本费和作业本费标准的基础上，一次性向学生收取每学期的杂费、课本费、作业本费三项费用的合计总额。

② "三限"指限人数、限钱数、限分数。

③ "收支两条线"指具有收费和罚款没收职能的部门和单位，根据国家法律、法规和规章应收取的行政事业性收费（基金、附加）和罚没收入，按规定委托指定代收银行代收代缴或由执收执罚单位直接收取并全额上缴国库或预算外资金财政专户。

三是严肃纪律,加大监督检查力度。四是进一步加大宣传工作力度,努力扩大群众参与和社会监督的范围,积极开展创建规范教育收费示范县活动。

2.《教育部等七部门关于 2009 年规范教育收费进一步治理教育乱收费工作的实施意见》出台

为认真贯彻落实第十七届中央纪委第三次全会和国务院第二次廉政工作会议精神,深入推进治理教育乱收费工作,进一步规范教育收费,2009 年 4 月 30 日,《教育部 国务院纠风办 监察部 发改委 财政部 审计署 新闻出版总署关于 2009 年规范教育收费进一步治理教育乱收费工作的实施意见》(教监〔2009〕5 号)出台。文件指出,2009 年治理教育乱收费的工作任务为五个方面:一是深入推进义务教育经费保障机制改革,严禁"一边免费、一边乱收费"。二是严格教育收费审批权限,稳定各级各类学校收费标准。三是采取有力措施,继续做好改制学校清理规范工作。四是大力推进区域内义务教育均衡发展,认真解决城市义务教育阶段"择校"乱收费问题。五是加强对学校办学行为和收费行为的监管,促进各级各类学校依法办学、规范收费。文件指出,2009 年治理教育乱收费的主要措施也分为七个方面:一是加强宣传培训,接受社会监督。二是切实加强学校服务性收费、代收费管理。三是加强学校收费资金管理,完善学校经费收入、资金使用公示制度和经常性审计及审计公告制度。四是严格执行公办普通高中招收择校生"三限"政策。五是继续实行高校招生"阳光工程",严禁与招生录取挂钩的乱收费行为。六是深入开展创建规范教育收费示范县活动。七是加强监督检查工作,严肃查处教育乱收费案件。

3.《教育部等七部门关于 2010 年治理教育乱收费规范教育收费工作的实施意见》出台

为认真贯彻落实十七届中央纪委第五次全会和国务院第三次廉政工作会议精神,继续深入治理教育收费中的突出问题,2010 年 4 月 21 日,《教育部 国务院纠风办 监察部 发改委 财政部 审计署 新闻出版总署关于 2010 年治理教育乱收费规范教育收费工作的实施意见》(教财〔2010〕2 号)出台。文件指出,2010 年治理教育乱收费的工作任务为七个方面:一是进一步加强对教育经费投入和使用的管理及监督检查,确保各项教育惠民政策落到实处。二是大力推进义务教育均衡发展，着力解决义务教育阶段学校择校乱收费问题。三是严格规范中小学服务性收费和代收费，坚决禁止侵害学生利益的行为。四是进一步加强中小学教辅材料管理，切实解决教辅材料散滥问题。五是进一步巩固义务教育阶段改制学校清理规范工作成果，深入推进高中阶段改制学校清理规范工作。六是深入实施高校招生"阳光工程"，进一步规范高校收费行为。七是进一步完善教育收费管理制度，加大教育收费政策执行力度。文件指出，当前治理教育乱收费的工作要求分为四个方面：一是加强组织领导，落实工作责任。二是加强调查研究，解决突出问题。三是加强宣传工作，优化治理环境。四是加强监督检查，确保工作成效。

4.《教育部等七部门关于 2011 年治理教育乱收费规范教育收费工作的实施意见》出台

为认真贯彻第十七届中央纪委第六次全会和国务院第四次廉政工作会议关于继续深化治理教育乱收费工作的部署和要求，2011 年 4 月 7日，《教育部 国务院纠风办 监察部 发改委 财政部 审计署 新闻出版总署关于 2011 年治理教育乱收费规范教育收费工作的实施意见》（教监〔2011〕8 号）出台。文件指出，2011 年治理教育乱收费的工作任务为七个方面：一是以农村义务教育"两免一补"①资金和中职助学金、免学费补助资金为重点，加强对教育经费拨付和使用情况的监督检查，确保各项教育经费及时足额拨付到位。二是大力推进义务教育均衡发展，严禁在义务教育阶段收取与招生入学挂钩的各种费用。三是制定幼儿园收费管理办法，加强对幼儿园收费行为的监管。四是加强中小学教辅材料管理，切实减轻学生过重的课业负担和家长的经济负担。五是巩固义务教育阶段改制学校清理成果，加大公办普通高中改制学校清理规范力度。六是巩固义务教育阶段改制学校清理成果，加大公办普通高中改制学校清理规范力度。七是继续实行高校招生"阳光工程"，严禁高等学校以研究生培养机制改革、开办软件学院、中外合作办学等名义违规收费。文件要求，要把监督检查工作与行风建设、队伍建设、师德师风建设结合起来，坚持经常性检查与专项检查相结合。对群众举报和检查发

---

① "两免一补"指免杂费，免书本费，补助寄宿生生活费。

现的乱收费问题坚决严肃查处，对顶风违纪、情节恶劣和造成严重社会影响的，不但要严肃追究当事人的责任，还要追究相关领导的责任。

5.《教育部等五部门关于 2013 年规范教育收费治理教育乱收费工作的实施意见》出台

为了规范办学行为，促进教育的公平公正，切实解决教育收费中群众反映强烈的突出问题，为办好人民满意的教育营造良好氛围，2013 年 7 月 11 日，《教育部 发改委 财政部 审计署 新闻出版广电总局关于 2013 年规范教育收费治理教育乱收费工作的实施意见》（教办〔2013〕4 号）出台。文件指出，2013 年治理教育乱收费的工作任务为七个方面：一是深化义务教育阶段择校乱收费治理工作。二是深入推进中小学教辅材料散滥问题治理。三是重点治理中小学补课乱收费问题。四是治理高校违规招生及乱收费行为。五是加强中央教育惠民政策落实情况的监督检查。六是进一步规范各级学校办学及收费行为。七是集中清理教育收费项目和收费标准。文件指出，当前治理教育乱收费的工作要求为三个方面：一是强化责任落实，建立完善纠风工作长效机制。二是加强监督检查，加大案件查办工作力度。三是转变工作作风，加强治理工作队伍建设。

6.《教育部等五部门关于 2014 年规范教育收费治理教育乱收费工作的实施意见》出台

为了完善规范教育收费治理教育乱收费工作机制，不断规范办学行为，促进教育公平公正，切实解决教育收费中群众反映强烈的突出问题，保障教育领域综合改革顺利进行，2014 年 4 月 16 日，《教育部 发改委 财政部 审计署 新闻出版广电总局关于 2014 年规范教育收费治理教育乱收费工作的实施意见》（教办〔2014〕6 号）出台。文件指出，2014 年治理教育乱收费的工作任务为七个方面：一是集中治理中小学补课乱收费问题。二是强化高校违规招生及乱收费治理。三是深化义务教育阶段择校乱收费和中小学教辅材料散滥问题治理。四是加强普通高中招生及收费行为监管。五是规范普通高等学校收费行为。六是加强对民生工程资金使用情况的监督检查。七是进一步清理规范教育收费项目和收费标准。文件指出，当前治理教育乱收费的工作要求为三个方面：一是加强组织领导，完善治理工作责任落实机制。二是加大监督检查力

度，严肃查处教育乱收费行为。三是严明工作纪律，加强治理工作队伍
建设。

7.《教育部等五部门关于 2015 年规范教育收费治理教育乱收费工
作的实施意见》出台

为贯彻落实党的十八大、十八届三中、四中全会精神和习近平总书
记系列重要讲话精神，全面落实党中央和国务院的部署要求，坚决严明
各项纪律和规矩，全面落实治理工作责任，切实解决补课乱收费、择校
乱收费、违规招生转学、收受礼品礼金等突出问题，坚决遏制乱办学、
乱招生、乱收费现象，2015 年 6 月 3 日，《教育部 发改委 财政部 审计
署 新闻出版广电总局关于 2015 年规范教育收费治理教育乱收费工作的
实施意见》（教办〔2015〕6 号）出台。文件指出，2015 年治理教育乱
收费的工作任务为七个方面：一是重点治理中小学违规补课及其乱收费
问题。二是深化高校违规招生等突出问题治理。大力整治违规招生、转
学等突出问题，取消部分全国性加分项目，减少地方性加分项目。三是
严格规范高等学校学费标准的调整。各省（区、市）要对年生均教育
培养成本进行全面监审，高校学费标准应严格按照不高于生均培养成本
25％核定。四是持续巩固规范教育乱收费问题治理成果。五是深入开展
教师违规收受礼品礼金等问题治理。六是进一步规范学校服务性收费和
代收费行为。七是加强中央教育民生工程资金使用情况监督检查。文件
指出，当前治理教育乱收费的工作要求为三个方面：一是落实治理工作
责任，二是加大监督检查力度，三是强化责任追究。

第三节　当代中国教育督导法规

依法治教是依法治国基本方略的重要组成部分，是各级教育行政部
门的基本行为准则。为了保证教育法律、法规、规章和国家教育方针、
政策的贯彻执行，实施素质教育，提高教育质量，促进教育公平，推动
教育事业科学发展，2012 年 9 月 9 日，国务院正式颁布当代中国首部
教育督导法规《教育督导条例》（国务院令第 624 号），自 2012 年 10
月 1 日起施行。《教育督导条例》对当代中国教育督导制度进行了系统
设计，填补了当代中国教育督导法规建设的空白，使当代中国教育督导

工作进一步有法可依、有规可循，为做好当代中国教育督导工作提供了基本依据，奠定了坚实基础。

一 当代中国教育督导工作步入规范化阶段

（一）《教育督导暂行规定》颁布

为了进一步加强教育督导工作的规范化、制度化，为了进一步指导全国教育督导工作，为了加强对教育工作的行政监督，1991 年 4 月 26 日，国家教委颁布了《教育督导暂行规定》（国家教育委员会令第 15 号）。它分为总则、机构、督学、督导、罚则和附则，共六章二十三条，自发布之日起施行。它对教育督导的任务和范围，督导机构的设置和职责，督学的基本条件、任免和职权，督导的方式、方法等作出了原则规定。第一，教育督导的任务。第二条规定，教育督导的任务是："对下级人民政府的教育工作、下级教育行政部门和学校的工作进行监督、检查、评估、指导，保证国家有关教育的方针、政策、法规的贯彻执行和教育目标的实现。"这就明确了教育督导既要监督、检查教育行政部门和学校的工作，还要监督政府的教育工作。这是从我国实际出发，在教育督导任务上的一大特色。实践证明，这是保证教育方针、政策、法规得到贯彻落实的成功经验。第二，教育督导的设置和职责。第六条规定："地方县以上均设教育督导机构。地方县以上教育督导的组织形式及其机构的职责，由各省、自治区、直辖市人民政府确定。"第三，教育督导的范围。第三条规定："教育督导的范围，现阶段主要是中小学教育、幼儿教育及其有关工作。行使教育督导职权的机构可根据本级人民政府或同级教育行政部门的委托，对前款规定以外的教育工作进行督导。"这既突出了工作重点，也为各地开展督导工作的范围留有余地。第四，督学的基本条件。第十一条规定督学必须具备下列基本条件："坚持四项基本原则，坚持改革开放，忠诚于社会主义教育事业；熟悉国家有关教育的方针、政策、法规，有较高的政策水平；具有大学本科学历或同等学力，有十年以上从事教育工作的经历，熟悉教育教学工作业务；深入实际，联系群众，遵纪守法，办事公道、敢说真话；身体健康。"第五，督导的方式、方法。第十三条规定："教育督导分综合督导、专项督导和经常性检查，由教育督导机构根据本级人民政府、教育行政部门或上级督导机构的决定组织实施。"

（二）《教育督导暂行规定》的重要意义

《教育督导暂行规定》在当代中国教育督导制度发展过程中，发挥了开创性和奠基性的重大作用，具有历史性的里程碑意义。第一，《教育督导暂行规定》是当代中国第一个关于教育督导制度的教育部门规章，明确了教育督导的本质属性是对教育工作的行政监督，提高和统一了各级政府、教育行政部门和学校对教育督导工作的认识。第二，《教育督导暂行规定》对国内外教育督导的历史经验进行了认真、系统、全面的总结和提升，高度符合我国当时的国情和教情，成为此后当代中国教育督导工作最重要、最基本的依据之一。第三，《教育督导暂行规定》明确提出教育督导的范围包括"下级人民政府的教育工作、下级教育行政部门和学校的工作"，这就确立了当代中国教育督导"督政"和"督学"的双重任务。第四，《教育督导暂行规定》为日后《教育督导条例》的出台奠定了基本的内容和框架基础。

二　当代中国教育督导工作走上法制化轨道

《教育督导暂行规定》颁布实施二十余年，有力地促进了教育督导工作的开展，大大加快了督导机构、督导队伍的建设，发挥了重大作用。但是，也存在明显不足，并且与督导实践的矛盾越来越突出，问题主要集中在三个方面：一是立法层级低，属于教育部的部门规章，对各级政府和各级政府的职能部门缺乏约束力；二是诸多条款已经不适应当前和今后一个时期教育督导的改革与发展；三是形成了地方法规与教育部部门规章的不一致乃至矛盾，需要通过中央立法统一我国教育督导制度，提高我国教育督导立法质量，推进教育督导法制化。在《教育督导暂行规定》的基础上，具有强制性的教育督导法规《教育督导条例》出台，督导的权威性大大提升。

（一）《教育督导条例》的制定背景

《教育督导条例》制定主要有四个重要背景：第一，教育改革发展进入新的时期。当前我国正处于由教育大国向教育强国、由人力资源大国向人力资源强国迈进的历史新阶段。新形势对教育督导工作提出了更高的要求，落实教育优先发展战略、促进教育公平、提高教育质量，需要教育督导工作发挥更重要的保驾护航作用。从法律上进一步确立教育督导工作的职能，才能从根本上保障《教育规划纲要》提出的新时期教育改革与发展的各项目标任务的完成。第二，中央要求转变政府行政管理职能。党中央国务院要求，在政府职能转变的过程中，要建立健全决策权、执行权、监督权既相互制约又相互协调的权力结构和运行机制，形成权责一致、分工合理、决策科学、执行顺畅、监督有力的行政管理体制。确立教育督导工作的法律地位是建立健全教育决策、执行、监督相互协调的行政管理体制的重要举措。第三，世界一些教育强国都在强化教育督导工作。它们通过建章立制，明确了教育督导工作的地位和权威，建立了比较完善的教育督导机构、督导制度和工作体系。第四，中国特色教育督导制度已经初步建立。目前，已形成了中央、省（区、市）、市（地、州）、县（市、区）四级教育督导网络，建设了一支近五万人的专兼结合的教育督导队伍，构建了"督政"、"督学"和监测三大体系框架，建立了教育督导基本工作制度。同时，地方各级人民政府在教育督导实践中创造了许多行之有效的经验和做法。及时将30多年来教育督导理论和实践的成果进行提升，对成功的经验和做法进行总结，形成国家法规，提高教育督导工作的科学性和权威性，才能更好地规范和指导全国的教育督导工作。

（二）《教育督导条例》的制定依据

《教育督导条例》制定的依据主要是我国相关教育法律、法规、规章。按时间先后顺序，主要有：《中华人民共和国义务教育法实施细则》《扫除文盲工作条例》《中华人民共和国教育法》《关于加强教育法制建设的意见》《中华人民共和国义务教育法》等。

1.《中华人民共和国义务教育法实施细则》确立了教育督导工作在义务教育中的作用和地位

根据1986年4月12日通过的《中华人民共和国义务教育法》第十七条的规定，1992年3月14日，《中华人民共和国义务教育法实施细则》（国家教育委员会令第19号）发布，分为总则、实施步骤、就学、实施保障、管理与监督、罚则、附则，共八章四十六条。第三十五条规定："县级以上各级人民政府应当建立对实施义务教育的工作进行监督、指导、检查的制度。"第三十六条规定："实施义务教育的学校及其他机构，在实施义务教育工作上，接受当地人民政府及其教育主管部门的管理、指导和监督。"《中华人民共和国义务教育法实施细则》确立了教育督导工作在义务教育中的作用和地位。

2. 新修订的《扫除文盲工作条例》确立了教育督导工作在扫除文盲工作中的作用和地位

为了提高中华民族的文化素质，促进社会主义物质文明和精神文明建设，1993年8月1日，国务院修订了1988年2月5日颁布实施的《扫除文盲工作条例》（国务院令第122号），对扫盲对象、标准、规划目标、政策措施进行了修正，共十七条，自颁布之日起施行。国务院加大了各级政府的职责，提出了扫盲工作验收制度的新标准。第七条规定："其下属的每个单位一九四九年十月一日以后出生的年满十五周岁以上人口中的非文盲人数，除丧失学习能力的以外，在农村达到95%以上，在城镇达到98%以上；复盲率低于5%。"第八条规定："扫除文盲实行验收制度。……基本扫除文盲的市、县（区），由省、自治区、直辖市人民政府验收；乡（镇）、城市的街道，由上一级人民政府验收；企业、事业单位，由所在地人民政府验收。对符合标准的，发给'基本扫除文盲单位证书'。"新修订的《扫除文盲工作条例》进一步确立了教育督导工作在扫除文盲工作中的作用和地位。

3.《中华人民共和国教育法》确立了教育督导在教育行政中的法律地位

为了发展教育事业，提高全民族的素质，促进社会主义物质文明和精神文明建设，1995年3月18日，第八届全国人民代表大会第三次会议审议通过并颁布了《中华人民共和国教育法》（中华人民共和国主席令第45号）。它分为总则、教育基本制度、学校及其他教育机构、教师和其他教育工作者、受教育者、教育与社会、教育投入与条件保障、教育对外交流与合作、法律责任、附则，共十章八十四条，于1995年9月1日起施行。《中华人民共和国教育法》是教育的根本大法，是教育法律法规体系中的"母法"，具有最高的法律权威。它的颁行，是我国教育史上具有里程碑意义的大事，标志着我国进入了全面依法治教的新时期，对我国教育事业的改革和发展以及物质文明、精神文明建设，产生了巨大而深远的影响。第二十四条规定："国家实行教育督导制度和学校及其他教育机构教育评估制度。"① 这是国家对政府及其有关行政部门和学校进行教育行政监督的制度，也是国家管理教育，保障有关教育的方针、政策和法律、法规贯彻落实以及教育目标实现的重要手段和有效机制。《中华人民共和国教育法》以法律规范的形式确立了教育督导工作在教育行政中的法律地位。从此，教育督导与评估制度成为法定的国家八项基本教育制度之一，这使教育督导工作的权力来源进一步合法化与法制化，这为建立和健全中国特色教育督导制度提供了法律保障。

4. 《关于加强教育法制建设的意见》确定了继续完善教育督导制度的指导思想

1999 年 12 月 2 日，教育部印发《关于加强教育法制建设的意见》。文件提出："依法理顺政府与学校的关系，明确各教育主体的权利和义务，依法管理学校。促进学校法人制度的建立与完善，并逐步建立健全对学校的监督与评估机制。依据保障教育优先发展战略地位的法定原则，积极推动落实教育经费'三个增长'、提高教师待遇等法律规定。""继续完善教育督导制度，各级教育督导机构要加强对教育法律执行情况的督导检查，在继续进行'两基'督导检查的同时，强化对有关素质教育的法律规定执行情况的督导检查，推动建立实施素质教育的保障机制。"这确定了继续完善教育督导制度的指导思想。

5. 新修订的《中华人民共和国义务教育法》确立了人民政府教育督导机构的法定地位和法定职责

1986 年 4 月 12 日颁布的《中华人民共和国义务教育法》标志着我国义务教育走上了法治化轨道，并使我国义务教育实现了举世瞩目的历史性跨越。然而，由于社会转型等诸多因素，义务教育推行过程中出现了一些亟待解决的问题，它的修订工作也就提上了议事日程。2006 年 6 月 29 日，第十届全国人民代表大会常务委员会第二十二次会议修订并颁布了《中华人民共和国义务教育法》（中华人民共和国主席令第 52 号）。它分为总则、学生、学校、教师、教育教学、经费保障、法律责任、附则，共八章六十三条，自 2006 年 9 月 1 日起施行。这是我国教

---

① 中国教育年鉴编辑部：《中国教育年鉴 1996》，人民教育出版社 1997 年版，第 89 页。

育发展史上具有里程碑意义的重大事件，它标志着我国义务教育进入了一个新的发展阶段，具有重要的现实意义和深远的历史意义。新修订的《中华人民共和国义务教育法》确立了人民政府教育督导机构的法定地位和法定职责。第八条规定："人民政府教育督导机构对义务教育工作执行法律法规情况、教育教学质量以及义务教育均衡发展状况等进行督导，督导报告向社会公布。"该规定明确了两点，第一，各级教育督导机构是隶属于同级政府的人民政府教育督导机构，而不是教育行政部门下属的内设机构。第二，各级教育督导机构由国家授权对下级政府实施行政监督。当代中国教育督导制度恢复重建以来，"督政"一直作为各级教育督导机构的主要职能和工作，但"督政"职能并没有得到法律授权。新修订的《中华人民共和国义务教育法》明确界定了教育督导主体是"人民政府教育督导机构"，就从法理上明确了教育督导机构"督政"的合法性。这一规定，还为规范、加强各级教育督导机构、队伍建设提供了法律依据。

（三）《教育督导条例》的制定过程

《教育督导条例》制定经历了四个阶段。第一阶段，1995年开始，国家教委成立《教育督导条例》起草组，起草《教育督导条例》。第二阶段，2004年开始，教育部就《教育督导条例》的框架结构和督导性质、督导体制、督导内容、督导机构的职责、督学的地位等诸多重要问题进行研究、讨论。第三阶段，2007年起，研究起草《教育督导条例》（草案）。第四阶段，2010年，国务院发布《教育规划纲要》，明确要求制定教育督导条例，进一步健全教育督导制度。2011年，国务院召集教育部、中编办、法制办有关负责同志进一步修改完善《教育督导条例（草案）》。2012年8月29日，国务院第215次常务会议审议通过《教育督导条例》。

（四）《教育督导条例》的主要内容

《教育督导条例》共分总则、督学、督导的实施、法律责任、附则，共五章二十七条，对教育督导适用范围、教育督导的原则、教育督导机构、督学、教育督导实施及其法律责任等方面都作了明确的规定，构成了完整规范的体系，其中关于督学和督导的实施的规定是重头戏。

1. 《教育督导条例》明确规定了督学的身份、职责、职权、义务教育督导队伍是一支特殊的教育行政监督队伍，督学是既熟悉掌握有关的法律、法规、规章和方针、政策，又具有教育行政管理和教育教学经验的人员。这是由我国教育督导既"督政"又"督学"的任务决定的。《教育督导条例》明确规定了督学的身份、职责、职权、义务，突出了督学在督导工作中的重要地位和作用，这在国家法规中还是第一次。这对于改变督学设置无定编、督学职责不明确的状况，规范督学行为，提高督学的权威，调动督学的积极性，增强督学队伍的稳定性，都将起到积极作用。第一，它明确规定配备专职督学、兼职督学，这是对现行督学聘任做法的法规认定。第六条规定："县级以上人民政府根据教育督导工作需要，为教育督导机构配备专职督学。教育督导机构可以根据教育督导工作需要聘任兼职督学。"第二，它明确了督学的任职条件和考核聘任制度。第七条规定："督学应当符合下列条件：坚持党的基本路线，热爱社会主义教育事业；熟悉教育法律、法规、规章和国家教育方针、政策，具有相应的专业知识和业务能力；坚持原则，办事公道，品行端正，廉洁自律；具有大学本科以上学历，从事教育管理、教学或者教育研究工作 10 年以上，工作实绩突出；具有较强的组织协调能力和表达能力；身体健康，能胜任教育督导工作。符合前款规定条件的人员经教育督导机构考核合格，可以由县级以上人民政府任命为督学，或者由教育督导机构聘任为督学。"第三，它明确了督学工作要求。规定督学在执行督导的过程中要遵守法律、法规和规章，遵循教育规律；要实事求是，客观公正地反映实际情况，不得隐瞒或虚构事实。第四，它明确了实行督学责任追究制度。第二十六条规定："督学或者教育督导机构工作人员有下列情形之一的，由教育督导机构给予批评教育；情节严重的，依法给予处分，对督学还应当取消任命或者聘任；构成犯罪的，依法追究刑事责任：玩忽职守，贻误督导工作的；弄虚作假，徇私舞弊，影响督导结果公正的；滥用职权，干扰被督导单位正常工作的。"第五，它明确了督学的管理和考核制度。第八条规定："督学受教育督导机构的指派实施教育督导。教育督导机构应当加强对督学实施教育督导活动的管理，对其履行督学职责的情况进行考核。"《教育督导条例》使督学既获得了法律地位和执行公务中的合法权利，也明确了督学应承担的责任和应履行的义务，并对督学履行职责的情况进行考核和对督学滥用职权进行处罚。

2. 《教育督导条例》明确规定了督导事项、督导程序、督学责任区、限期整改、督导报告和督导通报

教育督导实施是教育督导工作的重要组成部分,实施好教育督导,才能确保教育督导的客观性和有效性,才能提高教育监督的公信力和效果。为此,《教育督导条例》规定如下:一是明确督导事项。教育督导机构主要对学校实施素质教育情况、教育教学工作情况、校长教师队伍建设情况、教育投入的管理和使用情况、义务教育普及水平和均衡发展情况、各级各类教育的规划布局和协调发展等情况进行督导。二是严格督导程序。实施专项督导或者综合督导,应当事先确定督导事项,成立督导小组,并事先向被督导单位发出书面督导通知。在督导过程中,要征求公众对被督导单位的意见,同时采取多种形式听取学生及其家长和教师的意见。督导小组对被督导单位的自评报告、现场考察情况和公众的意见进行评议,形成初步督导意见,并向被督导单位进行反馈。教育督导机构根据督导小组的初步督导意见,综合分析被督导单位的申辩意见,向被督导单位发布督导意见书。三是建立督导责任区。县级教育督导机构根据本行政区域内的学校布局设立教育督导责任区,指派督学对责任区内学校的教育教学工作实施经常性督导。责任督学对责任区内学校实施经常性督导,每学期不得少于2次。经常性督导结束,督学应当向教育督导机构提交报告;发现违法违规办学行为或者危及师生生命安全的隐患,应当及时督促学校和相关部门处理。四是建立限期整改、督导报告和公报制度。督导结束后,被督导单位应当根据督导意见书进行整改,并将整改情况报告教育督导机构。教育督导机构应当对被督导单位的整改情况进行核查。专项督导或者综合督导结束后,教育督导机构应当向本级人民政府提交督导报告。县级以上地方人民政府教育督导机构还应当将督导报告报上一级人民政府教育督导机构备案。督导报告应当向社会公布。

(五)《教育督导条例》的主要特点

《教育督导条例》体现出六个鲜明的特点。第一,明确了督导机构是人民政府的机构。教育督导机构在中央是国务院的督导机构,在地方是县以上地方人民政府教育督导机构。为改变当前大多数教育督导机构

只是教育行政部门内设机构的状况提供了法律依据。第二，明确了督导机构独立行使教育督导职能。教育督导机构在本级人民政府的领导下独立行使职能，强化了教育督导机构和职能的相对独立性，为建立与教育决策、执行相互制约又相互协调的教育行政监督制度提供了法律依据。第三，扩大了教育督导的范围。过去教育督导的范围主要是基础教育，督导的对象主要是中小学校。现在明确把各级各类教育纳入督导范围，督导对象扩展到下级政府及其职能部门、各级各类学校和教育机构，实现了全覆盖。第四，确立了督学地位。国家实行督学制度。这为进一步建立督学资格制度提供了法律依据，为督学队伍逐步走向专业化轨道奠定了基础。第五，规范了教育督导的类型和程序。把教育督导分为综合督导、专项督导和经常性督导三类，并分别明确了工作重点，确定了严格的程序，有利于保证监督的公开、公正和有效。第六，强化了监督问责。督导报告应作为对被督导单位及其主要负责人进行考核、奖惩的重要依据。这就进一步提升了教育督导的权威性、强制性和有效性。

（六）《教育督导条例》的重大意义

《教育督导条例》是当代中国首部教育督导法规，标志着当代中国教育督导工作走上法制化的轨道，必将推动教育发展方式和管理模式发生深刻变化。第一，有助于完善教育的基本制度，形成与决策、执行相协调的更为有力的教育督导制度，推动全面贯彻落实国家有关教育法律法规和方针政策，改变当前我国教育行政管理存在的"重决策、轻落实，重执行、轻监督"的情况。第二，有助于加强依法对各级政府履行教育法律法规和方针政策的监督，推动政府依法行政，切实履行所应承担的教育职责，推动教育的优先发展。第三，有助于各级各类学校素质教育的实施，督促学校依法办学，按教育规律办学，全面提高教育质量。第四，有助于促进教育公平，推动各级各类教育的协调发展和义务教育的均衡发展，督促当前教育中存在的学前教育资源短缺、义务教育阶段"择校热"、中小学生课业负担过重等热点难点问题的解决，推动教育健康和谐发展。

（七）《教育督导条例》的贯彻落实

国务院要求，各部门及教育督导机构要以《教育督导条例》颁布为契机，抓好学习宣传贯彻，建立健全中国特色教育督导制度，使教育督导工作成为推动教育改革发展的有力保障。国务院强调，各级政府要将教育督导纳入重要议事日程，研究解决教育督导工作中的重大问题。各部门要加强协调，积极配合，整合资源，建立联动的工作机制，形成教育督导机构为主、多部门齐抓共管的工作格局。

第一，健全"督政"、"督学"、监测体系，推动《教育规划纲要》的落实。建立对地方各级人民政府履行教育职责的监督、评价制度，推动地方各级政府落实教育优先发展战略、发展和管理教育的责任。开展"督学"工作，推进素质教育的全面实施。适应教育督导全覆盖的新要求，完善学前教育、义务教育、普通高中教育、职业教育、高等教育督导评估指标体系，制定督导评估标准，开发督导评估工具，改进督导评估方法，形成科学完善的学校督导评估体系。加强质量监测，推动教育评价模式改革。探索促进各级各类教育科学发展的质量评价体系。运用监测成果，对教育质量进行动态的、科学的分析，深入研究人才成长规律、教育管理规律和教育评价规律，为改进教育教学、完善政策措施提供依据。第二，加强督导机构和督学队伍建设，提升教育督导工作的科学化水平。各地要根据《教育督导条例》的要求，建立和完善与督导职能相适应的、独立行使督导职权的地方各级教育督导机构。根据督导工作需要，增加编制，配足人员。建立督学资格证书制度，制定以专业化为核心的督学资格标准。根据教育事业发展规模，按照德才兼备的原则配备督学，努力建设一支责任心强、业务精湛、结构合理的专业化督学队伍，全面提升教育督导水平。第三，完善教育督导法规和规章制度，规范教育督导工作。各地要依据《教育督导条例》，制定和修订本地教育督导法规。教育督导机构要进一步研究制定督学聘任办法、督学管理办法、教育督导工作规程等规章，健全教育督导的法规和工作规范，使各级教育督导工作有法可依和有章可循。第四，完善问责机制，提高教育督导工作效果。各地要根据《教育督导条例》规定，建立行之有效的问责机制，将教育督导结果作为考核、问责和实施奖惩的重要依据。要强化限期整改环节，督导活动结束后，要求被督导单位对存在的问题进行限期整改，对整改情况要进行复查，确保每次督导都行之有效。要定期发布督导评估报告，让全社会了解教育进展情况、存在的主要问题以及改进措施，并接受社会监督。

第四节　当代中国教育督导机构

建立健全高效、权威的教育督导机构，形成以教育督导机构为主、多部门齐抓共管的工作格局，是当代中国教育督导机构建设的任务和使命。当代中国教育督导机构涵盖国家和地方两个层面，包括中央、省（区、市）、市（地、州）、县（市、区）四级督导机构网络。当然，国家层面教育督导机构建设对地方教育督导机构建设起着导向、引领作用。我国最高教育督导机构在曲折中巩固、发展。从我国最高教育督导机构来说，当代中国教育督导机构分为四个时期，即国家教委督导司主持工作时期（1986—1994 年）、国家教委教育督导团主持工作时期（1994—2000 年）、国家教育督导团主持工作时期（2000—2012 年）、国务院教育督导委员会主持工作时期（2012—　）。

一　国家教委督导司主持工作时期

1986 年 10 月，经国务院批准，视导室更名为督导司。11 月 27 日，《国家教委办公厅关于建立督导司的通报》印发。文件指出，督导司是国家教委内设的 26 个机关行政司局之一，是国家教委所属的教育评价和监督的行政职能机构，主要任务和职责为：监督检查地方各级教育部门和学校贯彻执行党和政府的方针、政策、法规的情况；评价各地区、学校的教育管理、办学水平和教学质量；指导和帮助各级教育部门、学校的工作；对教育工作中的重大问题进行调查研究并提出建议。国家教委督导司主持全国教育督导工作时期，教育督导机构建设的规章制度，主要如下：《关于转发〈国家教委督导工作座谈会纪要〉的通知》《关于建立教育督导机构的问题的通知》《关于建立我国教育督导制度的请示》《国家教委"三定"方案》《教育督导暂行规定》等。

（一）《国家教委关于转发〈国家教委督导工作座谈会纪要〉的通知》明确了督导机构的设置方针、督学配置等问题

1987 年 3 月 3 日，《国家教委关于转发〈国家教委督导工作座谈会纪要〉的通知》（〔87〕教督字 001 号）印发。文件规定：第一，督导工作必须以党和政府的方针、政策、法规为依据，并应与其他有关职能

机构相互配合，并应与被督导地区教育行政部门、学校领导和教职员工密切配合。第二，先在中央和省（市）、地（市）的教育行政部门中设置督导机构，在步骤上应采取自上而下，逐步设置的方针。第三，省、自治区、直辖市督导室配备专职督学 10 人左右，省以下督导机构的人员配备由各省、自治区、直辖市根据实际情况核定。

（二）《关于建立教育督导机构问题的通知》明确了建立县（市、区）级教育督导机构的原则

1988 年 9 月 14 日，国家教委和人事部联合发出《关于建立教育督导机构问题的通知》指出："各县以上人民政府，应在其教育行政部门内建立教育督导机构或配备专职教育督导人员。"这进一步提高了各地政府领导干部对建立教育督导制度的认识，也加快了各地督导机构的建设进程。

（三）《关于建立我国教育督导制度的请示》明确了督导机构的双重领导原则

1989 年 2 月 11 日，国家教委向国务院上报《关于建立我国教育督导制度的请示》，建议"各级教育督导机构实行双重领导，既对同级政府及其教育行政部门负责，又对上级督导机构负责"。为了既能保证地方教育督导机构人、财、物的到位，又能保证地方教育督导工作专业指导的到位，国家教委明确规定了地方教育督导机构实行双重领导的原则。理论上，双重领导原则顾全周全；实际上，双重领导原则有利有弊。

（四）《国家教育委员会"三定"方案》明确了督导司的职责

1989 年 2 月 22 日，国家机构编制委员会印发《国家教育委员会"三定"方案》的通知。通知规定：建立与强化教育督导制度，保证各级各类学校和教育部门全面贯彻党的教育方针。督导司的职责是拟定督导工作的方针、政策和规定，建立和健全教育督导制度；规划、指导督导队伍的建设；督导、检查、评价地方政府和教育行政部门以及学校的工作。设总督学一人。

（五）《教育督导暂行规定》明确了地方督导机构的设置原则

1991 年 4 月 26 日，国家教委颁布了《教育督导暂行规定》（国家教育委员会令第 15 号）。第四条规定："根据国务院的有关规定，国家

教育委员会行使教育督导职权，并负责管理全国教育督导工作，其主要职责是：制定教育督导工作的方针、政策、规章；制定教育督导工作的计划和指导方案；组织实施全国的教育督导工作；指导地方教育督导工作；组织培训督导人员；总结推广教育督导工作经验，组织教育督导的科学研究。"第五条规定："国家教育委员会设置教育督导机构，负责教育督导的具体工作。"第六条规定："地方县以上均设教育督导机构。地方县以上教育督导的组织形式及其机构的职责，由各省、自治区、直辖市人民政府确定。"这明确了地方督导机构由地方负责设置的原则，为日后地方两种教育督导机构模式（隶属于教育行政部门的督导机构和隶属于人民政府教育督导机构）同时并存埋下了伏笔。

根据以上系列文件精神，中央、省（区、市）、市（地、州）、县（市、区）四级教育督导机构不断建立健全。截至 1992 年底，94.8%的市（地、州）和 83.9%的县（市、区）建立了教育督导机构。有 20个省（区、市）的市（地、州）级督导机构达到 100%，有 11 个省（直辖市）的县（市、区）级督导机构达到 100%。

二　国家教委教育督导团主持工作时期

（一）国家教委撤销督导司，建立国家教委教育督导团，设教育督导团办公室挂靠基础教育司

为保证国家有关教育的方针、政策、法规的执行，推动义务教育的实施和中等及中等以下教育的改革与发展，1994 年 2 月 14 日，经中央编制委员会审核，国务院批准，国家教委撤销督导司，保留教育督导与评估职能，建立国家教委教育督导团，设教育督导团办公室挂靠基础教育司。国家教委教育督导团的主要任务是："依照国家有关法令、法规对各省（区、市）政府的基础教育及其相关的工作进行督导。"教育督导团下设教育督导团办公室挂靠基础教育司，作为教育督导团的日常办事、服务机构。1994 年 4 月 6 日，国家教委印发《关于建立国家教育督导团的通知》（教办〔1994〕19 号），明确了教育督导团的职责和任务。国家教育督导团在国家教委党组领导下，行使国务院赋予国家教委的教育督导职权，其主要职责是：对国家有关教育工作的方针、政策、法规的执行情况进行监督、检查。主要就省、自治区、直辖市人民政府

及有关职能部门对中等及中等以下教育及有关工作的管理情况进行督导和评估。向国务院和国家教育委员会反映情况，提出建议。拟订有关教育督导工作的法规和重要的规章制度。制订有关教育督导工作的方针、计划、办法和指导方案，组织实施全国性的教育督导工作。指导地方各级教育督导工作。指导督导人员的培训和教育督导理论研究工作。国家教育督导团由总督学、副总督学及国家督学组成。总督学由国务院任命，主持国家教育督导团工作。副总督学协助总督学工作。国家教委设教育督导团办公室，负责督导团的日常工作。1994 年 9 月 9 日，国家教委办公厅印发《国家教育督导团若干工作制度（试行）》。1996 年 10 月 10 日，中央机构编制委员会批复国家教委，同意设立国家教委教育督导团，成员由教育系统专家、学者及有关方面人士兼任，具体事务由教育督导团办公室承担。

（二）教育督导团办公室独立设置，成为教育部内设 18 个职能司（厅、室）之一

1998 年 3 月 10 日，新一届国务院机构改革方案经九届人大一次会议通过，国家教育委员会更名为教育部，是国务院政府组织部门，受国务院领导。机构改革后，教育部内设司局级机构 18 个。1998 年 7 月 21 日，国务院发出《关于印发教育部职能配置、内设机构和人员编制规定的通知》（国办发〔1998〕5 号），规定教育督导团办公室独立设置，成为教育部内设 18 个职能司（厅、室）之一。其主要职责是"承办教育督导团的日常工作，组织国家督学对各地中等及中等以下教育的督导评估和检查验收，宏观指导各地的督导工作"。这次机构改革中，教育部重视建立健全教育督导制度，独立设置教育督导机构，具有重大意义，并将产生长远的影响。第一，它体现了党的十五大精神和九届人大一次会议精神，为落实依法治教提供了机构和制度保障。对加强教育战线执行教育法律法规的监督，维护教育法制统一，保证政令畅通，建立了有力的制约机制。第二，中央加强教育督导机构也顺应了地方教育督导机构迅速发展的要求。各省、自治区、直辖市各级党委、政府的领导都非常重视教育督导工作，把它作为依法治教，落实科教兴国战略，推动中等和中等以下教育改革和发展的有力助手。第三，中央加强教育督导机构，对地方教育行政部门加强教育督导机构，推动健全和完善中国

特色教育督导制度建设将产生直接的影响，对中国特色教育督导工作提出了新的更高的要求，标志着中国特色教育督导工作进入了一个新的阶段。①

三　国家教育督导团主持工作时期

（一）国家教委教育督导团更名为国家教育督导团

1999 年 6 月 13 日，《中共中央国务院关于深化教育体制改革全面推进素质教育的决定》（中发〔1999〕9 号）指出："加强教育督导机构，完善教育督导制度，在继续进行'两基'督导检查的同时，把保障实施素质教育作为教育督导工作的重要任务。"这确立了教育督导在教育行政管理体系中的地位，为建立中国特色教育制度，促进我国教育的振兴和繁荣奠定了基础。为落实文件精神，2000 年 1 月 3 日，经国务院领导批准，中央机构编制委员会办公室批复，将国家教委教育督导团更名为"国家教育督导团"。国家教育督导团的主要职责是研究制定教育督导与评估的方针、政策、规章制度和指标体系；对地方人民政府贯彻执行国家有关教育方针政策的情况进行指导、监督、检查、评估，保障素质教育的实施和教育目标的实现。国家教育督导团的职能为：依据国家的法律、法规、方针、政策，研究制定全国教育督导与评估工作的方针、政策、规章制度和指标体系，负责对全国中等和中等以下教育进行督导与评估；对地方各级政府及其有关部门贯彻执行国家的教育法律、法规、方针、政策的情况进行督导、评估，宏观指导全国基本普及义务教育、基本扫除青壮年文盲及其巩固提高工作的督导检查和评估验收；宏观指导各地建立督导评估机制，推进实施素质教育；宏观指导全国督导制度、队伍和理论建设。2000 年 1 月 26 日，《教育部关于转发中央机构编制委员会办公室〈关于国家教委教育督导团更名的批复〉的通知》（教人〔2000〕1 号）印发。文件要求加强地方各级教育督导机构和教育督导制度建设，为贯彻落实第三次全国教育工作会议精神，落实教育优先发展的战略地位，全面推进素质教育，作出更大的贡献。

---

① 中国教育年鉴编辑部：《中国教育年鉴 1999》，人民教育出版社 1999 年版，第 176 页。

国家教委教育督导团更名为国家教育督导团，这是贯彻落实第三次全国教育工作会议和《中共中央国务院关于深化教育体制改革全面推进素质教育的决定》精神，加强教育督导机构和教育督导制度建设的重要举措，对于推动地方人民政府、教育行政部门和中等及中等以下各级各类教育贯彻落实教育的法律法规、方针政策，保障素质教育实施，具有重要的意义。同时，对不断健全和完善中国特色教育督导制度，也必将产生重大和深远的影响。第一，教育督导制度的建立健全，是我国现代教育管理体制和依法治教机制日趋完善的重要标志。对下级人民政府及其有关部门的教育工作进行监督、检查、评估、指导（简称"督政"）是我国教育督导工作的一大特色。第二，建立评估检查体系，逐级考核检查地方政府及其主要领导干部抓素质教育的情况，是督导部门应当承担的一项重要职责。国家教育督导团的成立为完成这一任务创造了条件。第三，成立国家教育督导团为进一步健全和完善中国特色教育督导制度提供了新的机遇。

（二）国家教育督导团办公室成立

国家教育督导团下设办公室，国家教育督导团办公室主要职责是拟订教育督导的规章制度和标准，指导全国教育督导工作；组织对各地中等及中等以下教育、扫除青壮年文盲工作的督导评估和检查验收；发布国家教育督导报告；组织开展全国基础教育发展水平和质量监测；承担国家教育督导团的具体工作。

（三）国家教育督导团办公室的设置

1. 教育部基础教育监测中心成立

2006年4月24日，教育部办公厅印发的《关于成立教育部基础教育监测中心的通知》指出，为了进一步转变政府工作职能，加强基础教育宏观管理，完善基础教育科学决策机制、监督预警机制，教育部依托上海市教育科学研究院成立教育部基础教育监测中心。教育部教育督导团办公室负责联系教育部基础教育监测中心的有关事宜。教育部基础教育监测中心职责为：以各省、自治区、直辖市的基础教育信息为基础，监测全国及各地区基础教育进展情况，包括办学条件、经费保障、教育质量、教师状况等。根据教育部工作要求，开展专题调研和抽样调查。及时研究世界发达国家和主要发展中国家基础教育发展的最新进展和政策动向，收集国外基础教育资料、数据，提出相关信息服务。经教育部批准，可为省、自治区、直辖市提供相关信息服务。

2. 国家教育督导团办公室的设置

为贯彻落实新修订的《义务教育法》，推进义务教育经费保障机制的落实，促进义务教育均衡发展，2006 年 12 月 5 日，教育部批准国家教育督导团办公室设立教育保障督导处，督导与评估工作管理处更名为教育质量督导处，综合处不变。

四　国务院教育督导委员会主持工作时期

（一）国务院教育督导委员会成立

2012 年 8 月 26 日，国务院办公厅印发《国务院办公厅关于成立国务院教育督导委员会的通知》（国办发〔2012〕45 号）。文件指出，为贯彻落实《教育规划纲要》，进一步健全我国教育督导体制，国务院决定成立国务院教育督导委员会。国务院教育督导委员会由中共中央政治局委员兼国务委员任主任，教育部部长、国务院副秘书长任副主任，成员单位由教育部、发改委、科技部、公安部、监察部、财政部、人社部、住建部、卫生部、审计署 10 个部门组成。国务院教育督导委员会直接对国务院负责，具体承担五项职责：一是研究制定国家教育督导的重大方针、政策；二是审议国家教育督导总体规划和重大事项；三是统筹指导全国教育督导工作；四是聘任国家督学；五是发布国家教育督导报告。国务院教育督导委员会的组成和职责，既借鉴国际有益经验，又发挥我国制度优势，具有鲜明的中国特色。一是层级高，不再是教育部门内设机构，而上升到国务院层面，更有利于确保国家重大教育方针政策、法律法规的贯彻执行，提高了督导的权威性。二是独立行使职能，在国务院领导下开展工作，接受全社会的监督，增强了督导的独立性。三是多部门共同参与，形成推动教育改革发展的合力，确保督导的有效性。国务院教育督导委员会是我国最高规格的教育督导机构。国务院教育督导委员会的成立，这是推进教育行政管理体制改革，着力提升教育行政领导力的重要举措。这充分体现了国家对于教育督导工作的高度重视，强化了教育督导机构的相对独立性，并在国家层面实现了跨部门的协同合作，切实加强了教育督导的领导力量，为教育督导机构独立行使督导职能提供了体制保障。教育督导体制的建立健全，有利于完善教育决策、执行与督导之间衔接顺畅、统筹有力的工作机制，有利于推进教育行政管理体制改革，提高教育行政领导力和执行力，有利于促进教育科学发展，全面提高教育质量。

（二）国务院教育督导委员会办公室成立

国务院教育督导委员会办公室设在教育部，承担国务院教育督导委员会办公室日常工作，对外可使用国务院教育督导委员会办公室名义开展工作。主要负责督学、督政、教育质量监测评估职能，督导检查党的教育方针、教育法律法规和国家重大教育决策部署的贯彻执行情况。具体如下：负责制定学校工作督导的标准和规程，组织开展对学校工作的督导评估，检查指导学校规范办学行为，提高教育教学质量；承担国务院教育督导委员会办公室日常联络工作。负责制定政府教育工作督导的标准和规程，组织开展对国家有关部门和地方政府履行教育职责情况的督导检查及重大教育专项督导等。负责制定教育质量监测和评价标准，组织开展对各级各类教育发展水平和质量的监测评价并发布报告。国务院教育督导委员会办公室与国家教育督导团办公室实质上是两块牌子，一套人马，简称教育督导团办公室。

（三）国务院教育督导委员会办公室的设置

为了落实《国务院办公厅关于成立国务院教育督导委员会的通知》精神，充实国务院教育督导委员会办公室力量，确保日常工作启动运转，国务院教育督导委员会办公室（国家教育督导团办公室）机构设置进行了重新调整，设置了六个处室，包括综合处、义务教育督导处、专项督导处、学校督导处、督学管理处、评估监测处。各处室各负其责。

（四）国务院教育督导委员会第一次会议精神概述

2012 年 7 月 26 日，国务院教育督导委员会举行第一次全体会议，研究讨论加快转变教育管理职能、深入推进教育督导体制改革，建立管办评分离的教育管理体制的总体思路、主要任务和重点工作。会议明确提出，要抓住教育改革有利时机，聚焦重点，通过对教育教学的监督和指导、对地方政府的考评和问责、对教育质量的系统监测评估和反馈，进一步建立完善督学、督政、监测工作体系，激发学校办学活力，提高地方政府办教育的积极性，不断满足人民群众和经济社会发展对教育的需求与期待。会议要求：

1. 认真做好督政工作，强化政府发展教育的责任主体意识

一要加强对地方政府履职的综合督导，制定综合督导评价体系，督促地方政府优先发展教育。二要加强对地方政府转变教育管理职能的督导，督促地方政府提高教育基本公共服务能力，实现基本公共教育服务均等化。三要加强对教育突发事件的督导，开展专项督导，加强防范和督查，制定专项督导工作机制和办法。四要加强督导问责力度，把督导评估结果作为资源配置、干部任免和表彰奖励的重要依据，接受社会监督，限期整改复查，把督政落到实处。

2. 认真做好督学工作，确保党和国家的教育方针政策在学校得到全面落实

一要建好督导学校制度，探索建立覆盖各级各类学校的网络评估体系和督导评估制度。二要抓好督学队伍建设，建立起一支责任心强、业务精湛、结构合理的专兼职督学和视导员队伍。三要建好督学责任区制度，推广好做法，科学划分，合理配备，实现对责任区学校督导全覆盖。四要统筹督导检查的制度规范和法治规范，切实提高教育督导的效率和质量。

3. 认真做好教育质量监测工作，科学有效实施督导

一要深入调查研究，科学合理地确定义务教育、高中教育、职业教育、高等教育等阶段不同的监测内容和重点。二要制定好监测标准，根据不同的学段、对象和内容，探索建立教育督导评估信息监测网络管理系统，逐步建立起涵盖各级各类教育的质量监测指标体系。三要精细部署监测工作，确定好时间表和路线图，适时有序地开展监测。四要综合利用监测结果，及时分析和研判，提出整改的意见和建议。

4. 深化教育督导体制改革既是转变政府职能的必然要求，也是提高教育质量的有力保障、解决教育热点难点问题的重要抓手

教育改革发展进入关键期，以办好人民满意的教育为目标，深化教育督导体制改革势在必行。要进一步增强紧迫感与使命感，加快推动教育督导体制改革取得新进展，建立起一套有效的监督、检查、反馈、奖惩和整改机制，积极构建"政府管教育、学校办教育、社会评教育"

的教育发展新格局。

第五节　当代中国教育督导队伍

深入实际，与时俱进，关注改革，决策咨询，既是当代中国教育督导队伍的职责与使命，也是当代中国教育督导队伍改革的目标与方向。因此，建设一支适应新时期教育督导工作需要、数量足够、素质较高的专业化督导队伍，是当代中国教育督导队伍建设的新任务和新使命。从我国最高教育督导机构来说，当代中国教育督导队伍建设涵盖国家教委督导司时期（1986—1994 年）、国家教委教育督导团时期（1994—2000年）、国家教育督导团时期（2000—2012 年）、国务院教育督导委员会时期（2012—　）四个时期。从内容上说，当代中国教育督导队伍建设包括督导队伍组建和督导队伍培训两项工作。从层次上说，当代中国教育督导队伍建设包括国家和地方两个层面，其中国家督学队伍建设对地方督导队伍建设起着导向、引领作用。

一　国家教委督导司时期的队伍建设

国家教委督导司主持全国教育督导工作时期，《关于转发〈国家教委督导工作座谈会纪要〉的通知》《教育督导暂行规定》《关于聘请特约教育督导员的意见》《国家教育委员会督学聘任暂行办法》等规章制度对教育督导队伍建设做出了相关规定。

（一）《国家教委关于转发〈国家教委督导工作座谈会纪要〉的通知》明确了督学配备原则。1987 年 3 月 3 日，《国家教委关于转发〈国家教委督导工作座谈会纪要〉的通知》（〔87〕教督字 001 号）印发。相关规定如下：第一，配备督导人员应以专职为主，根据需要可以聘任适量兼职督导人员和督导工作人员。专（兼）职督导人员的职务名称分为正、副主任督学和督学，分别配备相当于正、副厅（局）级和正、副处级干部担任。第二，明确规定督学应具备的各种条件，其中硬件条件为：受过高等教育或具有同等学历，至少具有十年以上的教育工作经历。第三，各级教育行政部门应及时向督导人员提供必要的支持和帮助，应培训督导人员并对他们进行考核。

（二）《教育督导暂行规定》提升了督学的学历要求。1991 年 4 月 26 日，《教育督导暂行规定》（国家教育委员会令第 15 号）印发。相对于《国家教委关于转发〈国家教委督导工作座谈会纪要〉的通知》，文件将督学的学历起点从"受过高等教育或具有同等学历"提升为"具有大学本科学历或同等学力"。

（三）《关于聘请特约教育督导员的意见》规定了特约教育督导员的必备条件。1991 年 11 月 11 日，根据《中共中央关于坚持和完善中国共产党领导的多党合作和政治协商制度的意见》精神，国家教委印发了《关于聘请特约教育督导员的意见》（教督〔1991〕4 号）。主要规定了特约教育督导员的工作范围、聘任条件、任务、权利、管理、待遇、聘请数额、期限和程序等，作为聘请民主党派成员、无党派人士担任特约教育督导员的制度规范。

（四）《国家教育委员会督学聘任暂行办法》规定了国家督学的必备条件和职责。为加强国家一级督学队伍建设，1991 年 12 月 21 日，国家教委颁发了《国家教育委员会督学聘任暂行办法》（教督〔1991〕3 号），共十二条。第一，进一步细化了国家督学的任职条件。国家督学除具备《教育督导暂行规定》第十一条规定的各项条件外，还要热心于教育督导工作、熟悉基础教育、曾担任副厅（局）级或相当于副厅（局）级以上领导职务、在职人员年龄一般不超过 60 岁、退（离）休人员年龄一般不超过 65 岁。第二，明确了国家督学的职责。国家督学的工作职责为："参加国家教育委员会组织的对省、自治区、直辖市教育工作的督导；参与国家教育委员会教育督导工作计划和有关文件的拟定工作；对我国基础教育事业的发展与改革提出建议；可接受邀请，参加当地人民政府或教育行政部门组织的督导活动；完成国家教育委员会交办的其他任务。"这加大了国家督学规范化建设的力度，同时也有助于加快地方督学队伍建设步伐。

根据以上系列文件精神，中央、省（区、市）、市（地、州）、县（市、区）四级教育督导队伍不断发展壮大。截止到 1992 年底，全国教育督导人员总数达到了 14148 人，其中专职督导人员 8645 人，兼职督学 5503 人（含从民主党派人士中聘任的特约教育督导员 58 人）。

二　国家教委教育督导团时期的队伍建设

1994 年 2 月 14 日，国家教委教育督导团建立。国家教委教育督导团由一名总督学、两名副总督学及若干国家督学组成。总督学由国务院任命，一般由国家教委一名副主任兼任，主持教育督导团工作。设两名正司级专职副总督学协助总督学工作。教育督导团的组成人员称国家督学，大都为兼职、非常任，主要从全国各地和有关部委聘任有一定行政领导经历和社会影响并熟悉党和国家有关教育工作的方针、政策及相关法律的人士担任。

（一）《国家（教委）教育督导团若干工作制度（试行）》出台

1994 年 9 月 9 日，《国家教委办公厅关于印发〈国家（教委）教育督导团若干工作制度（试行）〉的通知》（教督厅〔1994〕4 号）印发。文件规定了国家（教委）教育督导团主要工作职责、工作计划和总结、会议制度、文件审批制度、办好《督导通讯》、条件保证六个方面。其中，国家督学主要工作职责为：参与教育督导团安排的有关教育督导工作法规、文件的拟定工作。参加教育督导团组织的教育督导活动。参加教育督导团组织的调研活动。接受邀请，参加地方的教育督导或调研活动。对我国中等及中等以下教育的改革与发展和教育督导工作，向国家教育委员会或地方政府以及有关部门反映情况，提出建议。国家督学代表国家教育意志，行使对教育工作的监督和指导职责，具有较高的水平和权威。该文件有助于充分发挥国家督学不可替代的重要作用，标志着我国国家督学的管理日趋规范化、科学化。

（二）《关于加强教育督导队伍建设的几点意见》和《督学行为准则》出台

为了规范督学行为，1996 年 5 月 29 日，国家教委印发了《关于加强教育督导队伍建设的几点意见》《督学行为准则》（教督〔1996〕6号）。《关于加强教育督导队伍建设的几点意见》提出，督学是执行教育督导任务，履行教育督导职权，对所辖地区和有关教育机构执行法律、法规和方针政策情况进行行政监督、检查、评估、指导的人员。第一，各地应根据《中华人民共和国教育法》的规定，建设一支数量足够、结构合理、素质较高的教育督导队伍。第二，教育督导人员结构应遵循以下原则：县以上督导机构均应配备相应数量和职级的专职督学；实行以专职督学为骨干，专职督学与兼职督学相结合的配备原则。督导人员的整体应该年富力强，督导人员必须熟悉教育行政管理和学校教育工作，并以熟悉基础教育业务的人员为主体。第三，专职督学和兼职督学均由本级人民政府颁发督学证书。《关于加强教育督导队伍建设的几点意见》明确了督导队伍建设的指导思想和原则，这有利于解决新形势下督导队伍的不适应问题，使我国督导队伍向着年富力强、以专职督学为骨干专职督学与兼职督学相结合、以熟悉教育行政管理和学校教育工作为主体的方向发展，这标志着我国督导队伍建设开始走上科学化、规范化和法制化的轨道。《督学行为准则》对督学在政治思想、业务能力和工作作风上都作了明确要求，反映了教育督导工作的特点，体现了国家对教育督导人员的基本要求，是我国教育行政部门规定督学行为的主要标准，是规范督学行为的主要依据。

三　国家教育督导团时期的队伍建设

2000 年 1 月 3 日，国家教委教育督导团更名为国家教育督导团。国家教育督导团职责之一就是负责遴选聘任国家督学，这为国家督学的遴选聘任提供了高规格平台。从 1988 年起，国家就开始聘任国家督学。第一届国家督学 15 人，任期为 1988 年 1 月—1991 年 5 月；第二届国家督学 28 人，任期为 1991 年 5 月—1993 年 5 月；第三届国家督学 60 人，任期为 1993 年 5 月—1996 年 3 月；第四届国家督学 70 人，任期为 1996 年 3 月—1998 年 4 月；第五届国家督学 54 人，任期为 1998 年 4 月—2000 年 6 月；第六届国家督学 76 人，任期为 2000 年 6 月—2003 年 4 月。国家教育督导团先后负责聘任了第六届国家督学和第七届国家督学。在保持原来聘任标准和办法的基础上，第七届国家督学本着加强力量，有所创新的原则，除了从教育部门聘任外，还从财政部、发改委、中编办、农业部增聘了几位国家督学；除了基础教育领域，还增聘了几位职业教育方面的国家督学；除了从教育行政部门聘任，还增聘了一批专家型国家督学；另外，还聘任了六位民主党派成员担任特约教育督导员；第七届国家督学是历届国家督学中人数最多的一届，共 100 名，任期为 2003 年 5 月—2006 年 8 月。

（一）《国家督学聘任管理办法（暂行）》出台

为了更好地适应教育督导工作的新形势，建立一支专业化、高水平、有权威的国家督学队伍，2006 年 7 月 19 日，教育部对《国家教育委员会督学聘任暂行办法》（教督〔1991〕3 号）进行修订，印发了《国家督学聘任管理办法（暂行）》（教督〔2006〕4 号）。文件要求严格按照任职条件和程序聘任国家督学，这进一步提高了国家督学的任职标准，明确了国家督学的职责任务，规范了国家督学的聘任程序。第一，明确从聘任第八届国家督学开始，国家督学的产生按 1∶1.2 的比例实行差额推荐；成立国家督学聘任审查委员会，对国家督学的推荐人选进行审查。第二，明确了国家督学是由教育部聘任的依法执行教育督导公务的人员。除了聘任具有一定级别的行政人员外，具有中小学特级教师称号，高等院校和科研机构等正高级专业技术职务的专家学者也可聘为国家督学。同时，对国家督学在保证履行职责和完成任务的身体健康情况和时间也明确作出了规定。第三，确定各省、自治区、直辖市分管或专职从事教育督导工作的厅局级负责人应作为国家督学推荐人选。为了体现聘任国家督学的严肃性，要求被推荐为国家督学的人选，必须本人提出申请，填写《国家督学申请表》，在各单位审核提出推荐意见后，报送教育部。第四，增加了对国家督学的解聘和辞呈条款：对其不履行国家督学职责的；一年内未参加国家教育督导团安排的教育督导活动的；在督导活动中造成不良影响的；受到行政处分、刑事处罚的人员均解聘国家督学职务。第五，对国家督学的职责作了六条规定：一是检查国家教育法律、法规和规章的贯彻落实情况；二是指导学校按照教育方针和教育教学规律办学；三是撰写教育督导报告；四是参与研究制定教育督导文件；五是对教育决策提出咨询建议；六是完成国家教育督导团交办的其他任务。同时还将国家督学接受督学岗位培训作为职责提出，以保证国家督学对教育改革与发展情况的了解和专业化水平。第六，增加了国家督学在教育督导活动中享有的权利及参加国家教育督导活动时的回避制度。同时还对国家督学聘任过程中不当行为做出限制规定。

（二）国家督学聘任审查委员会成立

根据《国家督学聘任管理办法（暂行）》（教督〔2006〕4 号），

2006 年 7 月 31 日，教育部办公厅印发《教育部办公厅关于成立国家督学聘任审查委员会的通知》（教督厅〔2006〕2 号）。教育部成立国家督学聘任审查委员会，委员会由有关方面有权威的领导和专家组成，对国家督学的推荐人选进行审查，日常事务由国家教育督导团办公室负责。2006 年 9 月，国家督学聘任审查委员会按照 1∶1.2 的比例差额聘任了第八届国家督学。本届国家督学 90 人，任期为 2006 年 8 月—2012 年 10 月，与往届相比有较大区别：一是新聘国家督学以在职行政管理人员和专家为主，退休人员为辅，在职人员首先是专职从事或分管教育督导工作的人员。二是为适应教育督导的对象和内容要求，加强督导工作针对性，设立了教育经费保障、教师队伍建设、教育设施设备、学校教育教学等专业组，聘任有专业特长的督学。三是根据修改后的国家督学聘任办法，严格按照任职条件和程序聘任国家督学。

四　国务院教育督导委员会时期的队伍建设

2012 年 8 月 26 日，国务院教育督导委员会成立。国务院教育督导委员会职责之一就是遴选聘任国家督学，这为国家督学的遴选聘任搭建了最高规格的平台。2012 年 10 月 11 日，国务院教育督导委员遴选聘任了第九届国家督学，也是国务院教育督导委员会聘任的首届国家督学。第九届国家督学共计 171 人，在人数上比上届增加了近一倍，在层次上涵盖各级各类教育，在范围上吸纳多个部门、多个领域，在结构上实现行政管理、教育科研一线并重，中央、地方并重，各级各类教育并重。本届国家督学有四个突出特点：一是来源广泛，代表性强。涵盖各级各类教育，吸纳多个部门、多个领域的专家，可以最大范围地听取不同方面的意见。二是人数增加，力量增强。共聘任 160 名国家督学，特约教育督导员从 5 名增加到 11 名，总督学顾问从 7 名增加至 20 名。三是结构合理，优势互补。适应了督导范围扩大的新要求，基本做到了教育行政管理、教学科研一线并重，中央、地方并重，各级各类教育并重。四是实践经验丰富，专业水平高。充分考虑教育管理、科研、教学等方面的经历和成就，更加注重工作实绩和业务专长，相关任职时间都在 10 年以上，各位督学都是资深教育专家、行政管理专家和学科专家。

五　建立并健全了督学培训制度

随着当代中国教育督导制度的恢复重建，全国范围内已形成一支专兼职结合的教育督导队伍。截止到 2004 年底，全国共有专（兼）职教育督导人员 46245 人，其中专职督导人员 19984 人（含专职督学 9033 人），兼职督学 26261 人（含教育部聘请的总督学顾问、国家督学及各级督导机构从民主党派、无党派人士中聘请的特约教育督导员 5116 人）。截至 2014 年底，全国共有专兼职督学 8 万多名，数量明显增加，队伍进一步壮大。建设一支责任心强、业务精湛、结构合理的专业化督学队伍，对于全面提升教育督导水平至关重要。因此，各级教育督导队伍组建以后，督导队伍的培训工作相应地提上议事日程。督导人员培训制度的建立为我国督导队伍素质的提高提供了现实基础和制度保障。随着督学培训制度不断健全和完善，督学队伍也逐渐年轻化、专业化，年龄结构和人员素质有了很大变化。

（一）督学培训制度建立

1986 年 12 月 26 日颁布的《国家教委关于转发〈国家教委督导工作座谈会纪要〉的通知》规定：由北京师大、华东师大负责于 1987 年秋天试办督学研讨班。1987 年 9 月至 12 月，国家教委督导司委托北京师范大学、华东师范大学的教育管理学院，分别举办首届督导人员培训班，培训班开设的课程有教育基本理论、教育管理学、教育政策法规、中外教育督导制度的比较研究、教育督导的理论和技术等。1988 年，国家教委督导司认识到督导人员的培训是一项长期的任务，应作为一种制度确定下来，督导人员的培训不仅应该包括岗前培训，还应该包括岗位培训、再培训。随后，国家教委把定期举办督导培训班作为一种制度确定下来。为此，国家教委督导司委托北京师范大学、华东师范大学教育管理学院制定督导人员培训的教学计划，编写督导人员培训的教材。1989 年 9 月 25 日，国家教委发出《关于举办教育督导人员岗前培训班有关事项的通知》，并附发了教学计划，对培训督导人员工作提出了规范要求。随后，各省（区、市）也把定期举办督学培训班作为一种制度确定下来。

为了改进督导人员培训工作，提高培训质量，国家教委督导司多次会同华北、华东教育管理干部培训中心对督导培训工作、教学计划、课程设置等进行专题研讨。为了适应各地督学岗前培训的需要，国家教育委员会两次下文，明确了市（地、州）以上督学的岗前培训工作由国家教育委员会负责组织；市（地、州）以下督学的岗前培训工作由各省、自治区、直辖市教育行政部门负责组织。同时，对举办督学培训班的目的要求、课程设置、培训时间、讲授、自学讨论、实践活动的安排、考核等作了具体规定。总之，通过督导培训要达到以下目的：一是明确建立督导制度的意义，提高对督导工作重要性的认识并乐于从事督导工作；二是初步掌握督导理论、方法、技术；三是为今后进一步践行、研究督导工作奠定基础。

（二）督学培训制度不断健全

随着督学培训制度的建立和开展，督学培训制度不断健全和完善，主要表现如下：第一，参与督学培训的单位日趋多元化。除了华北和华东两个教育管理干部培训中心之外，国家教育行政学院、国家教育督导团办公室、国务院教育督导委员会办公室等部门也相继举办督学培训。第二，督学培训方式日趋多样化。除课堂教学外，还有组织政策研讨、专题调研、对外交流等方式，培训的针对性和有效性进一步强化。第三，督学来源进一步拓展。部分高等师范院校教育管理专业的硕士点、博士点设置了教育督导与评估专业，培养从事教育督导与评估理论和实践工作的高级专门人才，为督学队伍提供优质资源。第四，督学理论研究进一步加强。1994 年 8 月，中国教育学会教育督导研究会成立，并出版会刊《教育督导》，这是全国性的有关督导工作的群众性学术团体，这有助于督学交流和素质提升，也为督学培训提供理论支撑。据统计，截至 1993 年底，全国专职教育督导人员中接受培训的比例为43.2%[1]。截至 2005 年底，全国督导人员都接受过至少一轮的培训。

1. 华北、华东教育管理干部培训中心举办的督学培训

华北、华东教育管理干部培训中心培训继续定期举办培训班以提高教育督导人员素质。此外，两个培训中心还举办了以下培训班。第一，1994 年，两个培训中心举办了第一期地市教育督导人员《普通中小学

---

①　中国教育年鉴编辑部：《中国教育年鉴1994》，人民教育出版社1995年版，第98页。

校督导评估工作指导纲要》培训班，就基础教育性质、任务和教育改革形势，《普通中小学校督导评估工作指导纲要》的指导思想、基本内容、普通中小学督导评估的理论和技术，中小学督导评估工作经验介绍等内容进行培训。第二，1994 年，两个培训中心举办了"世行贷款贫二项目教育督导研讨班"，就教育法制建设、教育督导制度建设、"两基"评估验收制度、普通中小学的督导评估等内容进行培训。第三，1996 年 9 月 6 日，为进一步改进和加强督学培训工作，国家副总督学陈德珍、督导办负责同志及北京师范大学教育管理学院和华东师范大学教育管理学院的负责同志召开座谈会，并形成了《督学岗位培训工作座谈纪要》。

2. 国家教育行政学院举办的督学培训

（1）省、市两级督学培训。从 1998 年开始，教育部开始委托国家教育行政学院专门培训地方各级督学，其中省（区、市）、市（地、州）级督学培训班每年举办两期，上半年、下半年各一期，学员对象为各省（区、市）、市（地、州）级教育督导机构督导干部，每期培训规模 120 人，为期 21 天。截止到 2015 年 6 月底，国家教育行政学院共举办了 40 多期省（区、市）、市（地、州）督学培训班，共培训督学4000 多人。

（2）市、县两级督学培训。为了及时和准确地把握我国基础教育督导工作的最新政策动态、前沿理论和实践状况，深入学习教育督导理论和方法，增进教育督导宏观管理部门、专家学者和县级教育督学之间的沟通与交流，提高市（地、州）、县（市、区）两级教育督学的业务水平，促进我国基础教育健康发展，国家教育行政学院于 2006 年 10 月 9 日举办了第 2 期"全国地县督学培训班"。学员对象为市（地、州）、县（市、区）两级督学，各地教育行政管理部门中负责教育督导工作的局长、副局长，共计 120 人。通过培训，努力提高督学的专业素养，全面把握我国基础教育改革发展的宏观形势和发展战略，进一步明确当前我国基础教育改革发展面临的主要任务和战略目标，深入学习和正确把握教育督导工作的主要内容、基本要求和技能方法。并通过加强不同地区县级教育督学之间的交流与研讨，实现经验和信息共享，促进共同发展。

为落实中共中央 2006 年 3 月 29 日发布的《干部教育培训工作条例

（试行）》（中发〔2006〕3 号）关于大规模培训干部的战略部署，按照《教育部办公厅关于印发教育系统干部重点培训班次办班计划的通知》（教人厅〔2013〕1 号）要求，国家教育行政学院于 2013 年上半年举办第一、二期全国县（市、区）督学培训班。学员对象主要为部分县（市、区）教育督导干部、督学。每班培训规模 150 人，为期 21 天。培训围绕《教育规划纲要》的战略任务，进一步学习中国特色社会主义教育理论，深刻把握我国基础教育改革发展的重大方针政策，深入学习领会《教育督导条例》精神，大力提高教育督导工作质量，提升教育督导干部综合素质和管理水平，进一步加强教育督导干部队伍建设，有效推进以实施素质教育、提高教育质量为中心的教育督导工作的顺利开展。

3. 国家教育督导团办公室举办的督学培训

国家教育督导团相对注重督学队伍中骨干力量的培训。2002 年 6 月 10 日至 15 日，国家教育督导团办公室在广东省中山市举办第一期全国省（区、市）、市（地、州）级教育督导室主任研修班。2002 年 11 月 5 日，国家教育督导团办公室在江苏省无锡市举办第二期全国省（区、市）、市（地、州）级教育督导室主任研修班。2003 年 8 月 16 日至 26 日，国家教育督导团办公室在新疆维吾尔自治区石河子举办第三期全国省（区、市）、市（地、州）级教育督导人员研修班。2005 年 6 月 26 日至 30 日，全国教育督导培训会在山东省潍坊市召开。2005 年 8 月 1 日至 3 日，国家教育督导团在东北师范大学举办教育督导高级研修班。此次教育督导研修班的主题是学习借鉴国外教育督导的理念和相关的教育督导制度，研修期间主要介绍了俄罗斯、英国、美国、韩国和日本等国的教育督导制度。

4. 国务院教育督导委员会办公室举办的督学培训

（1）全国中小学校责任督学培训班。为提高中小学校责任督学的工作能力和业务水平，把《中小学校责任督学挂牌督导办法》（国教督办〔2013〕2 号）落到实处，2013 年 10 月 28 日至 31 日，国务院教育督导委员会在北京举办了全国中小学校责任督学骨干培训班。这是历次督学培训规模最大、人数最多的一次，共有 415 名来自全国各省级、市县级督导部门的负责人和责任督学骨干参加，旨在以点带面推进全国督学岗前及在岗培训工作，提高中小学校责任督学的工作能力和业务水平，推动《中小学校责任督学挂牌督导办法》的落实。

（2）《关于做好中小学校责任督学岗前培训的通知》出台。2013年12月4日，国务院教育督导委员会办公室印发了《关于做好中小学校责任督学岗前培训的通知》（国教督办〔2013〕5号），要求各地在2013年底前完成对本区域内责任督学全员岗前培训的任务。文件要求，各地要根据本地中小学校布局和责任督学数量，认真制定责任督学岗前培训计划，明确岗前培训的期次和每次培训的规模，并就岗前培训的主要内容、培训时间以及资金预算等做出安排。要精心设计培训内容，加强对责任督学法律法规、督导业务、教育及教育督导相关政策和理论的培训，同时强化责任督学职业道德教育，提高责任督学的工作能力和业务水平。文件旨在推动责任督学达到履职要求，确保中小学校责任督学挂牌督导工作顺利实施。

第三章　当代中国教育督导实践

当代中国教育督导制度是一个系统工程，包括机构建设、队伍建设、法制建设、督导实践。其中前三项建设成果，都需要通过教育督导实践来体现。当代中国教育督导实践主要包括综合督导和专项督导两类，两类督导的有机结合，是当代中国开展教育督导工作的有效方式。综合督导主要包括对教育法律的执法督导检查、对"两基"工作的综合督导、对义务教育工作的综合督导、对基础教育工作的综合督导等。通过综合督导可以对政府和学校的教育工作进行全面、系统、常规的监督和指导。专项督导涉及教育工作的方方面面，具有较强的针对性。通过专项督导可以对教育改革与发展中的重点、难点问题和社会普遍关注的教育热点问题，有针对性地、深入地进行专门检查，督促其尽快解决。针对教育工作难点、重点、热点问题开展专项督导，也是当代中国教育督导工作的一项成功经验。自当代中国教育督导制度恢复重建以来，国家层面开展了一系列督导实践，为推动我国教育尤其是基础教育和义务教育的改革发展发挥了积极的作用，同时也树立了教育督导工作的形象，提升了教育督导工作的权威。

第一节　对教育法律的执法督导检查

为了发展教育事业，提高全民族的素质，促进社会主义物质文明和精神文明建设，改革开放以来，我国先后颁布了一系列教育法律、教育行政法规、教育部门规章以及与教育工作息息相关的法律、法规、规章。教育督导是推动教育法律法规、方针政策贯彻落实和保障教育改革

与发展的重要机制。为切实保障教育法律的贯彻实施，从 1986 年 1 月
1 日到 2014 年 12 月 31 日，教育部（国家教委）、国家（国家教委）教
育督导团办公室配合全国人大常委会对教育法律的执法督导检查主要有
五次，其中对《中华人民共和国义务教育法》的执法督导检查四次，
对《中华人民共和国教育法》的执法督导检查一次。

**一　国家（国家教委）教育督导团配合全国人大常委会对《中华
人民共和国义务教育法》的执法督导检查**

（一）20 世纪 80 年代末 90 年代初的执法督导检查

为了检查《中华人民共和国义务教育法》（以下简称《义务教育
法》）的执行情况，总结经验，发现问题，提出解决办法，推动《义务
教育法》的实施，1988 年 7 月 14 日，国家教委会同全国人大教科文卫
委员会联合印发了《关于组织检查执行〈义务教育法〉情况的通知》。
各级教育督导部门配合全国人大对《义务教育法》的执行情况进行了
全国性检查。1991 年 4 月 8 日，国家教委办公厅发出《关于配合全国
人大检查〈义务教育法〉贯彻实施情况的通知》。1991 年 9 月至 10 月，
各级教育督导部门配合全国人大教科文卫委员会对全国 29 个省（区、
市）贯彻实施《义务教育法》的情况进行了督导检查。这一系列检查
有助于推动《义务教育法》的贯彻实施，有助于推动义务教育的实施
和普及。

（二）1999 年的执法督导检查

1999 年 9 月、10 月，全国人大常委会执法检查组对《义务教育
法》的实施情况进行了检查。国家教委教育督导团积极配合全国人大
常委会的执法督导检查。检查的内容主要有三项：一是国务院及其主管
部门制定配套法规、规章和推行义务教育情况；二是保障义务教育经费
及其办学条件的情况；三是加强教师队伍建设的情况。2000 年 1 月，
国务院办公厅将全国人大常委会办公厅《关于转请国务院及其有关部
门落实义务教育法执法检查报告改进执法工作的通知》批转教育部牵
头办理。要求教育部会同国家计委、国家经贸委、国家民委、财政部、
人事部、农业部、国家税务总局、国务院三峡工程建设委员会办公室等
有关部门，根据《全国人大常委会执法检查组关于检查〈中华人民共

和国义务教育法〉实施情况的报告》（以下简称《检查报告》）中所提问题和建议的内容，研究改进执法工作的意见。各部门积极配合，对《检查报告》中所提出的下列问题和建议进行了认真研究落实：第一，关于进一步学习和宣传《义务教育法》，不断提高对义务教育重要性的认识和执法自觉性问题；第二，关于制定全国义务教育的"十五"计划和 2015 年远景规划问题；第三，关于建立义务教育经费由各级政府分担的机制，加强国务院和省、地市级政府对农村义务教育的责任问题；第四，关于教育经费附加的征管和费改税问题；第五，关于中小学危房改造和教育集资问题；第六，关于保证中小学教师工资按时发放，努力提高教师素质问题；第七，关于控制农村初中生辍学问题；第八，关于少数民族地区和边境地区教育问题；第九，关于三峡库区学校搬迁经费缺口问题；第十，关于分离企业自办中小学问题。教育部在各有关部门大力支持和积极配合下，于 2000 年 8 月圆满完成了对《检查报告》的办理落实工作，并形成了《关于落实全国人大常委会执法检查组对义务教育法实施情况意见和建议的报告》。根据该报告，国家决定"十五"期间启动"中小学危房改造工程"，分两年时间，拨专款 30 亿元；同时，制定了教师工资由财政统一发放的规定等，使义务教育工作中的一些难点问题得到解决或缓解，推动了《义务教育法》的实施。

（三）2007 年的执法督导检查

2007 年 3 月至 5 月，全国人大常委会五个检查组赴安徽、江西、广西、河南、陕西、北京 6 个省（区、市）检查 2006 年 6 月 29 日新修订的《义务教育法》的实施情况。同时，全国人大常委会委托内蒙古、辽宁、上海等 11 个省（区、市）人大常委会在本行政区域内进行检查。国家教育督导团、各省（区、市）的教育督导部门积极配合全国人大常委会、各省（区、市）人大常委会的执法督导检查。此次检查的重点是学习宣传法律的情况和制定配套法规规章的情况、新机制的落实情况和治理教育乱收费的情况以及政府促进义务教育均衡发展的措施等。2007 年 6 月 28 日，十届全国人大常委会第 28 次会议专门听取和审议了《全国人大常委会执法检查组关于检查〈中华人民共和国义务教育法〉实施情况的报告》（以下简称《报告》）。《报告》和审议意见对近一个时期以来义务教育工作给予了充分肯定，认为新《义务教育法》

实施的时间虽然不长，但在各级政府及全社会的共同努力下，已取得初步成效。同时也指出，目前义务教育仍面临着许多困难，存在着一些薄弱环节和突出问题，需要统一研究解决。《报告》和审议意见紧紧抓住了当前我国义务教育改革与发展中的关键环节和突出问题，并就如何解决这些问题提出了有针对性的整改建议。国务院批示教育部会同发改委、财政部、审计署、国务院法制办、扶贫办等部门和单位，认真研究全国人大常委会执法检查报告所提出的意见和建议，针对《报告》中提出的在义务教育经费保障、农村教师队伍建设、"普九"欠债和学校危房等历史遗留问题、农村进城务工人员随迁子女和农村"留守儿童"的义务教育、义务教育阶段的民办学校五个方面的问题，共同研究提出下一步工作的整改意见。2007 年 10 月 9 日，教育部副部长陈小娅向全国人大常委会教科文卫委员会作了《关于落实全国人大常委会〈义务教育法〉执法检查报告有关建议的初步汇报》。2008 年 1 月，教育部向国务院办公厅和全国人大常委会办公厅书面报告了关于落实全国人大常委会执法检查组对义务教育法实施情况意见和建议的工作情况。此次执法检查对贯彻落实新《义务教育法》起到了良好的推动作用。一是各地进一步加大宣传力度，落实政府责任，加大政府投入，完善农村义务教育经费保障机制；二是大力加强中小学管理，规范义务教育办学行为，规范教育收费和治理教育乱收费；三是进一步推进义务教育均衡发展，全面推进素质教育。

（四）2008 年的执法督导检查

全国人大常委会于 2008 年 9 月组成四个执法检查组对湖北、黑龙江、云南、甘肃 4 省《义务教育法》的实施情况进行执法检查。同时，全国人大常委会委托河北、内蒙古、安徽、福建、广东、四川、重庆、贵州、陕西、新疆 10 个省（区、市）人大常委会对本行政区域内义务教育的实施情况进行检查。国家教育督导团、各省（区、市）的教育督导部门积极配合全国人大常委会、各省（区、市）人大常委会的执法督导检查。执法检查组重点检查了有关省（区、市）农村义务教育的经费保障、教师队伍建设、提高教育质量、促进均衡发展、政府为学校提供安全保障、学校建立安全机制和应急机制等情况。执法检查情况显示，新修订的《义务教育法》实施两年来，我国义务教育事业在很多方面取得新进展，已进入全面普及和巩固提高的新阶段。这主要表现为以下四个方面：一是城乡义务教育全面纳入国家财政保障范围，依法实现了真正的义务教育，全国义务教育经费增幅较大。二是重视加强农村教师队伍建设，努力提高教师待遇，积极探索建立教师队伍补充、提高新机制。三是义务教育均衡发展方面取得新进展，西部地区"两基"攻坚目标如期实现，农村学校面貌发生较大变化，基本形成以流入地为主、以公办学校为主的安排进城务工人员随迁子女就读的基本格局。四是学校安全工作进一步强化，各级政府部门严格按照国家规定进行校舍建设，提高校舍维修改造资金测算标准、严格学校安全监管，维护学校周边秩序。执法检查组也发现了一些亟待解决的困难和问题：农村义务教育经费难以满足事业发展的需要，农村教师队伍建设亟待加强，义务教育发展的不均衡性仍然明显，农村中小学校校舍和日常管理存在安全隐患。针对这次执法检查中发现的问题，检查组提出了整改建议：一是依法落实义务教育经费"三个增长"，推动农村学校从维持基本运转向提高教育质量转变。二是不断加强农村教师队伍建设，为实施素质教育和提高教育质量提供保障。三是积极推动义务教育的均衡发展，经费投入应继续向农村地区和西部地区倾斜，特别是向贫困地区和办学条件困难的学校倾斜。四是加快全面排查农村中小学校舍安全情况的进度，对未达到抗震要求的所有校舍应适时制定规划予以改造，进一步完善学校安全管理制度。

二　国家教委教育督导团配合全国人大常委会对《中华人民共和国教育法》的执法督导检查

为切实保障《中华人民共和国教育法》的贯彻实施，加快建立和完善教育执法监督制度，1995 年 3 月 24 日，中宣部、全国人大教科文卫委员会、国家教委、司法部、全国教育工会发出了《关于学习宣传和贯彻实施〈中华人民共和国教育法〉的通知》（教策〔1995〕4 号），要求"各级政府及其有关部门应加强教育执法检查、监督职能和教育法制工作队伍建设，提高依法治教的水平"。1996 年 5 月至 9 月，全国人大常委会对《中华人民共和国教育法》的执行情况进行了检查，检查的内容是依法落实教育投入的情况。国家教委教育督导团积极配合全国人大常委会的执法督导检查。检查组指出，在依法保证教育投入方面，中央政府和地方政府都尽了很大努力，取得了很大的成绩：教育经费投入有较大增长；各级政府普遍增加了教育专款；教育费附加的征收和管理工作有了新的进步；加强了对教育经费拨付和使用的监督等。检查组进一步指出了存在的问题：国家财政性教育经费支出占国民生产总值的比例呈逐年下降的趋势；教育财政拨款的增长低于财政经常性收入的增长；教育经费尚未实行预算单列；依法足额征收并管好用好教育费附加尚有不小差距；国家对学校实行优先、优惠政策和措施没有完全落实等。检查组提出了几点建议：一是采取切实有效的措施，保证国家财政性教育经费支出占国民生产总值的比例逐步提高。二是尽快按事权和财权相统一的原则将教育经费预算单列。三是建立各级政府向同级人大及其常委会报告教育经费预算、决算的制度。四是进一步落实保证教育投入的其他法律规定。五是加强对教育经费的拨付、筹措、管理、使用情况的审计。该执法督导检查，在全社会宣传了《中华人民共和国教育法》，增强了广大干部群众的教育法律意识，推动了《中华人民共和国教育法》的实施，同时宣传了教育督导工作的地位和作用，进一步树立了教育督导工作的权威。

第二节　对"两基"工作的综合督导

当代中国教育督导实践主要包括综合督导和专项督导，其中"两基"（"两基"指基本扫除青壮年文盲、基本实现九年制义务教育）工作督导是综合督导中的重头戏，也是当代中国教育督导实践的重头戏。"两基"工作督导又包括"两基"评估验收工作、"两基"督导调研和督查、"两基"国检等。

一　"两基"评估验收工作

（一）1993—1999 年"两基"评估验收工作

1993 年 1 月 27 日，"两基"督导评估验收制度建立，各省（区、市）根据当地实际制定了实施"两基"工作规划，并开始在经济条件、教育基础较好的地区开展评估验收工作。根据《普及义务教育评估验收暂行办法》（教基〔1994〕19 号）、《县级扫除青壮年文盲单位检查评估办法（试行）》（教督〔1993〕2 号）等规定，教育部从 1994 年起对全国各省（区、市）"两基"评估验收的工作进行抽查。1995 年 1 月 12 日，国家教委公布了第一批 554 个普及九年义务教育和扫除青壮年文盲县（市、区）名单。1995 年 12 月，国家教委公布了第二批 471 个普及九年义务教育和扫除青壮年文盲县（市、区）名单。1996 年 12 月，国家教委公布了第三批 457 个普及九年义务教育和扫除青壮年文盲县（市、区）名单。1997 年，364 个县（市、区）和 36 个其他实施义务教育的县级行政区划单位基本实现"两基"。1998 年，教育部审查认定 322 个县（市、区）和 38 个县级行政区划单位基本实现"两基"。1999 年，188 个县（市、区），含 28 个县级行政区划单位，基本实现"两基"。

（二）2000 年"两基"评估验收工作

2000 年，各地认真学习贯彻第三次全国教育工作会议精神，继续把"两基"作为教育工作的重中之重，本着"积极进取、实事求是、分区规划、分类指导"的原则，加强领导，认真组织，狠抓落实，全国如期实现了"两基"目标。截至 2000 年年底，全国已实现"普九"的人口地区达 85%；实现"普初"的人口地区（这类地区 20 世纪只能"普初"）为 12%；尚未实现"普初"的人口地区为 3% 左右。全国青壮年非文盲率已达 95%。全国 2863 个县中，实现"两基"的县数累计达到 2385 个（另有县级行政区划单位 156 个，合计 2541 个），占总县数的 83.3%。山东、河北两省所辖县（市、区）均实现了"两基"，成为继京、津、沪、苏、粤、浙、辽、吉、闽之后全面实现"两基"目标的省份，全国累计实现"两基"的省已达 11 个。至此，按 1994 年确定的"两基"工作三片地区统计：一片地区 9 省（市）673 个县（市、区），全部通过"两基"验收；二片地区 13 省（市）1437 个县（市、区）中，共有 1328 个县（含县级行政区划单位 31 个）实现"两基；三片地区 9 省（区）753 个县（市、区）中，有 540 个（含县级行政区划单位 125 个）实现"两基"。截止到 2000 年，占我国人口 50% 左右的农村地区和占我国人口 35% 左右的大中城市和经济发达地区实现了"两基"，实现了党的十四大提出的 20 世纪末"两基"规划目标，这是我国教育发展史上具有里程碑意义的伟大成就。

（三）2001—2010 年"两基"评估验收工作

截至 2005 年年底，全国有 2890 个县（市、区，含其他县级行政区划单位）实现"两基"，人口覆盖率超过 95%。新疆生产建设兵团所辖 174 个团场全部实现"两基"，成为全国第 13 个实现"两基"目标的省级单位，也是国家实施西部地区"两基"攻坚计划以来，第一个实现"两基"的省级单位。2006 年是西部地区"两基"攻坚的决战之年。国家从春季起，率先在西部地区实施了农村义务教育经费保障机制改革，把农村义务教育全面纳入公共财政保障范围。截至 2006 年年底，全国实现"两基"的县（市、区）累计达到 2768 个，另有 205 个其他县级行政区划单位，总共 2973 个，占全国总县数的 96%，"两基"人口覆盖率为 98%。西部地区当年新增实现"两基"县（市、区）70 个，累计有 984 个县（市、区）实现"两基"，占西部地区县（市、区）总数的 91%，"两基"人口覆盖率为 96%。2007 年是"两基"攻坚的决战之年，西部地区各省、自治区、直辖市克难攻坚，认真落实攻坚规划，扎实推进"两基"工作，取得新的成绩，西部地区"两基"人口覆盖率达到 98%。全国只剩下 42 个县（市、区）未实现"两基"。截至 2008 年年底，全国实现"两基"的县（市、区）累计达到 2831 个，占全国总县数的 99.1%；全国"两基"人口覆盖率达到 99.3%。西部地区累计有 1049 个县（市、区）实现"两基"，占西部地区县（市、区）总数的 97.5%，西部地区"两基"人口覆盖率为 98.5%。截至 2009 年年底，全国尚有 13 个县未实现"两基"，全国实现"两基"的县（市、区）累计达到 2845 个，占全国总县数的 99.5%；全国"两基"人口覆盖率达到 99.7%。西部地区实现"两基"县（市、区）累计达到 1063 个，西部地区"两基"人口覆盖率为 99.5%。2010 年，西部地区未实现"两基"的省区在国家的大力支持下，进一步加大对未实现"两基"的县的扶持力度，克服困难，奋力攻坚，"两基"工作取得重大进展。四川、甘肃、青海 3 个省的 13 个县（市、区）通过了省级人民政府的"两基"验收。经国家教育督导团审查，确认申报的 13 个县（市、区）达到实现"两基"要求。截至 2010 年年底，全国 2856 个县（市、区）全部实现"两基"，全国"两基"人口覆盖率达到 100%，全国"两基"攻坚工作顺利完成。"两基"

督导检查和评估验收的实践表明，各级人民政府教育督导机构对下级政府及其职能部门、学校的监督、检查、评估、指导的职能是教育行政部门和其他监督机构无法替代的，所发挥的作用很大，其行政监督和教育业务指导的权威性与专业性得到了各级政府、教育部门、学校和社会的广泛赞誉和普遍认可。

二　"两基"督导调研和督查

（一）"两基"工作的专项督导调研

2000 年 9 月 7 日，教育部办公厅印发《关于开展"两基"工作督导调研的通知》（教督厅〔2000〕10 号）。2000 年 9 月 18 日至 11 月 30 日，国家教育督导团组织国家督学分别对山西、吉林、黑龙江、安徽、福建、江西、河南、湖北、湖南、四川、西藏、陕西、重庆 13 个省（区、市）的"两基"工作进行了专项督导调研。13 个省（区、市）实施"两基"工作的主要经验有六个方面：一是各级领导高度重视"两基"工作，切实落实"两基"重中之重的地位。二是各省都注意教育立法和执法，加大教育督导检查的力度。三是注意抓好"两基"工作中的重点、难点工作。四是千方百计筹措教育经费，加大教育投入，改善办学条件，并重视教育资源的合理配置。五是重视教师队伍建设，努力提高教师队伍的整体素质。六是坚持"积极进取、实事求是、分区规划，分类指导"的方针，有计划、有步骤地推进"两基"。在充分肯定 13 个省（区、市）"两基"工作的同时，各调研组认为"两基"工作也面临着严峻的形势：一是教育投入严重不足，拖欠农村教师工资现象严重，公用经费短缺，农村基本办学条件缺乏。二是农村税费改革给农村教育经费投入带来一些新的矛盾和问题。三是农村初中生辍学严重。四是少数民族地区教育落后。五是一些地区教育管理混乱，缺乏监督机制。对此，各调研组提出了相应的意见和建议：第一，理顺教育经费投入渠道，确保义务教育经费投入。第二，统筹研究，加强指导，合理有序地调整农村中小学布局。第三，加快农村教育改革，从根本上控制初中辍学问题。第四，采取特殊政策加大对少数民族教育的扶持力度。第五，抓紧研究"十五"期间"两基"攻坚和达标后巩固提高工作，建立督导评估巩固提高成果的机制。2001 年 3 月 28 日，教育部办公厅印发《2000 年"两基"专项督导调研情况的通报》（教督厅〔2001〕4 号）。

（二）"两基"工作过程性督导检查

2003 年 11 月 14 日，国家教育督导团印发《关于对重庆市"两基"工作进行督导检查的通知》和《关于对陕西省"两基"工作进行督导检查的通知》。2003 年 12 月 7 日至 18 日，由国家教育督导团总督学顾问陶西平、张榕明任组长的督导检查组分别对陕西省和重庆市的"两基"工作进行了过程性督导检查。2004 年，国家教育督导团向重庆市和陕西省人民政府办公厅印发了督导检查意见。检查结果表明：近两年来，两省（市）认真贯彻国务院召开的全国基础教育工作会议和全国农村教育工作会议精神，把"两基"攻坚工作列入教育工作的"重中之重"，通过制定保障"两基"工作顺利推进的政策措施，建立有效的组织保障机制，加大"普九"经费投入等，使"两基"攻坚工作有了新进展。截至 2002 年年底，陕西省和重庆市分别有 86 个和 35 个县实现"两基"，人口覆盖率分别为 84.6% 和 89.45%。检查组对进一步做好工作提出如下意见：第一，按照两省（市）规划，陕西省到 2006 年，重庆市到 2007 年，要全部实现"两基"，任务十分艰巨，必须在国家和兄弟省市的支持下，举全省（市）之力，集中打歼灭战，才能保质保量完成规划目标。第二，实行"以县为主"的农村义务教育管理体制以后，虽然两省（市）都增加了义务教育投入，但大多用于教职工工资，财政预算内公用经费很少，贫困地区学校难以正常运转。第三，两省（市）未实现"两基"的县普遍存在教师数量不足、代课教师多的问题。第四，已实现"两基"的地区由于"两基"巩固提高工作抓得不紧，在教育投入、教学仪器设备、师资质量以及普及程度等方面出现了滑坡。2004 年，国家教育督导团向重庆市和陕西省人民政府办公厅印发了督导检查意见。

三 "两基"国检

为保障西部地区"两基"攻坚目标的如期实现，2004 年 6 月 15 日，国家教育督导团印发了《关于加强西部地区"两基"攻坚督导评估工作的意见》（国教督〔2004〕9 号），就西部地区"两基"攻坚工作的评估验收标准和程序提出了指导性意见。根据该文件精神，截止到 2013 年 12 月 31 日，国家教育督导团共组织了五次"两基"国检。

（一）对宁夏回族自治区的"两基"国检

根据宁夏回族自治区人民政府的申请，国家教育督导团组成国检组，于 2008 年 6 月 15 日至 24 日对宁夏进行了"两基"国检。国检组高度肯定了宁夏"两基"工作取得的成绩和经验：一是切实把"两基"工作摆在重中之重的地位；二是各级政府履行职责，加大教育投入，努力改善办学条件；三是优化教师队伍，推进教育教学改革；四是采取切实有效措施，着力提高民族教育水平。国检组同时指出了宁夏"两基"的主要问题：一是义务教育经费保障机制还不够稳定、健全；二是办学条件改善还不能适应新形势下的新要求；三是中小学教师队伍建设的薄弱环节制约着义务教育水平的提高。国家教育督导团对宁夏的"两基"国检取得显著效果：一是进一步引起了各级政府对"两基"工作的高度重视；二是消除了"两基"工作中的薄弱环节。国检组认为宁夏"两基"主要指标基本符合国家和自治区规定的验收标准。

（二）对贵州省的"两基"国检

根据贵州省人民政府的申请，国家教育督导团组成国检组，于 2009 年 6 月 14 日至 21 日对贵州省进行了"两基"国检。国检组高度肯定了贵州省"两基"工作取得的成绩和经验：一是省委、省政府高度重视，举全省之力奋力攻坚；二是认真实施"两基"攻坚各项工程，大力改善办学条件；三是千方百计增加教育投入，为实现"两基"夯实基础；四是加强农村教师队伍建设，努力提高义务教育质量；五是大力抓好新形势下控辍保学工作，着力巩固义务教育的普及程度；六是完善教育督导机制，保障全省"两基"工作扎实推进。国检组同时指出了贵州省"两基"的主要问题：一是义务教育经费保障水平需要进一步提高；二是教师队伍建设需要进一步加强；三是办学条件需要进一步改善；四是控辍保学力度需要进一步加大。国检组认为，贵州省"两基"主要指标达到了验收标准。教育部根据督导检查的结果，向贵州省人民政府印发了关于认定贵州全省实现"两基"目标的意见。

（三）对新疆维吾尔自治区的"两基"国检

根据新疆维吾尔自治区人民政府的申请，国家教育督导团组成国检组，于 2009 年 9 月 18 日至 26 日对新疆进行了"两基"国检。国检组高度肯定了新疆"两基"工作取得的成绩和经验：一是将优先发展教育作为稳边兴疆的根本大计，切实把"两基"摆在"重中之重"的战略地位；二是政府切实履行职责，增加教育投入，为实现"两基"夯实基础；三是加强两支队伍建设，努力提高教学质量和学校管理水平；四是坚持以双语教育为突破口，促进少数民族教育发展水平显著提高；五是以爱国主义和民族团结教育为主旋律，加强中小学思想道德教育；六是继续巩固提高扫盲成果，为农牧民脱贫增收服务；七是充分发挥教育督导作用，推动"两基"工作顺利实施。国检组同时指出了新疆"两基"的主要问题：一是保障义务教育经费投入的机制仍需完善；二是学校办学条件需要进一步改善；三是中小学教师队伍建设还需要进一步加强。国检组认为，新疆维吾尔自治区"两基"主要指标达到了验收标准。教育部根据督导检查的结果，向新疆维吾尔自治区人民政府印发了关于认定全自治区实现"两基"目标的意见。

（四）对云南省的"两基"国检

根据云南省人民政府的申请，国家教育督导团组成国检组，于 2010 年 11 月 27 日至 12 月 4 日对云南省进行了"两基"国检。国检组高度肯定了云南省"两基"工作取得的成绩和经验：一是把发展教育作为振兴云南的根本大计，坚持"两基"重中之重地位不动摇；二是政府切实履行公共服务职能，加大教育投入，不断改善办学条件；三是坚持依法办学，加大控辍保学力度，巩固提高普及水平；四是加强教师队伍建设，深化教育改革，提高教育质量；五是加强民族教育，让各族人民共享"两基"成果；六是不断完善教育督导机制，推动"两基"顺利实施。国检组同时指出了云南省"两基"工作存在的问题和薄弱环节：一是义务教育经费保障机制还不够稳定、健全；二是学校办学条件需要进一步改善；三是中小学教师队伍建设需要进一步加强。国检组认为，云南省"两基"主要指标达到了验收标准。教育部根据督导检查结果，向云南省人民政府印发了关于认定全省实现了"两基"目标的意见。

（五）对西藏自治区、青海省、甘肃省的"两基"国检

第一，根据西藏自治区的申请，按照《义务教育法》和国家有关

规定，国家教育督导团组成督导检查组，于 2011 年 9 月 21 日至 29 日对西藏"两基"工作进行了全面督导检查。国检组认为，西藏自治区"两基"主要指标达到了验收标准。教育部根据督导检查结果，经研究决定，向西藏自治区人民政府印发了关于认定全自治区实现了"两基"目标的意见。第二，根据青海省的申请，按照《义务教育法》和国家有关规定，国家教育督导团组成督导检查组，于 2011 年 10 月 13 日至 20 日对青海"两基"工作进行了全面督导检查。国检组认为，青海省"两基"主要指标达到了验收标准。教育部根据督导检查结果，经研究决定，向青海省人民政府印发了关于认定全省实现了"两基"目标的意见。第三，根据甘肃省的申请，按照《义务教育法》和国家有关规定，国家教育督导团组成督导检查组，于 2011 年 10 月 28 日至 11 月 5 日对甘肃"两基"工作进行了全面督导检查。国检组认为，甘肃省"两基"主要指标达到了验收标准。教育部根据督导检查结果，向甘肃省人民政府印发了关于认定全省实现了"两基"目标的意见。

第三节　对义务教育工作的综合督导

对义务教育工作的综合督导是当代中国教育督导实践的重点工作。尤其是随着 2010 年我国"两基"工作任务的顺利完成，县域义务教育均衡发展督导检查成为常规性工作。自 1986 年 1 月 1 日至 2015 年 6 月 30 日，教育部（国家教委）、国家（国家教委）教育督导团办公室、国务院教育督导委员会办公室等部门就义务教育工作组织开展了七次大的督导实践。

一　对贯彻落实《国务院办公厅关于完善农村义务教育管理体制的通知》情况的督查

为推动各地贯彻落实《国务院关于基础教育改革与发展的决定》（国发〔2001〕21 号）和《国务院办公厅关于完善农村义务教育管理体制的通知》（国发办〔2002〕28 号），2002 年，国家教育督导团开展了对辽宁等 7 个省（自治区）的督导检查，对河南等 11 个省的督导调研。督导检查和调研的结果表明：新的农村义务教育管理体制正在逐步建立过程中，有些地区创造了一些好的经验。但落实农村义务教育管理体制还存在不少问题：农村中小学教职工工资发放问题还没有完全解决；税费改革后，农村义务教育办学经费受到较大影响；教职工编制制度本身存在的问题；农村中小学校公用经费，难以维持日常办学开支；中小学危房问题。为了切实落实国务院两个文件精神，必须进一步做好以下几方面工作：做好完善农村义务教育管理体制的基础性工作；中央政府和省级政府要进一步加大财政转移支付力度；要采取措施确保税费改革地区农村义务教育投入不低于改革前的水平；全面清查"普九"债务，保证农村中小学校正常的教育教学秩序；理顺中小学人事管理体制。该督查有利于"以县为主"农村义务教育管理新体制的全面落实，有利于农村义务教育的巩固和提高，有利于农村义务教育的健康发展，有利于保障农民的根本利益。

二　义务教育监测

为保障 20 世纪末全国普及九年义务教育，1995 年国家教委督导办向世界银行申请了《义务教育监测实验和研究》项目，建立义务教育监测系统。项目的总目标是建立义务教育管理信息系统，研究义务教育监测的理论、方法和技术，建立监测的程序和制度，在全国形成义务教育监测网络。2002 年 3 月 25 日，国家教育督导团办公室印发《关于在全国建立义务教育监测系统项目工作的通知》。2002 年 5 月 20 日，国家教育督导团办公室印发《关于建立义务教育监测系统项目县工作的通知》。教育部在全国首批确定 60 个义务教育监测系统项目县（市、区）。义务教育监测内容包括：义务教育的普及程度、师资水平、教育经费、办学条件等。2003 年，全国义务教育监测项目全面实施，并取得了初步成效。第一，建立起义务教育监测的工作机制，在全国形成了国家、省、项目县三级项目管理体系。第二，初步实现了监测工作电子化，90% 以上的项目县实现与教育部监测办联网，应用监测项目软件传输数据，提高了时效性与准确性。第三，监测的内容与方法初步确定，以监测软件数据填报和抽样调查相结合，有针对性地确定每次监测工作的内容，实现了项目县与教育部监测办两级数据传输。第四，形成了一支开展监测工作的骨干队伍。2003 年 12 月 10 日，国家教育督导团办公室印发《关于加强义务教育监测项目管理工作的通知》。为扩大监测范围，提高监测覆盖率，2005 年 10 月 14 日，《关于增补义务教育监测项目县的通知》印发；2006 年 2 月 16 日，《关于增补宽城区等十二个县（市、区）为全国义务教育监测项目县的通知》印发。为进一步加强对项目工作的组织领导，2006 年 4 月 24 日，教育部办公厅印发《关于成立教育部基础教育监测中心的通知》。义务教育监测主要分为专项监测和常规监测。对义务教育实施监测，可以及时提供义务教育实施情况，特别是对一些热点、难点问题进行跟踪监测，使各级政府及时掌握义务教育的动态信息，及时发现潜在的问题，预测发展的趋势，为领导科学决策服务。

（一）专项监测

1. 初中辍学情况监测

（1）2003 年监测。2003 年上半年，义务教育监测工作以初中辍学为专题，确定以 3 月 10 日为时点，监测时段为 2002 学年初至 2003 年 3 月 10 日，为期半年。此次监测覆盖了 58 个县，140 多万初中学生，涉及了"两基"攻坚、"两基"巩固提高和双高"普九"三类地区。监测结果表明：第一，"两基"攻坚县和"两基"巩固提高县的初中辍学率明显高于城市和经济发达的县（市、区），反映出初中辍学的地域差异十分显著。这类地区是义务教育普及与发展的弱势地区。第二，男生、少数民族学生、残疾生、非重读学生、监护人非父母的初中学生辍学率偏高，反映出初中辍学的弱势群体因素，对这几类学生接受义务教育需要给予特别的关注。第三，在中部"两基"巩固提高地区，学业成绩不良已经成为影响学生辍学的主要因素，教育行政部门和学校应进一步端正办学思想，面向全体学生，关爱后进生。（2）2006 年监测。为跟踪了解全国初中学生辍学情况，教育部义务教育监测项目办公室在 2003 年初中辍学情况监测的基础上，于 2006 年上半年再次对全国初中学生辍学情况进行了监测。监测结果表明：72 个监测县初中学生 8 个月辍学率为 2.3%；辍学高峰主要集中在 11、12 两月和 2、3 两月。辍学学生分布不平衡且呈现极化特征，20% 的学校辍学率为零，20% 的学校集中了 72% 的辍学学生。以县为单位看，超过 1/3 的县辍学率在 1% 以下。城乡初中辍学率差距悬殊，城市（包括县城）辍学率为 0.88%，其中城区的辍学率为 0.48%，农村辍学率为 2.77%。对辍学生主要特征分析表明：辍学生学习困难情况严重。另外，男生辍学率明显高于女生。毕业年级辍学率最高。家庭经济困难、监护人为父母一方或其他人也是重要因素。监测中还发现，实施农村义务教育经费保障机制改革后，农村学校出现了进城务工农民子女回流、辍学生复学、从民办学校转入公办学校的高峰现象。

2. 办学条件监测

为深入了解当前义务教育阶段学校办学条件的基本状况，全面掌握各地区办学条件的水平和差距，进一步加强学校标准化建设，推进义务教育均衡发展，教育部义务教育监测项目办公室对 60 个项目县义务教育阶段学校办学条件进行了监测。本次监测内容包括五个方面：学校用地情况、校舍基本情况、教学仪器设备和图书情况、学校寄宿生生活条件情况以及专任教师情况。数据采集时点为 2005 年 4 月 1 日。监测对象为全国 60 个项目县全部公办小学、初中、九年一贯制学校和完全中学，共计 7558 所学校。监测结果表明：当前我国义务教育阶段学校办学条件总体水平得到明显提高，校舍建设力度大，新房多，砖混以上结构占了 70% 以上。硬件设施投入力度大，计算机、校园网等现代信息技术设备、寄宿条件建设都有快速发展。同时，城乡间、地区间、校际间义务教育办学条件还存在较大的差距，西部贫困地区学校办学条件综合水平只相当于东部发达地区的一半。农村中小学校寄宿生生活条件还较差，住宿、吃饭、生活服务设施建设还没有得到根本解决。

3. 教育质量监测

根据国务院教育督导委员会办公室印发的《国家义务教育质量监测方案》和《关于开展 2015 年全国义务教育阶段学生数学和体育与健康状况监测的通知》要求，2015 年国家义务教育质量监测测试工作于 6 月 18 日顺利完成。此次义务教育质量监测是我国首次在国家层面开展的教育质量监测，由国务院教育督导委员会办公室统一部署开展，各省（区、市）和新疆生产建设兵团的教育行政和教育督导部门具体组织实施，教育部基础教育质量监测中心提供相应的技术支持、业务指导和专业培训。监测内容包括数学、体育与健康两个学科领域及学校的课程开设、条件保障、教师配备、学科教学等相关影响因素。全国 31 个省

（区、市）和新疆生产建设兵团 323 个样本县（市、区）6476 所中小学的近 20 万名四、八年级学生参加了测试，近 6500 名中小学校长，10 万余名数学、体育及班主任教师接受了问卷调查。

（二）常规监测制度的建立

为使义务教育监测工作进一步科学化、常规化，更好地发挥预警和决策服务作用，从 2009 年起，全国义务教育监测项目建立了常规监测制度，实施常规监测与专项监测相结合的工作模式。常规监测每年一次，专项监测根据工作需要定期不定期开展。相比专项监测，常规监测主要体现以下特点。一是内容上更加全面，包括有关学生、教师队伍、办学条件、教育经费等情况。二是监测对象更多，由原来的以县为单位采集数据，变为以学校为单位采集数据，共涉及全国 72 个监测县中的近万所义务教育阶段中小学校。三是实现连续动态监测。将每年监测的义务教育相关情况进行分析整理，逐渐形成数据库，而后进行年度对比分析、动态跟踪分析、变化趋势分析等，以实现预测、预警功能。2009 年 9 月，义务教育监测第一次常规监测在全国 72 个监测县全面开展。2010 年，在前一年监测工作的基础上，进一步研究修订常规监测指标体系。监测体系中既有常规的义务教育发展状况，包括义务教育阶段学生变动情况、办学条件、教育经费、教师队伍等内容，还关注了当前义务教育工作的重点和热点问题。进一步研究完善监测工作各项制度。重点针对如何更好地运用监测工作结果，服务教育决策，建立和完善了监测报告制度。常规监测实现连续动态监测，为今后进行年度对比分析、动态跟踪分析、变化趋势分析等，打下了坚实的基础。

三　对"以县为主"的农村义务教育管理体制、农村三教统筹、农科教结合和农村中小学教育信息化建设等情况的督查

国家教育督导团组织国家督学于 2003 年 8 月分赴黑龙江、山西、吉林、广西 4 省（区、市），分别对"以县为主"的农村义务教育管理体制、农村三教统筹①、农科教结合和农村中小学教育信息化建设等情况进行调研。第一，两个调研组分赴黑龙江省 4 个县和山西省 2 个县进

---

① 农村三教统筹指农村基础教育、职业教育和成人教育的统筹结合。

行了"以县为主"的农村义务教育管理体制落实情况的调研。结果表明：从 2001 年开始，2 省 6 个县都先后实行了"以县为主"的农村义务教育管理体制，实现了农村教师工资足额按时发放，扭转了长期困扰农村拖欠教师工资的困难局面，极大地调动了广大教师的积极性；农村中小学校长和教师的人事管理权上收到县，为优化教师结构，合理配置师资力量，精简教师队伍，推进人事用工制度改革，落实教师编制标准提供了条件和可能；把农村中小学的办学和管理权上收到县，加快了农村学校布局结构的调整，优化了资源配置，提高了资源的使用效益；加大了危房改造力度，农村中小学校办学条件明显好转。6 个县在实行"以县为主"的农村义务教育管理体制过程中还存在一些问题，主要是：实行"以县为主"管理体制后，乡镇政府和村民自治委员会履行义务教育的职责未落实；农村义务教育经费投入不足的状况并未根本改变，各级财政拨付的资金主要用于发放教师工资，学校公用经费和危改资金严重不足；上级转移支付制度需要进一步规范；农村中小学教师编制偏紧，脱离农村实际。第二，调研组对吉林省 3 个县（市、区）农村三教统筹、农科教结合工作进行了调研。结果表明：吉林省经过 20 年的探索与实践，在农村三教统筹、农科教结合工作中，总结出了不少成功经验，特别是在农村普通初中教育教学改革中，形成了一套行之有效的做法，受到了学生、家长以及社会上的广泛认同和赞许。但从整体上看，农村教育薄弱的状况还没有从根本上扭转，农村职业教育和成人教育更加薄弱，亟待加强；农村教育需要改革，增强为农服务的能力。第三，调研组对广西 4 个县的农村中小学教育信息化建设情况进行了调研。调研组实地考察了三种远程教育模式①的设施和演示。但广西农村中小学教育信息化建设尚存在配套资金不足、教师专业水平不高、三种模式资源不能做到共享等问题，需要进一步研究解决。

四　对进城务工就业农民子女义务教育工作的督导

为贯彻落实《中共中央、国务院关于进一步加强和改进未成年人思想道德建设的若干意见》和《国务院办公厅转发教育部等部门关于

---

① 三种远程教育模式指教学光盘播放点模式、卫星教学收视点模式、计算机教室模式。

进一步做好进城务工就业农民子女义务教育工作意见的通知》的精神，2004 年 11 月 29 日至 12 月 10 日，国家教育督导团组织国家督学对湖北、天津、浙江和福建进行了进城务工就业农民子女义务教育工作的专项督导。督查组认为 4 省（区、市）进城务工就业农民子女义务教育工作取得的主要成绩：一是高度重视进城务工就业农民子女义务教育工作，加强了有关制度建设。二是加大经费投入力度，初步建立了保障进城务工就业农民子女就学的经费投入机制。三是严格收费管理，采取多种形式资助，减轻了进城务工就业农民的家庭负担。四是加强教育教学管理，积极探索进城务工就业农民子女的教育教学规律。督查组在督导检查中发现的主要问题有：接受进城务工就业农民子女的公办学校数量仍不足；保障进城务工就业农民子女接受义务教育的经费不足；进城务工就业农民义务教育阶段随迁子女的基本情况不详；义务教育资源供给与进城务工就业农民子女急剧增加的态势不适应；一些民工子女学校办学条件较差，教育教学质量较低。针对存在问题，国家教育督导团提出了整改要求。第一，建议各级政府进一步加大统筹力度，建立年度例会制度，协调各相关部门，形成分工合作、共同做好进城务工就业农民子女义务教育工作的长效工作机制。第二，加强整体规划。增加指定免收借读费招收进城务工就业农民子女的公办学校的数量，进一步减轻进城务工就业农民的教育负担。第三，省（直辖市）、市两级财政要设立进城务工就业农民子女义务教育工作专项经费，支持财政困难的县（市、区）做好进城务工就业农民子女义务教育工作，并对接收进城务工就业农民子女较多的公办学校给予补助。第四，省、市教育行政部门和教科研部门要加强进城务工就业农民子女义务教育教学的专题研究，形成学校、社会、家庭"三结合"教育网络，促进进城务工就业农民子女的健康成长。第五，各级政府和相关部门要进一步加强对民办民工子弟学校安全、卫生工作的检查，督促其及时消除安全、卫生隐患，确保师生安全。

五 对义务教育阶段择校乱收费和中小学教辅材料散滥问题的检查

为贯彻落实十八届中央纪委第二次全会关于"深入开展纠风和专项治理，重点纠正教育等领域损害群众利益的不正之风和突出问题"

的要求，2013 年 5 月 29 日，《教育部办公厅关于开展治理义务教育阶段择校乱收费和中小学教辅材料散滥问题两个文件执行情况专项检查的通知》（教办厅函〔2013〕30 号）出台。6 月，在各地自查的基础上，教育部组织 10 个检查组开展全面检查。检查方式是听取汇报、座谈交流、走访交流、查看账目、随机抽查。《治理义务教育阶段择校乱收费的八条措施》执行情况检查重点：就近入学政策实施情况；治理与入学挂钩的"奥数"班以及各种类型的培训班等工作开展情况；治理地方政府、有关部门和学校以"明码标价"、"收支两条线"等各种形式的与入学挂钩的择校费、捐资助学费等违规收费行为情况；免试入学政策执行情况；规范特长生招生及收费情况；招生信息和学籍管理工作，招生入学政策以及学校招生条件、录取办法等信息的公开情况，学生学籍信息库建设情况等；清理规范公办学校以民办名义招生并收费的行为。《关于加强中小学教辅材料管理工作的通知》执行情况检查重点为范围、资质、授权、评议、选用、编写、价格。该项检查工作结束后，检查组向省级教育行政部门反馈了检查工作情况，对发现的问题提出了整改要求。同时，检查结果作为教育行风建设的重要依据，对存在突出问题和整改不到位的有关单位和个人进行了严肃问责。

六　对农村义务教育学校基本办学条件的督导

根据《教育部 发改委 财政部关于全面改善贫困地区义务教育薄弱学校基本办学条件的意见》（教基一〔2013〕10 号）要求，针对目前我国农村义务教育学校基本办学条件存在的主要问题，2014 年 4 月 15日，《国务院教育督导委员会办公室关于开展农村义务教育学校基本办学条件专项督导的通知》（国教督办〔2014〕6 号）印发。9 月中旬，国务院教育督导委员会派出 15 个督导组，对 31 个省（区、市）和新疆生产建设兵团的农村义务教育学校基本办学条件情况进行省域全覆盖专项督导。第一，督导范围涵盖全国农村义务教育学校，包括乡镇学校、村小和教学点，重点是贫困地区、边远地区、少数民族地区、革命老区的义务教育学校。第二，督导的重点是检查地方政府、教育部门和学校在保障农村义务学校师生基本教学和基本生活方面的情况，主要包括 D 级危房、课桌椅、寄宿学生床位、饮用水、食堂就餐面积、厕所蹲位、门窗、取暖条件、安全隐患、营养午餐、特困地区教师生活补助、数字教育资源收播设备、公用经费拨付、课程开齐率14项指标是否达到基本办学标准。第三，督导组采取听取汇报、实地查看、随机抽查学校、随机发放调查问卷等形式，全面抽查学校基本办学条件，核查各地自查整改情况，听取师生意见与建议。对基本办学条件存在的问题，督导组当场反馈当地政府并提出督查意见督促各地加强整改，力争在近期全部消除。

七 对县域义务教育均衡发展的督导评估

国家教育督导检查组按照教育部《县域义务教育均衡发展督导评估暂行办法》（教督〔2012〕3号）规定和教育部与各省（区、市）政府签署的《义务教育均衡发展备忘录》规划开展督导检查。国家教育督导检查组对各省（区、市）申报的县（市、区）义务教育学校办学基本标准达标情况、义务教育校际间均衡状况、县级人民政府推进义务教育均衡发展工作情况、公众对本县义务教育均衡发展的满意度四个方面进行督导检查。对各省（区、市）县域义务均衡发展情况的督导检查结束之后，国家教育督导检查组均发布了《国家教育督导检查组对××省（区、市）×××县（市、区）义务教育均衡发展督导检查反馈意见》。

（一）县域义务教育均衡发展督导评估在江苏省率先启动

2013年5月15日至17日，国家教育督导检查组对申报"义务教育发展基本均衡县"的江苏省张家港、常熟、太仓3个县级市义务教育均衡发展情况进行了督导检查。检查组认为，张家港、常熟、太仓3个市达到了国家规定的义务教育发展基本均衡县（市、区）评估认定标准。检查组指出，3个市义务教育均衡发展的主要措施与经验：一是坚持"三个先行"，切实落实党委政府教育责任；二是注重"三个结合"，着力推进教育资源均衡配置；三是创建"三个机制"，提升教师队伍均衡配置水平；四是构建"三个体系"，切实保障弱势群体教育权利；五是建好"三个课堂"，全面实施素质教育。同时，检查组指出了3个市义务教育均衡发展存在的主要问题，并提出了相关的督导建议。该项督导检查标志着全国范围内县域义务教育均衡发展督导评估认定的启动，标志着我国义务教育事业进入一个新的时期，开始新的征程，面临新的目标任务。

（二）县域义务教育均衡发展督导评估在全国全面铺开

继江苏省以后，县域义务教育均衡发展督导检查在全国全面铺开。2013 年，全国共有天津、河北、山西、辽宁、黑龙江、江苏、浙江、安徽、福建、山东、河南、湖北、湖南、海南、重庆、四川、西藏、陕西、青海、宁夏、新疆 21 个省（区、市）的 325 个县（市、区）申报了义务教育发展基本均衡县（市、区）。最终，有 293 个县（市、区）通过国家督导评估认定，32 个县（市、区）未通过，通过率为 90.15%。2014 年，全国共有河北、山西、内蒙古、辽宁、黑龙江、上海、江苏、浙江、安徽、福建、江西、山东、河南、湖北、广东、广西、海南、重庆、四川、贵州、西藏、陕西、甘肃、青海、宁夏、新疆 26 个省（区、市）491 个县级单位申报了义务教育发展基本均衡县（市、区）。最终，有 464 个县（市、区）通过国家督导评估认定，27 个县（市、区）未通过，通过率为 94.5%。

（三）各省（区、市）县域义务教育均衡发展督导评估情况

截至 2014 年 12 月 31 日，除北京（16 个县市区）、吉林（60 个县市区）、云南（129 个县市区）3 个省（区、市）之外，28 个省（区、市）的 816 个县（市、区）申报了义务教育发展基本均衡县（市、区），最终 59 个县（市、区）未通过，全国实现义务教育发展基本均衡的县（市、区）累计达到 757 个，通过率为 92.77%。具体情况如下：

（1）天津市。16 个县（市、区）中先后有 16 个县（市、区）申报了义务教育发展基本均衡县（市、区），申报率为 100%，11 个县（市、区）通过国家督导评估认定，通过率为 68.75%。

（2）河北省。172 个县（市、区）中先后有 37 个县（市、区）申报了义务教育发展基本均衡县（市、区），申报率为 21.51%，32 个县（市、区）通过国家督导评估认定，通过率为 86.49%。

（3）山西省。119 个县（市、区）中先后有 22 个县（市、区）申报了义务教育发展基本均衡县（市、区），申报率为 18.49%，22 个县（市、区）通过国家督导评估认定，通过率为 100%。

（4）内蒙古自治区。102 个县（市、区）中先后有 2 个县（市、区）申报了义务教育发展基本均衡县（市、区），申报率为 1.96%，2 个县（市、区）通过国家督导评估认定，通过率为 100%。

（5）辽宁省。100 个县（市、区）中先后有 31 个县（市、区）申报了义务教育发展基本均衡县（市、区），申报率为 31%，24 个县（市、区）通过国家督导评估认定，通过率为 77.42%。

（6）黑龙江省。128 个县（市、区）中先后有 8 个县（市、区）申报了义务教育发展基本均衡县（市、区），申报率为 6.25%，8 个县（市、区）通过国家督导评估认定，通过率为 100%。

（7）上海市。17 个县（市、区）中先后有 17 个县（市、区）申报了义务教育发展基本均衡县（市、区），申报率为 100%，17 个县（市、区）通过国家督导评估认定，通过率为 100%。

（8）江苏省。100 个县（市、区）中先后有 98 个县（市、区）申报了义务教育发展基本均衡县（市、区），申报率为 98%，89 个县（市、区）通过国家督导评估认定，通过率为 90.82%。

（9）浙江省。90 个县（市、区）中先后有 78 个县（市、区）申报了义务教育发展基本均衡县（市、区），申报率为 86.67%，75 个县（市、区）通过国家督导评估认定，通过率为 96.15%。

（10）安徽省。105 个县（市、区）中先后有 47 个县（市、区）申报了义务教育发展基本均衡县（市、区），申报率为 44.76%，40 个县（市、区）通过国家督导评估认定，通过率为 85.11%。

（11）福建省。85 个县（市、区）中先后有 53 个县（市、区）申报了义务教育发展基本均衡县（市、区），申报率为 62.35%，51 个县（市、区）通过国家督导评估认定，通过率为 96.23%。

（12）江西省。100 个县（市、区）中先后有 11 个县（市、区）申报了义务教育发展基本均衡县（市、区），申报率为 11%，11 个县（市、区）通过国家督导评估认定，通过率为 100%。

（13）山东省。137 个县（市、区）中先后有 59 个县（市、区）申报了义务教育发展基本均衡县（市、区），申报率为 43.07%，59 个县（市、区）通过国家督导评估认定，通过率为 100%。

（14）河南省。159 个县（市、区）中先后有 42 个县（市、区）

申报了义务教育发展基本均衡县（市、区），申报率为 26.42%，38 个县（市、区）通过国家督导评估认定，通过率为 90.48%。

（15）湖北省。103 个县（市、区）中先后有 81 个县（市、区）申报了义务教育发展基本均衡县（市、区），申报率为 78.64%，72 个县（市、区）通过国家督导评估认定，通过率为 88.89%。

（16）湖南省。122 个县（市、区）中先后有 18 个县（市、区）申报了义务教育发展基本均衡县（市、区），申报率为 14.75%，16 个县（市、区）通过国家督导评估认定，通过率为 88.89%。

（17）广东省。121 个县（市、区）中先后有 58 个县（市、区）申报了义务教育发展基本均衡县（市、区），申报率为 47.93%，57 个县（市、区）通过国家督导评估认定，通过率为 98.28%。

（18）广西壮族自治区。110 个县（市、区）中先后有 6 个县（市、区）申报了义务教育发展基本均衡县（市、区），申报率为 5.45%，2 个县（市、区）通过国家督导评估认定，通过率为 33.33%。

（19）海南省。20 个县（市、区）中先后有 6 个县（市、区）申报了义务教育发展基本均衡县（市、区），申报率为 30%，6 个县（市、区）通过国家督导评估认定，通过率为 100%。

（20）重庆市。38 个县（市、区）中先后有 10 个县（市、区）申报了义务教育发展基本均衡县（市、区），申报率为 26.32%，10 个县（市、区）通过国家督导评估认定，通过率为 100%。

（21）四川省。183 个县（市、区）中先后有 34 个县（市、区）申报了义务教育发展基本均衡县（市、区），申报率为 18.58%，34 个县（市、区）通过国家督导评估认定，通过率为 100%。

（22）贵州省。88 个县（市、区）中先后有 4 个县（市、区）申报了义务教育发展基本均衡县（市、区），申报率为 4.55%，4 个县（市、区）通过国家督导评估认定，通过率为 100%。

（23）西藏自治区。74 个县（市、区）中先后有 8 个县（市、区）申报了义务教育发展基本均衡县（市、区），申报率为 10.81%，8 个县（市、区）通过国家督导评估认定，通过率为 100%。

（24）陕西省。107 个县（市、区）中先后有 22 个县（市、区）

申报了义务教育发展基本均衡县（市、区），申报率为 20.56%，21 个县（市、区）通过国家督导评估认定，通过率为 95.45%。

（25）甘肃省。86 个县（市、区）中先后有 13 个县（市、区）申报了义务教育发展基本均衡县（市、区），申报率为 15.12%，11 个县（市、区）通过国家督导评估认定，通过率为 84.62%。

（26）青海省。43 个县（市、区）中先后有 10 个县（市、区）申报了义务教育发展基本均衡县（市、区），申报率为 23.26%，9 个县（市、区）通过国家督导评估认定，通过率为 90%。

（27）宁夏回族自治区。22 个县（市、区）中先后有 8 个县（市、区）申报了义务教育发展基本均衡县（市、区），申报率为 36.36%，8 个县（市、区）通过国家督导评估认定，通过率为 100%。

（28）新疆维吾尔自治区。101 个县（市、区）中先后有 17 个县（市、区）申报了义务教育发展基本均衡县（市、区），申报率为 16.83%，17 个县（市、区）通过国家督导评估认定，通过率为 100%。

（四）《国家教育督导报告：2014 年全国义务教育均衡发展督导评估》（2015 年 4 月 2 日）发布

督导报告指出：第一，义务教育均衡发展督导评估工作情况：进一步健全均衡发展督导评估工作机制；对 491 个申报县（市、区）进行评估认定；对 2013 年通过认定的 293 个县（市、区）进行监测复查。第二，义务教育均衡发展的主要进展与做法：加强统筹规划，落实各级政府责任；加大教育投入，全面改善办学条件；优化师资配置，提升队伍整体水平；坚持公平普惠，关爱帮扶特殊群体；构筑安全环境，确保学生就学安全；注重内涵发展，促进学校优质均衡。第三，义务教育均衡发展存在的问题与对策：政府履职仍有不到位的情况，需要进一步强化政府主体责任，建立均衡发展长效机制；资源配置仍有薄弱点，需要进一步加大教育投入，提高义务教育办学标准；素质教育仍有不落实的情况，需要进一步推进内涵发展，全面提升教育教学质量；推进机制仍有不完善的情况，需要进一步深化综合改革，大力加强体制机制创新。通过县域义务教育均衡发展督导评估，全国义务教育体制机制进一步健全，办学条件明显改善，教师队伍整化优化，特殊群体儿童少年的成长和发展得到更多关爱，义务教育均衡发展取得重要进展。

第四节　对基础教育工作的综合督导

对基础教育工作的综合督导是当代中国教育督导实践的基本工作。自 1986 年 1 月 1 日至 2014 年 12 月 31 日，教育部（国家教委）、国家（国家教委）教育督导团办公室、国务院教育督导委员会办公室等部门就基础教育工作组织开展了十四次大的综合督导。

一　开展纠正片面追求升学率倾向的督导检查

为了全面贯彻教育方针，纠正片面追求升学率的倾向，1988 年 5 月 11 日，国家教委印发《关于全日制普通中学端正办学方向、纠正片面追求升学率倾向的督导评估的几点意见》《关于减轻小学生课业负担过重的若干规定》（〔88〕教督字 001 号），要求各地教育行政部门和学校贯彻执行，并作为当前对中小学督导评估的依据。文件发布后，全国各地的督导机构转发了文件或作出了相应的规定；有些地方对执行教学计划的情况进行了检查，严格控制复读班；有些地方实行了高中学生会考制度，进行高考制度改革；有些地方，在初中教育领域引进了职业技术教育的因素，对初中毕业生实行合理分流；各地在制定督导评估方案中，都把端正办学方向，纠正片面追求升学率倾向列为主要内容。总之，该文件指导下的督导检查在一定程度上缓解了片面追求升学率的势态。

二　开展"五项督导检查"及"五查"复查

1989 年 4 月 8 日，国家教委印发《关于对中小学教育工作开展五项督导检查的通知》。在各地自查的基础上，教育督导部门对 29 个省（区、市）的中小学教育工作进行了五项督导检查。此次督导检查的重点是中小学德育工作薄弱环节局面改变情况、教育经费增长政策和教师经济待遇改善的落实情况、校舍中危房的改造情况、中小学学生流失的制止情况、乱收费现象的纠正情况，简称"五查"。1990 年，国家教委通知各地开展对以中小学德育工作为重点的"五查"的复查工作，在各地自查的基础上，国家教委对黑龙江等6个省（市）进行了"五查"复查的抽查工作。这是新中国成立以来第一次全国规模的教育督导活动，国家教委督导司印发了《中小学教育工作五项督导检查文件报告》。"五项督导检查"及"五查"增强了各地贯彻执行《关于改革和加强中小学德育工作的通知》的自觉性，推动了中小学危房改造、教育经费增长和教师经济待遇的贯彻落实，也分析了中小学生流失、中小学乱收费问题的原因，并提出了若干有针对性的建议，这有利于推动解决基础教育工作所面临的困难和问题。

三 开展"两项督导检查"

1992年8月18日，国家教委印发了《关于中小学教育工作两项督导检查的通知》，督导检查的重点是各地对中小学德育工作有关法规文件的落实情况和小学生课业负担过重的问题。同年10月至11月，在各地自查的基础上，国家督学对北京等10个省（区、市）落实中小学德育工作有关法规文件情况和部分城市落实关于减轻中小学生课业负担过重问题的若干规定情况进行了抽查。通过督导检查，分析了小学生课业负担过重问题的原因，提出了一些有针对性的措施和建议，这有助于基础教育的健康发展。同时也进一步增强了各地贯彻执行教育工作法规、文件的自觉性，澄清了关于中小学德育工作方面的一些模糊认识，促进了各方面更加重视和加强德育工作。

四 开展对中小学德育工作的专项督导

1992年2月19日，国家教委印发《国家教委关于对中小学德育工作有关法规、文件落实情况进行督导检查的通知》。3月9日，国家教委召开全国教育电视大会，部署开展关于加强中小学德育工作有关法规、文件贯彻落实情况的督导检查。10月至11月，国家教委对北京、河北、辽宁、上海、山东、福建、广东、广西、四川、陕西等省、自治区、直辖市落实中小学德育工作有关法规、文件的情况和部分城市落实《关于减轻中小学课业负担过重的若干规定》的情况进行了督导检查。1993年2月4日，国家教委印发了督导报告，由各省、区、市通过当地新闻媒介予以发布。

五 对基础教育"五项内容"的督导检查

为了落实《中国教育改革和发展纲要》，研究解决基础教育尤其是义务教育工作面临的困难和问题，1995 年 5 月 11 日，《国家教委、全国人大教科文卫委员会、全国政协科教文卫体委员会关于在全国开展基础教育"五项内容"督导检查的通知》（教督〔1995〕7 号）印发。国务院委托国家教委会同全国人大教科文卫委员会、全国政协科教文卫体委员会，在全国范围内组织开展基础教育"五项内容"督导检查。督导检查的内容是："两基"规划的实施情况、《中华人民共和国教师法》的落实情况、增加教育投入的情况、加强德育工作的情况、减轻义务教育阶段学生过重课业负担的各项主要措施的落实情况，并以增加教育投入的情况和落实《中华人民共和国教师法》的情况为检查内容的重点。检查结束后，对各省反馈了督导检查报告。督导检查报告提出了"五项内容"所取得的成绩和所存在的问题，并提出了相应的建议和解决措施，这有利于落实《中国教育改革和发展纲要》精神，有利于推动解决基础教育尤其是义务教育工作面临的困难和问题，推动基础教育的持续、健康、快速发展。

六 对中小学校的督导评估工作

国家教委《普通中小学校督导评估工作指导纲要》（教督〔1991〕1 号）和《关于实施〈普通中小学校督导评估工作指导纲要〉试点的意见》（教督〔1991〕1 号）印发以后，1991 年年底，18 个省（区、市）、9 个计划单列市转发了通知，并选定了自己的试点县（区）和试点高级中学。国家教委督导司根据各地试点工作的情况，选定湖北省黄石市等 6 个县（市、区）作为试点单位。各地的试点县（市、区）都制订了试点工作的实施计划，并积极组织实施。1992 年，20 个省（区、市）、13 个计划单列市开展了试点工作。对中小学校督导评估的试点工作对端正办学方向、加强学校常规管理工作、全面提高教育质量起到了积极的推动作用。根据国家教委 1997 年 2 月 27 日颁布的《普通中小学校督导评估工作指导纲要（修订稿）》（教督〔1997〕4 号），各个省、自治区、直辖市结合本地实际，先后制定了对中小学工作督导评估的方案和实施规划，并分期分批组织实施对中小学校的督导评估工作。各地普遍开展对普通中小学校的督导评估工作，这对推动基础教育的改革和发展，提高学校管理水平，全面贯彻教育方针，全面提高教育质量产生了积极的作用。

七　对基础教育的专项督导检查

为巩固"两基"工作成果，推进素质教育，解决当前基础教育领域的热点、难点问题，1998 年 5 月 13 日，《教育部关于在全国开展基础教育专项督导的通知》（教督函〔1998〕1 号）印发，要求全国各省（区、市）和新疆建设兵团在 1998 年和 1999 年两年，开展落实教育经费政策、加强薄弱学校建设、执行课程计划、减轻学生课业负担等情况的专项督导。截止到 1999 年年底，各地督导部门与有关部门结合，认真开展了专项督导。该督导检查总结了落实教育经费政策、加强薄弱学校建设、执行课程计划、减轻学生过重课业负担等情况所取得的成绩和存在的问题，这有利于巩固"两基"工作成果，推进素质教育，解决当前基础教育领域的热点、难点问题。

八　基础教育学生学习质量监测

（一）开展学生数学学习质量和心理健康状况抽样监测

为了解掌握我国不同经济发展水平地区之间和相同经济发展水平地区不同省份之间学生数学学习质量和心理健康的状况，进一步验证数学学科质量监测标准和指标体系，检验数学学科及心理健康领域测评工具，初步形成宏观质量监控中适合我国国情的监测工具编制的原则、技术和方法，完善实施基础教育质量监测的标准化操作规程，2008 年国家教育督导团办公室和教育部基础教育质量监测中心选取了上海等 8 省（区、市）50 个县（市、区）900 所中小学校，其中抽取了四年级和八年级共 36000 名学生为样本，进行了数学学习质量和心理健康状况的监测，并对样本校校长、有关教师及学生进行了问卷调查。本次监测实行了视导员制度，组织国家督学和省督学对样本校的测试工作进行全程视导，确保测试工作严格按照有关规定的程序进行，保证了监测的权威性、客观性、真实性。

（二）开展学生语文和科学学习质量抽样监测

为进一步了解我国义务教育阶段中小学生语文、科学学习质量状况及其影响因素，完善义务教育阶段语文和科学学科质量监测指标体系、工具和办法，2009 年 9 月，国家教育督导团办公室和教育部基础教育质量监测中心对山西、重庆、辽宁 3 省（区、市）中 30 个县的 270 所小学和 180 所初中的部分小学、初中生，进行了语文和科学学习质量的试点监测，同时对相应学校的校长、语文和科学教师也进行了问卷调查。2010 年 9 月，国家教育督导团办公室和教育部基础教育质量监测中心又对天津等 8 省（区、市）中 79 个县 948 所小学和 474 所初中进行了试点测试，对 28380 名初中学生进行了语文和科学学业水平测试，并就影响学生学业水平的相关因素对所有中小学生以及相关学校 10000 多名校长和教师进行了问卷调查。两次监测均按照科学严密又简便易行的原则，进一步完善了监测实施程序和办法，确保了监测的权威性、客观性、真实性。

九 对"减负"工作的督查

为了贯彻落实第三次全国教育工作会议精神和教育部《关于在小学减轻过重负担的紧急通知》（教基〔2000〕1 号），保障实施素质教育，2000 年 1 月 13 日，《教育部关于贯彻落实教育部〈关于在小学减轻学生过重负担的紧急通知〉开展专项督导检查的通知》（教督〔2000〕1 号）印发。2000 年上半年，国家教育督导团办公室组织国家督学和有关部门对辽宁、上海、河南、浙江 4 省（区、市）开展"减负"工作情况进行了专项督导调研。各省（区、市）和新疆生产建设兵团教育督导部门也都认真开展了"减负"工作专项督导。检查结果显示：各省（区、市）认真落实会议精神，并广泛动员社会、家庭、学校开展大讨论，使全社会对"减负"工作取得了共识。各地在开展"减负"工作中逐级建立了"减负"工作领导小组，层层落实责任制；建立"减负"工作督导检查机制，把"减负"工作情况列为考核有关部门、学校、教师工作实绩的重要内容，使"减负"工作有组织领导，有工作制度，有工作目标，有检查评估，做到依法"减负"和依法督导检查。各地普遍建立了"减负"举报制度和检查通报制度。各地在开展"减负"工作中，坚持"标本兼治，重点突破，疏堵结合，整体推进"的原则，以"减负"工作为全面推进素质教育的突破口，推动了教育教学、升学考试、招生工作和教育评价工作的改革。各地还根据"教育是一个系统工程"的原则，把学校教育、家庭教育和社会教育结合起来，动员社会力量综合治理、齐抓共管，使学校周边环境得到改善。各地"减负"工作取得了阶段性成果，但也存在一些问题："减负"工作开展不平衡；一些领导同志对"减负"工作缺乏应有的认识；片面追求升学率；在"减负"工作开展较好的地区也出现了反弹现象。

十　对贯彻落实《国务院关于基础教育改革与发展的决定》情况的督导检查

为了推动各地贯彻落实《国务院关于基础教育改革与发展的决定》（国发〔2001〕21 号）和第一次全国基础教育工作会议精神，2001 年 8 月 2 日，《国家教育督导团关于开展贯彻落实〈国务院关于基础教育改革与发展的决定〉督导检查活动的通知》（国教督〔2000〕3 号）印发。国家教育督导团于 2001 年 9 月至 12 月先后组织 40 余名国家督学对 18 个省（区、市）贯彻落实情况进行了督导调研和检查。督导调研和检查的主要内容是：第一，各地落实"以县为主"农村义务教育管理体制和"一保二控三监管"情况。从督导检查情况看，各地落实"以县为主"的农村义务教育管理体制进展不平衡，这反映出各地对"以县为主"的农村义务教育管理体制的认识尚不统一，很多地方省、市、县、乡、村各级发展义务教育的责任不明确，还需要下大力气解决拖欠教师工资问题。第二，农村中小学校危房改造情况。从目前的情况看，各地危房比例较大，原危房统计数字出入较大；农村中小学基本建设未能列入农村发展规划；中央财政 30 亿元危房改造资金已下达 26 亿元，要求省财政按 1∶1 或 1∶0.5 配套，但地方危房改造资金不落实。第三，依法控制初中生辍学情况。国家教育督导团经对部分省督导检查认为，经过各级政府、学校和全社会的共同努力，农村初中生辍学问题得到一定控制，但农村初中生辍学问题仍是影响"普九"通过国家督导评估认定和通过国家督导评估认定后巩固提高的大问题，需持之以恒、坚持不懈地抓下去。

十一　对"两免一补"和教育经费"三个增长"的督导检查

2005年10月17日至11月9日，国家教育督导团对黑龙江、湖北、湖南、陕西、甘肃、云南6省的"两免一补"① 工作和教育经费"三个增长"② 的落实情况进行了专项督导。督查结果表明：6省认真贯彻落实《国务院关于进一步加强农村教育工作的决定》和财政部、教育部关于"两免一补"工作的有关文件精神，对"两免一补"工作高度重视，工作进展状况良好。主要做法是：第一，省（区、市）、市（地、州）、县（市、区）、乡各级政府都成立了领导小组和工作机构，召开了专门会议，制订了文件，提出了措施，进行了部署，并召开新闻发布会，就落实"两免一补"的政策措施和具体做法向社会公布，接受社会监督。第二，明确了"两免一补"资助范围和标准，规范了工作程序。第三，中央免费教科书专项资金纳入省级财政国库管理，分账核算，集中支付。第四，省、市、县三级政府积极筹集资金，努力实现免杂费和逐步补助寄宿生生活费的要求。督查中发现的主要问题：部分地区存在除"一费制"以外收取其他费用的现象；个别省违反文件规定，将统一采购2005年秋季国家免费教科书后结余款和供货方折让款，用于为贫困学生采购省级教材；有的省免费教科书印刷质量差，而且不能保证课前到书；寄宿生的生活补助资金难以完全落实。针对上述问题，国家教育督导团分别向6个省人民政府印发了整改意见书，要求限期整改。

十二　对城市免杂费等相关工作的督导

2009年2月至3月，国家教育督导团组织国家督学和专家，对辽宁、河南、湖南、广西、贵州5省（区）免除城市义务教育阶段学生学杂费（简称"城市免杂费"）、农村义务教育经费保障机制（简称"新机制"）改革及农村义务教育相关工程实施情况进行了专项督导。

---

① "两免一补"指免杂费，免书本费，补助寄宿生生活费。
② "三个增长"指各级政府教育财政拨款的增长要高于同级财政经常性收入的增长，在校学生人均教育经费逐步增长，教师工资和学生人均公用经费逐步增长。

督查结果表明：5个省（区）政府认真贯彻落实国务院精神，城市免杂费和新机制的各项政策得到了较好贯彻落实，义务教育相关专项工程顺利推进，同时探索了一些好的做法和经验。第一，城市免杂费工作起步顺利。第二，调整完善后的新机制政策得到落实。第三，相关工程按计划实施。督查发现存在以下主要问题：一是除湖南、贵州两省外，其他3省（区）尚未制定城市义务教育阶段学校预算内生均公用经费基本标准；二是2009年春季学期城市免杂费和新机制资金未及时拨付到校；三是农村中小学预算工作开展不平衡，财务管理基础工作还很薄弱；四是部分省份工程进度迟缓，少数工程项目建设程序不规范。针对各省区存在的问题，国家教育督导团提请5个省（区）人民政府采取措施，切实解决存在的问题。

十三　对中小学校语言文字工作的督导评估

为深入贯彻落实《教育规划纲要》和《国家中长期语言文字事业改革和发展规划纲要（2012—2020年)》，进一步加强学校语言文字工作，扎实推进国家通用语言文字普及与提高，有效促进素质教育，2013年8月26日，《教育部教育督导办公室　教育部语言文字应用管理司关于开展中小学校语言文字工作督导评估的通知》（教督办〔2013〕3号）印发。文件指出，要充分认识开展中小学校语言文字工作督导评估的重要性和必要性，增强依法开展督导评估的自觉性。中小学校语言文字工作督导评估纳入素质教育督导评估范畴。各省（区、市）按照《中小学校素质教育督导评估办法（试行)》《中小学校素质教育督导评估指标体系框架》（教督办〔2011〕10号）制定实施细则时，应在督导评估一级指标下明确语言文字相关要求。中小学校语言文字督导评估由县级以上地方人民政府教育督导部门组织实施，语言文字部门积极配合。文件要求，各地结合实际制定落实方案，有计划、有步骤地开展中小学校语言文字督导评估工作。

十四　对北方地区中小学校冬季取暖的督导工作

（一）2013年督导

为督促北方有关省（区、市）做好中小学校冬季取暖工作，确保广大师生温暖、安全过冬，2013 年 11 月 1 日，《国务院教育督导委员会办公室关于开展北方地区中小学校冬季取暖专项督导工作的通知》（国教督办〔2013〕3 号）印发。文件指出，督导内容为各地中小学校冬季取暖工作的制度建设和责任落实情况，取暖资金划拨和使用情况，校舍门窗安装完好情况，取暖物资准备情况，暖气、煤炉等取暖设施设备的购买、更新、装配、运转情况，取暖的安全防范、安全教育等。督导的重点是农村偏远地区中小学校、寄宿制学校冬季取暖工作。2013 年 11 月，国务院教育督导委员会办公室针对北方地区中小学校冬季取暖工作组织开展了大规模的专项督导。

（二）2014 年督导

为进一步推动各地做好中小学校冬季取暖工作，确保广大师生温暖、安全过冬，2014 年 11 月 18 日，国务院教育督导委员会办公室印发《关于开展北方地区中小学校冬季取暖专项督导工作的通知》，决定对涉及冬季取暖的北京、天津、河北、山西、内蒙古、辽宁、吉林、黑龙江、江苏、安徽、山东、河南、西藏、陕西、甘肃、青海、宁夏、新疆 18 个省（区、市）和新疆生产建设兵团开展中小学校冬季取暖专项督导。2014 年 12 月下旬，国务院教育督导委员会办公室派出专项督导组，对河北、山西、安徽、河南、陕西、甘肃、青海、宁夏 8 省（区）中小学校冬季取暖工作进行实地督导。实地督导结束后，国务院教育督导委员会办公室向社会公布国家专项督导报告和北方地区各省份自查整改报告。

（三）《北方地区中小学校冬季取暖专项报告》（2014 年 1 月 1 日）发布

督导报告指出：第一，各地中小学校冬季取暖总体情况：目前，我国通过中央财政拨付、地方财政配套和补贴、学校从公用经费筹划和列支的方式，解决北方地区中小学校冬季取暖资金问题。督导结果表明，中央财政能及时拨付到位，地方按一定比例进行配套，根据财力确定不同补贴额度，学校根据实际情况从公用经费中安排并使用取暖经费。第二，各地开展中小学校冬季取暖工作情况：完善制度落实责任；加大财政投入力度；积极开展取暖工作；强化安全防范教育；认真落实自查整改。第三，存在的主要问题：取暖经费普遍比较紧张；广大农村地区中小学校取暖处于低水平；个别地方和学校取暖意识不强。第四，督导意见：加大投入保障力度；提升取暖工作水平。

第五节　对体育卫生艺术教育工作的专项督导

除综合督导外，专项督导是当代中国教育督导实践的重要内容之一。在专项督导中，对体育、卫生、艺术教育工作（以下简称体卫艺工作）的专项督导具有较强的连续性。自 1986 年 1 月 1 日至 2014 年 12 月 31 日，教育部（国家教委）、国家（国家教委）教育督导团办公室等部门就体卫艺工作组织开展了六次大的专项督导。

一　2001 年专项督导

根据《学校体育工作条例》《学校卫生工作条例》《全国学校艺术教育总体规划》的要求，2001 年 9 月至 10 月，国家教育督导团对青海、宁夏、内蒙古、黑龙江、山西、河北、湖北、广东、重庆、贵州10 省（区、市）的中小学体卫艺工作进行了督导检查。督导检查结果显示，各地学校体卫艺工作的基本状况及取得的主要成绩有：学校体卫艺工作管理网络基本健全；学校体卫艺队伍建设不断加强；在职体育与艺术教育师资及卫生保健人员的培训工作得到重视；场地器材建设得到明显改善；体育教学与课余群体活动得到协调发展；学校体卫艺工作逐步受到重视；艺术教育开课率稳步提高，各种艺术教育活动丰富多彩。检查组进一步指出了 10 省（区、市）学校体卫艺工作存在的主要问题，并提出了今后工作的建议：要进一步加强地市以下教育行政部门体卫艺管理机构及队伍建设；要进一步改善学校体卫艺工作的条件；学校体卫艺工作要进一步加大工作力度；要加强分类指导，逐步把工作重点放在广大农村地区；部分地区和学校要进一步端正办学思想，重视体卫艺工作。

二　2003 年专项督导

2003 年 11 月，国家教育督导团组成 5 个检查组，分别对辽宁、吉林、江苏、安徽、山东、河南、湖南、广西、四川、云南 10 个省

（区）的体卫艺工作进行了专项督导。督导检查结果显示：各地对学校体卫艺工作重要性的认识进一步提高，组织管理网络基本健全；学校体卫艺工作管理水平有了较大提升；学校体育、艺术教育师资队伍建设不断加强；学校体卫艺教育教学设施与条件得到明显改善；学校体育、艺术教育课堂教学与课外活动协调发展；学校卫生工作有了明显进步，学校食品卫生工作得到加强。检查组认为，10 省（区）学校体卫艺工作还存在着许多问题，需要从以下方面不断改进：一要进一步加大学校卫生工作力度，确保各项学校卫生防疫与食品卫生安全措施得到落实。二要加强分类指导，有效地加强农村学校体卫艺工作。三要进一步加强地市以下教育行政部门体卫艺管理机构及师资队伍建设。四要进一步加大投入，改善学校体卫艺工作的条件。五要进一步提高认识，重视面向全体学生的体卫艺工作，以确保中小学体卫艺工作健康开展。

三 2005—2006 年专项督导

2005 年 11 月至 2006 年 4 月，国家教育督导团组成督导检查组，先后对北京、天津、上海、浙江、福建、江西、陕西、甘肃、海南 9 个省（市）的体卫艺工作进行了专项督导。专项督导结果表明：各地认真贯彻落实《学校艺术教育工作规程》《学生体质健康标准》《学校食堂与学生集体用餐卫生管理规定》，学校体卫艺工作取得了显著成绩，对推进素质教育、培养自我实现的人才产生了积极作用。主要表现在：第一，各地教育行政部门对学校体卫艺工作的认识普遍有所提高，重视发挥体卫艺工作在素质教育中应有的作用。第二，坚持依法治教，完善管理机制，加强政策引导，推进了学校体卫艺工作的规范化、制度化。第三，针对薄弱环节，加强经费投入，改善了学校体卫艺设施设备条件。第四，坚持科研先导，采取因地制宜的推进策略，注重开拓创新。第五，开展了丰富多彩的校园文体活动，营造良好的育人环境。督查中发现的主要问题：一是一些地方还没有把体卫艺工作摆到学校教育工作的应有位置上。二是师资队伍数量不足、水平有待提高。三是投入不足、设施设备落后。四是工作开展不平衡。农村、边远地区学校的体卫艺工作仍处于低水平运行状态。地区之间、城乡之间、学校之间都存在着很大的差距。

四　2008 年专项督导

为切实推动《中共中央、国务院关于加强青少年体育增强青少年体质的意见》（中发〔2007〕7 号）和《中小学体育工作督导评估指标体系（试行）》（教督〔2008〕3 号）的贯彻落实，2008 年 9 月 3 日，教育部办公厅发布了《关于做好中小学体育专项督导自查工作的通知》（教体艺厅〔2008〕27 号）。2008 年 11 月至 12 月，国家教育督导团组织国家督学和专家，对河北、山西、浙江、安徽、福建、广东、重庆、甘肃 8 个省（市）学校体育、卫生工作进行了专项督导。专项督导结果表明，8 省（市）政府认真贯彻落实中央有关文件精神，加强领导，采取了一系列扎实有效的措施，因地制宜地在中小学广泛开展了形式多样的体育运动，学生每天一小时体育锻炼时间基本得到保证，学生卫生管理工作及面貌有了明显变化，各地也探索了一些好的做法和经验。主要表现在：第一，加强领导，健全机制，认真贯彻落实中央关于加强青少年体育工作的要求。第二，广泛开展阳光体育运动，努力保证学生每天锻炼一小时。第三，积极采取措施，加强中小学体育、卫生师资队伍建设。第四，努力增加投入，不断改善学校体育、卫生办学条件。第五，建立有效评价机制，促进学校体育、卫生工作健康发展。督查中发现的主要问题：8 省市农村中小学体育、卫生教师普遍缺乏；部分省份农村中小学体育、卫生办学条件达不到国家基本标准；《国家学生体质健康标准》执行情况不容乐观。针对各省市存在的问题，国家教育督导团提请 8 省（市）人民政府采取措施，切实解决存在的问题。

五　2010 年专项督导

2010 年 9 月中下旬，国家教育督导团组织国家督学和专家，对北京、吉林、江苏、山东、河南、湖北、广西、海南、四川、云南 10 个省（市）的学校体育、卫生工作进行了专项督导。专项督查结果表明，三年来，10 省（市）政府认真贯彻落实中央 7 号文件精神，加强领导，建立健全机制，各部门和各中小学校全面贯彻党的教育方针，认真贯彻落实健康第一的指导思想，把加强青少年体育作为全面实施素质教育的突破口，把开展阳光体育运动作为推动青少年体育工作的重要抓手，学校体育、卫生工作呈现出新的面貌，取得了积极进展，同时探索了一些好的做法和经验。第一，地方各级政府高度重视，健全机制，加强对学校体育、卫生工作的领导。第二，不断丰富阳光体育运动内容，全力落实学生每天锻炼一小时的规定。第三，加强师资队伍建设，从数量和质量上努力满足学校体育、卫生工作的需要。第四，增加投入，提高学校体育、卫生工作保障水平。第五，牢固树立健康第一的理念，认真做好学校卫生安全管理工作。第六，建立和完善评价机制，促进学校体育、卫生工作各项制度的落实。督导检查中发现以下主要问题：一是个别省份政府对中小学校体育、卫生工作重视不够；二是中小学专职体育教师、专职卫生保健人员缺乏，且结构不均衡；三是一些省份中小学体育、卫生办学条件达不到国家基本要求；四是少数市县仍然不能全面落实学生每天锻炼一小时的要求；五是多数省份中小体育、卫生管理工作不够规范。针对督导检查中发现的问题，国家教育督导团提请 10 省（市）人民政府采取措施，切实解决存在的问题。

六　2012 年、2013 年专项督导

2012 年 3 月至 11 月，教育部对部分省（区、市）贯彻落实《教育部关于印发〈切实保证中小学生每天一小时校园体育活动的规定〉的通知》（教体艺〔2011〕2 号，以下简称《规定》）情况进行了专项督导。从督查情况看，各地和学校重视《规定》贯彻落实，中小学生每天一小时校园体育活动时间基本得到保证，学校体育管理制度、教师队伍和场地建设及器材配置等方面取得明显成效。但也还存在一些地方和学校认识不到位、体育课开齐率不高、体育活动时间不够、体育活动质量不高、体育教师数量不足、体育场地基本条件差等问题。2013 年 4 月 28 日，《教育部办公厅关于继续组织开展切实保证中小学生每天一小时校园体育活动专项督导的通知》（教督厅函〔2013〕1 号）印发，教育部决定 2013 年继续组织开展中小学生每天一小时校园体育活动专项督导。督导检查的主要内容包括地方教育行政部门和中小学校切实落实国家关于保证中小学生每天一小时校园体育活动规定、建立有效工作机制、开齐开足体育课、有效开展体育活动，确保中小学生体质健康等有关情况。

第六节 对教育难点、重点、热点问题的专项督导

除了对体育、卫生、艺术教育工作的专项督导外，专项督导还涉及教育工作的各个类别、各个方面。从教育类别看，包括职业教育、特殊教育、幼儿教育、基础教育，等等。从教育工作的内容看，包括各个方面、各个层面，如教师和校长的教育管理工程、教育投入的管理工作、校园安全工作、教育信息化工作、农村义务教育学生营养改善计划实施工作，等等。自1986年1月1日至2015年6月30日，教育部（国家教委）、国家（国家教委）教育督导团办公室、国务院教育督导委员会办公室等部门就专项督导组织开展了九次大的督导实践。

一 对"中小学教师继续教育工程"的专项督查

（一）对10个省（区、市）的专项督查

为了贯彻落实第一次全国基础教育工作会议精神，进一步推进"中小学教师继续教育工程"的实施，完善中小学教师继续教育制度，国家教育督导团于2002年9月至10月组织国家督学和有关专家，分别对河北、山西、内蒙古、黑龙江、湖北、广东、重庆、贵州、青海、宁夏10省（区、市）实施"工程"的情况进行了督导检查。第一，督导检查组认为，10个省（区、市）的主要做法和经验是："工程"全面展开，进展基本顺利；地方性继续教育政策法规建设逐步完善，继续教育制度初步确立；骨干教师、信息技术和师德培训取得明显实效；建立实验区，注意加强对继续教育的研究与实验；基础教育新课程培训已经起步。第二，督导检查组认为，10个省（区、市）存在的主要问题是：继续教育经费稳定来源机制尚未确立，一些地区经费投入明显不足；培训观念相对陈旧，培训模式缺乏创新，针对性不够强；中小学教师继续教育的教材质量需进一步提高，选用存在局限；农村乡以下教师培训是继续教育的难点；现代远程教育设施建设和运用依然比较薄弱；各级师资培训基地有所削弱，不太稳定，亟待加强。第三，检查督导后，督导检查组对各地工作提

出了相关建议：进一步加强领导，理顺管理体制，保证经费投入；以基础教育新课程师资培训为重点，突出骨干教师培训，加大对各级被培训者的培训力度，确保"工程"主要目标和任务的如期完成；切实加强培训基地建设，完善省（区、市）、市（地、州）、县（市、区）、乡、校五级培训体系；加强继续教育的研究，更新培训观念，创新培训模式，不断提高培训水平；切实加强农村、少数民族和贫困地区教师的继续教育；积极探索利用卫星电视和计算机网络等现代远程教育手段开展继续教育。

（二）对11个省（市）的专项督查

为了促进"中小学教师继续教育工程"项目的实施，进一步推动中小学教师继续教育工作，国家教育督导团于2002年10月组织国家督学和有关专家，分别对北京、吉林、山东、浙江、海南、福建、江西、四川、安徽、陕西、甘肃11个省（市）实施"工程"的情况进行了督导检查。第一，督导检查组认为，11个省（市）政府和教育行政部门按照教育部统一部署，从本地实际出发，有计划、有步骤地实施"工程"。坚持以全员培训为目标，以骨干培训为重点，以计算机培训为突破口，加强师德教育，全面规划，分类指导，分阶段推进，"工程"总体进展顺利。第二，督导检查组认为，各地的主要做法和经验是：加强"工程"领导和管理，积极探索建立有效的管理机制；努力增加投入；重视地方性继续教育法规建设，注意理顺政府职能部门的关系；加强培训基地建设，努力构建开放性的教师继续教育体系；积极创新培训模式，提高培训实效；基础教育新课程培训有序展开，进展较为顺利。第三，督导组认为，各地存在的主要问题是：经费投入不足，培训基地建设相对薄弱；教师培训管理体制有待进一步理顺，学历提高培训需要加强管理；培训资源不足，利用现代远程手段开展教师继续教育较薄弱；校本培训需要加强指导和研究，培训质量需进一步提高。第四，检查督导后，督导组对各地的工作提出了建议：进一步加强领导，完善配套法规建设，理顺管理体制，增加投入，促进教师继续教育可持续发展。进一步加强各级培训基地和培训者队伍建设，积极研究和规范校本培训模式，不断增强教师继续教育的针对性和实效性。扎实做好基础教育新课程师资培训。积极探索利用现代远程教育手段开展教师继续教育，注重对广大农村及少数民族和贫困地区教师的继续教育。① 该督导检查，有利于推进基础教育新课程师资培训工作和中小学教师可持续发展，有利于提高"中小学教师继续教育工程"质量。

二　特殊教育专项督导

为贯彻落实国务院办公厅转发教育部等九部门《关于"十五"期间进一步推进特殊教育改革和发展的意见》（国办发〔2001〕92号），2003年11月至12月，国家教育督导团组织国家督学分别对吉林、黑龙江、江西、湖南、贵州、云南6省的特殊教育工作进行了专项督导。第一，检查组认为，6省近年来特殊教育工作取得了重要成绩与经验：各级政府重视特殊教育，将其列入议事日程并纳入"普九"规划。合理布局，形成规模，水平不断提高。政府牵头，动员社会各方面的力量，形成合力，共同解决残疾儿童少年上学问题。加强特教教育师资队伍建设。第二，在充分肯定6省近年来取得成绩与经验的同时，检查组认为特殊教育工作还面临严峻的形势，仍存在一系列问题：经费投入明显不足；特殊教育质量还比较低；特殊教育办学体系还不够完善。第三，针对存在的问题，检查组提出了如下建议：各级政府要进一步提高对特殊教育重要性的认识。各级财政要加大特殊教育经费投入力度，提高公用经费标准，真正做到逐年增长。各级教育行政部门要进一步普及残疾儿童少年义务教育，逐步完善特殊教育体系。要进一步提高特殊教育质量。

三　幼儿教育专项督导

为贯彻落实国务院办公厅转发教育部等部门《关于幼儿教育改革与发展的指导意见》（国办发〔2003〕13号）和《教育部关于进一步加强幼儿园安全工作的紧急通知》（教基〔2004〕15号）的精神，2004年10月20日至11月7日，国家教育督导团组织国家督学对北京、河南、山东、江苏、吉林、湖南6省（市）的幼儿教育工作进行了专

---

① 中国教育年鉴编辑部：《中国教育年鉴2003》，人民教育出版社2003年版，第147页。

项督导。这次督导是新中国成立以来国家首次对幼儿教育进行专项督导。第一，督查组认为6省（市）在幼儿教育改革与发展中取得了重要成绩：各级政府把幼儿教育作为基础教育的重要组成部分，积极推进幼教事业发展。制定了幼儿教育法规和规章，推动依法办园，依法治教。加快示范性幼儿园和乡镇幼儿园的建设，带动了各级各类幼儿园的整体发展。加强了对幼儿园的安全管理和监督。第二，督查组在督导检查中发现了一系列问题：幼教管理体制面临新问题；幼教经费紧缺，农村幼儿园办园条件较差；幼教队伍不稳定，整体素质亟待提高；民办幼儿园管理滞后，问题突出；幼教管理力量严重不足。第三，针对存在的问题，国家教育督导团提出了系统的整改要求：理顺幼教管理体制，强化政府统筹力度。增加投入，支持幼儿教育发展。加强幼儿教师队伍建设，提高幼教质量。加强对民办幼儿园的监督与指导，规范办园行为。建立长效机制，切实做好幼儿园安全工作。

四 职业教育专项督导

（一）2004年职业教育专项督导

为贯彻落实全国职业教育工作会议精神和国务院《关于大力推进职业教育改革与发展的决定》（国发〔2002〕16号），以及2004教育部等七部门召开的全国职业教育工作会议精神和教育部等七部门《关于进一步加强职业教育工作的若干意见》（教职成〔2004〕12号），2004年11月，国家教育督导团组织国家督学对河北、辽宁、江西、广东、四川、陕西6省的职业教育工作进行了专项督导。这次督导检查是改革开放以来国家首次对职业教育进行专项督导。2005年8月2日发布的《国家教育督导团关于职业教育专项督导检查公报》指出：第一，督查组认为6省职业教育改革与发展取得的主要成绩有：重视职业教育工作，加强了对职业教育工作的领导和统筹协调。加大了职业教育经费投入力度，积极探索多元投入体制。职业教育服务当地经济建设的能力不断提高。积极促进民办职业教育发展。服务"三农"，为农村劳动力转移培训和进城务工人员培训做出了积极贡献。采取措施，帮助贫困学生接受中等职业教育。建立了职业教育督导评估机制，促进职业教育健康发展。第二，督查组在督导检查中发现的主要问题：有的地方政府和部门对职业教育的认识不到位；普通高中和中等职业教育协调发展的格局尚未形成，农村职业教育发展缓慢；经费投入不足，经费筹措政策尚未完全落实；推进市（地）统筹、体制改革力度不大；职业教育师资队伍建设滞后。第三，针对存在的问题国家教育督导团提出的整改要求：加大宣传力度，在全社会营造促进职业教育发展的良好氛围；促进高中阶段各类职业教育协调发展；加大对职业教育的资金投入，努力改善办学条件；进一步加大政府统筹力度，整合资源，提高效益；加快职业教育师资队伍建设。

（二）对国家职业教育改革试验区工作的专项督查

为贯彻落实《教育规划纲要》的精神，进一步推进国家职业教育改革试验区的工作，2010 年 11 月，国家教育督导团组织国家督学和专家，对天津、河南、广西、四川、三峡库区（湖北、重庆）5 个国家职业教育改革试验区工作进行了专项督导。2011 年 2 月 19 日发布的《国家教育督导团关于对天津等 5 个国家职业教育改革试验区专项督导检查的公报》指出：第一，主要成绩：各级党委、政府高度重视职业教育工作，把职业教育放在突出的位置，加强对试验区工作的领导和统筹。大力发展职业教育，实现中等职业教育与普通高中规模大体相当。深化职业教育体制机制改革，大力推进办学模式改革创新，提高质量，增强服务能力。不断加大职业教育经费投入，加强基础能力建设。全面落实中等职业教育资助和免学费政策，促进教育公平。加强教师队伍建设，提高教师队伍整体素质。大力发展面向农村的职业教育，提高职业教育服务新农村建设的能力。加强职业教育监督检查，保障职业教育发展目标如期实现。第二，督导检查中发现的主要问题：试验区建设保障机制尚未完全落实；职业教育经费投入政策没有完全落实到位；农村地区职业学校办学条件亟待改善；教师总量不足、结构不合理、整体素质有待提高。第三，整改要求：一要进一步加强对试验区工作的组织领导，完善试验区工作保障机制。二要进一步加大政府对职业教育的投入力度，改善职业院校办学条件。三要采取切实措施，加强师资队伍建设，提高职业教育教学质量。四要加大政府统筹力度，制定和落实促进校企合作办学的政策。

（三）对职业教育的专项督导检查工作

为推动各地贯彻落实 2014 年全国职业教育工作会议精神和《国务院关于加快发展现代职业教育的决定》，加快发展现代职业教育，2015年 3 月 3 日，《国务院教育督导委员会办公室关于开展职业教育专项督导检查工作的通知》（国教督办函〔2015〕3 号）印发。2015 年 6 月 7日至 19 日，国务院教育督导委员会办公室组成 5 个督导检查组，对天津、黑龙江、上海、浙江、安徽、江西、山东、四川、贵州、陕西 10个省（市）职业教育工作进行了专项督导检查。2015 年 9 月 15 日发布的《全国职业教育工作专项督导报告》指出：第一，工作成效：高等职业教育规模首次突破 1000 万；中等职业教育与普通高中招生规模基本持平；师资队伍结构进一步优化；就业水平不断提高。第二，主要做法：突出战略地位，落实主体责任；科学制定规划，推进体系建设；加强政策引导，鼓励社会参与；加强内涵建设，全面提升人才培养质量；加大经费投入，提高保障水平。第三，存在的问题：政府统筹力度不够；经费保障机制不健全；师资队伍建设成为制约提高质量的瓶颈；职业院校办学活力不足，服务能力不强。第四，督导意见：进一步加大政府统筹力度；健全职业教育经费保障机制；破解职业教育教师队伍建设瓶颈；完善职业教育质量保障体系建设。

五　对农村中小学校长、教师管理情况的督导检查

2005 年 10 月 19 日至 11 月 4 日，国家教育督导团对江西、河南、海南、广西、四川、青海 6 省（区）农村中小学校长、教师管理情况进行了专项督导，重点检查在"以县为主"的农村义务教育管理体制下，县级教育行政部门对农村中小学校长、教师的管理及推进人事制度改革情况。此次专项督导结果表明：6 省（区）认真贯彻落实《国务院关于基础教育改革与发展的决定》等有关文件精神，农村中小学校长、教师管理工作有了很大进展。主要表现在：第一，"以县为主"管理农村中小学校长、教师的体制基本确立。第二，结合教育发展规划、生源变化和学校布局调整，6 省（区）普遍进行了核定中小学教师编制工作，加大了对不合格教师、非教学人员、在编不在岗人员和代课人员的清理力度，农村中小学教师队伍进一步精简优化。第三，积极推行中

小学校长聘任制，通过公开选拔、平等竞争、严格考核、择优聘任，一批优秀校长脱颖而出。第四，认真实施"跨世纪园丁工程"、"教师继续教育工程"、"教师教育网络联盟计划"，6省（区）校长、教师培训工作进一步加强。

六　对中小学幼儿园安全工作的专项督导

根据全国综治维稳工作电视电话会议精神，按照《教育部关于切实加强校园安全防范工作的通知》要求，为督促各地政府和有关部门切实加强学校、幼儿园安全防范工作，教育部办公厅向各地印发了《关于开展中小学幼儿园安全工作专项督导检查的通知》（教督厅函〔2010〕4号），要求各地在2010年秋季开学前集中开展一次校园安全工作专项督导。国家教育督导团组织国家督学和专家，分别于2010年5月和8月开展了2次学校、幼儿园安全防范工作专项督导。督导结果表明：各级政府能坚决贯彻中央综治办、公安部、教育部视频会议精神，在思想上高度重视，在行动上狠抓落实，采取的措施行之有效，校园安全工作的长效机制建设扎实推进，有效地遏制了校园恶性事件的发生，校园总体保持安全、稳定。各级教育行政部门和教育督导部门在各级政府的领导下，主动加强与综治、公安等部门的沟通联络，紧急动员部署，深入排查摸底，消除校园安全稳定隐患，加强校园防范措施，治理校园周边环境，校园安全防范工作得到有效加强。同时，积累了一些好的做法和经验：第一，统一思想、提高认识、全面加强对校园安全工作的领导；第二，专项督导、深入排查，为强化校园安全工作查漏补缺；第三，确保投入、三防联动，为强化校园安全工作奠定基础；第四，齐抓共管、注重长效，为强化校园安全工作提供保障；第五，因地制宜、创新工作，为强化校园安全工作注入动力。校园安全督导检查发现，各地还存在着校园安全工作开展不平衡、学校和幼儿园周边综合治理力度有待进一步加强等问题。督导检查组在反馈意见会上，要求各地进一步提高思想认识，进一步采取有力措施，进一步加强长效机制，确保校园安全、稳定。

七　对财政教育投入的使用管理的专项督导

根据《国务院教育督导委员会办公室关于开展财政教育投入的使用管理工作的通知》（国教督办〔2013〕4号）要求，2013年12月9日，国务院教育督导委员会办公室派出6个督导组，分赴北京、山西、内蒙古、辽宁、吉林、上海、江苏、安徽、江西、湖北、陕西、青海、宁夏13个省（区、市）开展财政教育投入的使用管理专项督导。督导组通过听取相关省（区、市）情况汇报，查阅相关档案资料，召开人大、政协和教师代表座谈会，深入到部分县（市、区）和学校实地检查等方式，全面了解各地财政教育投入的使用管理情况。国务院教育督导委员会办公室根据各地自查情况和督导组检查情况形成了国家专项督导报告。

八　对教育信息化工作的专项督导

为贯彻落实2012年全国教育信息化工作电视电话会议精神和《教育部等九部门关于加快推进教育信息化当前几项重点工作的通知》要求，促进各地教育信息化工作开展，2014年10月22日，国务院教育督导委员会办公室印发《关于开展教育信息化工作专项督导检查的通知》（国教督办函〔2014〕18号）。在各地自查的基础上，国务院教育督导委员会办公室组织教育部相关司局、国家督学和专家组成6个督导组对河北、山西、内蒙古、吉林、浙江、福建、河南、广西、贵州、云南、陕西、甘肃12个省（区）进行了专项督导检查。2015年3月24日发布的《全国教育信息化工作专项督导报告》指出：第一，各地推进教育信息化工作的基本做法有：加强组织领导，做好统筹规划；加大经费投入，提高保障水平；强化教师培训，提升应用能力。第二，各地推进教育信息化工作的主要成效有：教学点数字教育资源全覆盖全面实现；"宽带网络校校通"、"优质资源班班通"、"网络学习空间人人通"的"三通"建设取得较大进展；教育资源公共服务平台、教育管理公共服务平台"两平台"建设成效初步显现。第三，存在的问题为：统筹推进力度不够；信息技术在教育教学中应用水平还不高。第四，督导意见为：理顺机制，加大统筹力度；促进信息技术与教学的深度融合。

九 对农村义务教育学生营养改善计划实施工作的专项督导

为推动各地进一步做好农村义务教育学生营养改善计划实施工作，国务院教育督导委员会办公室组织 9 个专项督导组，于 2015 年 6 月 23 日至 27 日，对河北、山西、内蒙古、吉林、黑龙江、安徽、江西、河南、湖北、湖南、广西、重庆、四川、贵州、云南、陕西、甘肃、青海 18 个省（区、市）营养改善计划实施情况进行实地督导检查。2015 年 9 月 6 日发布的《农村义务教育学生营养改善计划专项督导报告》指出：第一，营养改善计划落实情况为：营养改善计划实施三年多来，在中央有关部门、试点地区和社会力量的共同努力下，取得了显著成效，全国超过 1/3 的县实施营养改善计划，超过 1/4 的农村义务教育学生享受营养改善计划补助政策，实施规模位居世界第三。第二，各地主要做法和成效有：加强食堂建设，就餐环境得到明显改善；严格规范管理，食品和资金"两个安全"得到有效保障；做加法添营养，营养改善计划内涵得到不断丰富；接受人大、政协、行政、社会、舆论的监督，社会关切得到积极回应；建立长效机制，地方责任得到逐步落实。第三，存在的主要问题有：食品和资金"两个安全"仍存在隐患；供餐模式转变较慢；食堂运转压力较大；政策理解存在偏差。第四，督导建议为：牢固树立红线思维确保食品和资金"两个安全"；提高学校食堂供餐比例；切实落实地方主体责任；准确理解和落实有关政策。

第四章　当代中国地方教育督导制度

第一节　当代中国地方教育督导机构

随着当代中国教育督导制度的恢复重建，在各级政府和教育行政部门的领导下，当代中国地方教育督导制度也逐步恢复重建并不断规范化、制度化，这主要表现在教育督导机构、教育督导队伍、教育督导规章、教育督导实践四个方面。其中，当代中国地方教育督导机构建设率先启动。

一　省、市、县三级教育行政部门教育督导机构的建立

（一）《国家教委关于转发〈国家教委督导工作座谈会纪要〉的通知》的相关规定及其实施情况

1987 年 3 月 3 日发出的《国家教委关于转发〈国家教委督导工作座谈会纪要〉的通知》（〔87〕教督字 001 号）规定：第一，先在中央、省（区、市）、市（地、州）的教育行政部门中设置督导机构，在步骤上应采取自上而下、逐步设置的方针。县（市、区）一级如何建立督导机构，应经过一段实践后再确定。第二，督导机构的性质是在教育行政部门内设置的专门负责对下级教育部门和学校工作进行监督、评价、帮助和指导的行政职能机构。督导机构不是咨询机构，应受同级教育部门领导和上级督导机构的指导。第三，各省、自治区、直辖市应积极创造条件，在 1987 年内把省和有条件的市（地、州）的督导机构建立起来，然后在 1988 年内再充实和完善。这明确了中央、省（区、市）、市（地、州）三级教育督导机构的设置，并采取自上而下、逐步设置

的方针，明确督导机构隶属于教育行政部门。

随着《关于转发〈国家教委督导工作座谈会纪要〉的通知》的颁布，省（区、市）、市（地、州）两级教育行政部门教育督导室相继成立。截至 1987 年 12 月底，北京、河北、山西、辽宁、吉林、黑龙江、甘肃、青海、新疆、上海、浙江、安徽、山东、湖北、河南 15 个省（区、市）的教委或教育厅（局）建立了督导机构。还有 27 个市（地、州）的教委或教育局以及个别县也建立了督导机构。

（二）《关于建立教育督导机构问题的通知》的相关规定及其实施情况

为了加快督导机构建设，1988 年 9 月 14 日，国家教委和人事部联合发出《关于建立教育督导机构问题的通知》强调指出："为了建立我国教育督导制度，加强教育事业的管理，各县以上人民政府，应在其教育行政部门内建立教育督导机构或配备专职教育督导人员。"这明确规定了县（市、区）以上教育行政部门必须建立教育督导机构的指导思想。

随着《关于建立教育督导机构问题的通知》的颁布，各地政府的领导干部也进一步提高了对建立教育督导制度的认识，重视了教育督导机构建设。截至 1988 年 12 月底，全国已有 24 个省（区、市）、11 个计划单列市、137 个省辖市的区、县建立了督导机构。截至 1990 年年底的统计，全国 30 个省（区、市），除西藏自治区外，已有 29 个省（区、市）建立了教育督导机构，占总数的 96.7%。29 个省（区、市）所辖的 2713 个县（市、区）中，有 1646 个县（市、区）建立了督导机构，比例达 60.7%。但是，全国各地教育督导机构的组建工作进展是不平衡的。北京、天津、辽宁、吉林、上海 5 省（市）所辖的市和县已全部建立了督导机构。河北、山西、黑龙江、江苏、福建、河南、湖北、湖南、四川、贵州、陕西、甘肃 12 省所辖的市也全部建立了督导机构，其中黑龙江、湖北、甘肃 3 省均有 95% 以上的县建立了督导机构。

（三）《教育督导暂行规定》的相关规定及其实施情况

国家教委 1991 年 4 月 26 日颁布的《教育督导暂行规定》（国家教育委员会令第 15 号）第六条规定："地方县以上均设教育督导机构。

地方县以上教育督导的组织形式及其机构的职责，由各省、自治区、直辖市人民政府确定。"① 鉴于各地情况不尽相同，地方县以上教育督导的组织形式和机构设置，由各省（区、市）政府确定根据本地区情况确定。当然，不论是哪种形式，都要能保证对下级政府的教育工作进行有效的督导，达到教育督导的目的。这为教育行政部门教育督导机构和人民政府教育督导机构两种教育督导机构模式同时并存埋下了伏笔。

　　随着《教育督导暂行规定》的颁布，各地教育督导机构有新的发展。截止到 1992 年年底，全国已有 94.8% 的市（地、州）和 83.9% 的县（市、区）建立了教育督导机构。有 20 个省（区、市）的市（地、州）级教育督导机构达到 100%，有 11 个省（区、市）的县（市、区）级的督导机构达到 100%。② 西藏自治区教育督导委员会 1995 年开始筹建，1996 年 2 月成立，下设办公室。至此，全国 30 个省（区、市）都建立了督导机构。其中，政府督导室 6 个（京、沪、黑、鄂、粤、新），教育督导团下设办公室 4 个（陕、贵、辽、滇），教育督导室 5 个（冀、苏、浙、闽、赣），教委（厅、局）督导室 14 个，教育督导委员会 1 个（藏）。市（地、州）已建立教育督导机构 366 个，占总数的 96.6%。除内蒙古、安徽、云南、青海、西藏外，其余 25 个省（区、市）的市（地、州）全部建立了教育督导机构。除西藏外，县（市、区）已建立教育督导机构 2574 个，占总数的 93.6%。全国建立了中央、省（区、市）、市（地、州）、县（市、区）三级教育行政部门教育督导室，从中央到地方四级教育督导网络得以建立，这为地方教育督导工作的纵深拓展奠定了组织基础。

二　省、市、县三级人民政府教育督导机构的建立

　　当代中国教育督导制度恢复重建之初，教育督导机构隶属于教育行政部门；后来，出现了教育行政部门教育督导机构和人民政府教育督导机构两种模式，其中，教育行政部门教育督导机构占主导模式。当然，

---

　　① 中国教育年鉴编辑部：《中国教育年鉴 1992》，人民教育出版社 1993 年版，第 740 页。

　　② 中国教育年鉴编辑部：《中国教育年鉴 1993》，人民教育出版社 1994 年版，第 104 页。

两种模式各有优缺点。同时，这也表明对于教育督导机构人、财、物的隶属关系，各省（区、市）有不同的理解、认识和做法。地方各级政府和教育行政部门非常重视教育督导机构的建设，这主要表现在地方三级教委教育督导室逐步升格为人民政府教育督导室，教育督导机构的相对独立性进一步增强。

（一）人民政府教育督导机构和教育行政部门教育督导机构并存

1991 年 3 月，黑龙江省教委教育督导室更名为黑龙江省人民政府教育督导室，成为全国第一个挂人民政府教育督导室牌子的省级教育督导机构。截止到 1998 年年底，黑龙江（1991 年 3 月）、重庆（1992 年 8 月）、湖北（1993 年 3 月）、辽宁（1994 年 8 月）、陕西（1994 年 10 月）、上海（1995 年 6 月）、广东（1995 年 8 月）、甘肃（1995 年 10 月）、广西（1995 年 12 月）、新疆（1995 年 12 月）、西藏（1996 年 2 月）、北京（1996 年 5 月）、贵州（1996 年 8 月）、山东（1997 年 1 月）、吉林（1997 年 2 月）、安徽（1997 年 9 月）、湖南（1998 年 2 月）、山西（1998 年 6 月）、浙江（1998 年 7 月）19 个省（区、市）的教育行政部门的教育督导机构先后被批准更名为省级人民政府教育督导机构。教育部 1999 年 8 月 20 日制定的《关于加强教育督导与评估工作的意见》（教督〔1999〕6 号）指出：“目前，全国已经形成中央、省（区、市）、市（地、州）、县（市、区）四级教育督导机构网络。在教育督导机构设置上，各地积累和创造了一些好的做法和经验。其中，主要有两种机构设置形式。一是建立人民政府教育督导机构，明确代表人民政府及其教育行政部门依法行使教育督导职能，并对本级人民政府负责。现在，有 19 个省（区、市）和半数地（市）、县（市、区）建立了政府教育督导机构。二是在教育行政部门内部建立专门的教育督导机构，由同级人民政府授权，代表人民政府及其教育行政部门依法行使教育督导职能。”①

（二）人民政府教育督导机构成为主导模式

2000 年 1 月 3 日，国家教委教育督导团正式更名为国家教育督导

---

① 中国教育年鉴编辑部：《中国教育年鉴 2000》，人民教育出版社 2000 年版，第 901 页。

团，这对地方人民政府教育督导室的建立起到了极大的推动作用。截至2000年底，31个省（区、市）及新疆生产建设兵团全部建立了省级教育督导机构，除江苏、海南、四川、青海、宁夏5省（区）及新疆生产建设兵团外，其余26个省（区、市）成立了人民政府教育督导室（督导团）。全国已有97.5%的地（市）建立了教育督导机构，其中65%是人民政府教育督导机构。2648个县（市、区）建立了教育督导机构，占全国县（市、区）总数的97.77%，其中人民政府名义的教育督导机构占59.7%。

（三）三级人民政府教育督导机构逐步建立

2001年4月15日，《国务院关于基础教育改革与发展的决定》颁布后，各地督导机构建设方面取得很大进展。省（区、市）、市（地、州）两级教育督导机构改革已基本完成，全国除四川省外，其余30个省（区、市）都成立了人民政府教育督导室（督导团）。98.3%的市（地、州）建立了教育督导机构，其中71.8%是人民政府教育督导机构。全国共有2689个县（市、区）建立了教育督导机构，其中人民政府名义的教育督导机构占65.3%。① 2004年7月，四川省人民政府教育督导团成立，下设办公室。截止到2004年年底，全国31个省（区、市）全部成立了人民政府教育督导团（室）。98.5%的市（地、州）建立了教育督导机构，其中91.1%是人民政府教育督导机构。全国共有2716个县建立督导室，其中人民政府称谓的占82.7%，比以前有了很大的提高。

三　省、市、县三级人民政府教育督导委员会的建立

（一）《教育督导条例》的相关规定及其实施情况

国务院2012年9月9日颁布的《教育督导条例》第四条规定："县级以上地方人民政府负责教育督导的机构承担本行政区域的教育督导实施工作。国务院教育督导机构和县级以上地方人民政府负责教育督导的机构在本级人民政府领导下独立行使督导职能。"这明确规定了教

---

① 中国教育年鉴编辑部：《中国教育年鉴2002》，人民教育出版社2002年版，第154页。

育督导机构的两个标准。首先，明确了教育督导机构是人民政府的机构，为改变当前大多数教育督导机构只是教育行政部门内设机构的状况提供了法律依据。其次，明确了教育督导机构独立行使教育督导职能，这强化了教育督导机构和职能的相对独立性，为建立与教育决策、执行相互制约又相互协调的教育行政监督制度提供了法律依据。

（二）三级人民政府教育督导委员会相继组建

为贯彻落实《教育规划纲要》《教育督导条例》精神，进一步加强教育督导工作，进一步健全教育督导体制，随着2012年8月26日国务院教育督导委员会的成立，省（区、市）、市（地、州）、县（市、区）三级人民政府教育督导委员会也相继成立。地方三级人民政府教育督导委员会的成立，提高了地方教育督导的权威性，为各地积极推动教育督导体制改革提供了有力的组织保障。

1. 省（区、市）级人民政府教育督导委员会成立

截止到2015年6月30日，除北京、陕西、甘肃3个省（市）之外，天津、上海、贵州、安徽、西藏、内蒙古、重庆、广东、青海、海南、湖北、黑龙江、江西、宁夏、四川、云南、山东、江苏、吉林、辽宁、山西、福建、浙江、湖南、新疆、河北、广西、河南28个省（区、市）相继成立了省（区、市）级人民政府教育督导委员会。省（区、市）级人民政府教育督导委员会都是由分管教育的副省长、副主席、副市长兼任主任，教育厅厅长、政府分管教育的副秘书长等兼任副主任，成员单位大都由发改委、科技厅、公安厅、财政厅、人力资源社会保障厅、住建厅、卫生厅、审计厅、教育厅等组成。

（1）天津市人民政府教育督导委员会成立。2011年2月23日，天津市人民政府教育督导委员会（津政办发〔2011〕22号）率先成立。教育督导委员会由分管教育工作的副市长任主任，市教委、发改委、建交委、财政局、人力社保局、规划局、国土房管局等有关部门负责同志任副主任或委员。教育督导委员会负责统筹规划全市的教育督导工作，协调市政府有关职能部门落实教育职责，研究决定全市教育督导工作的重要事项。教育督导委员会的办事机构为天津市人民政府教育督导室。

（2）上海市人民政府教育督导委员会成立。2011年3月4日，上海市人民政府教育督导委员会成立。教育督导委员会负责统筹、协调、

指导全市教育督导工作，审议教育督导工作的重大事项，聘任督学，协调解决教育督导工作中发现的重大问题。市人民政府教育督导室是教育督导委员会的办事机构，承担教育督导委员会的日常工作。

（3）贵州省人民政府教育督导委员会成立。2011年12月31日，贵州省人民政府教育督导委员会（黔府办发〔2011〕131号）成立。教育督导委员会负责统筹规划全省的教育督导工作，协调省政府有关职能部门落实教育职责，研究决定全省教育督导工作的重要事项。教育督导委员会的办事机构为省人民政府教育督导室。

（4）安徽省人民政府教育督导委员会成立。2012年12月13日，安徽省人民政府教育督导委员会（皖政办秘〔2012〕205号）成立。教育督导委员会的主要职责是研究制定全省教育督导政策和措施，审议全省教育督导总体规划和重大事项，统筹指导全省教育督导工作，聘任省督学，发布省教育督导报告。教育督导委员会办公室设在省教育厅，承担委员会日常工作。

（5）西藏自治区教育督导委员会成立。1996年2月，西藏自治区教育督导委员会成立，下设教育督导室，挂靠自治区教委。为贯彻落实《教育规划纲要》和《教育督导条例》，进一步加强教育督导工作，2013年1月10日，西藏自治区人民政府对西藏自治区教育督导委员会组成人员进行了相应的调整（藏政办发〔2013〕4号）。教育督导委员会下设办公室，办公室设在教育厅，具体负责全区教育督导工作，协调有关事宜，开展日常工作。

（6）内蒙古自治区人民政府教育督导委员会成立。2013年2月1日，内蒙古自治区人民政府教育督导委员会成立（内政办字〔2013〕19号）。教育督导委员会负责统筹规划全区教育督导工作，把握方向，动员各有关方面尽职尽责，研究解决教育督导工作中存在的突出困难和问题。教育督导委员会办公室设在自治区教育厅，负责组织实施全区教育督导工作。

（7）重庆市人民政府教育督导委员会成立。2013年2月，重庆市人民政府教育督导委员会成立。教育督导委员会负责统筹、协调、指导全市教育督导工作，审议教育督导工作的重大事项，协调解决教育督导工作中的重大问题。教育督导委员会下设市政府教育督导办公室，负责组织实施全市教育督导工作。

（8）广东省人民政府教育督导委员会成立。2013 年 3 月 29 日，广东省人民政府教育督导委员会（粤办函〔2013〕155 号）成立。教育督导委员会由副省长任主任，省政府副秘书长、省教育厅厅长任副主任，成员单位由省委组织部、编办、发改委、教育厅、科技厅、公安厅、纪委、纠风办、财政厅、人力资源社会保障厅、住建厅、卫生厅、审计厅等组成。教育委员会日常工作由省政府教育督导室承担。

（9）青海省人民政府教育督导委员会成立。2013 年 4 月 19 日，青海省人民政府教育督导委员会（青政办〔2013〕88 号）成立。教育督导委员会的主要职责是研究制定全省教育督导的重大政策和措施，审议全省教育督导的总体规划和重大事项，统筹指导全省教育督导工作，聘任省级督学，发布省政府教育督导报告。教育督导委员会办公室设在省教育厅，承担委员会日常工作。

（10）海南省人民政府教育督导委员会成立。2013 年 4 月 28 日，海南省人民政府教育督导委员会（琼府办〔2013〕62 号）成立。教育督导委员会的主要职责是：贯彻落实国家教育督导工作方针、政策；审议全省教育督导总体规划和重大事项；统筹指导全省教育督导工作；聘任省政府督学；发布全省教育督导报告。教育督导委员会下设办公室（设在省教育厅），承担委员会日常工作。

（11）湖北省人民政府教育督导委员会成立。2013 年 5 月 24 日，湖北省人民政府教育督导委员会（鄂政办发〔2013〕33 号）成立。教育督导委员会的主要职责是：统筹规划全省教育督导工作，研究制定全省教育督导政策和措施，协调落实省政府有关职能部门教育职责，审议决定全省教育督导工作重要事项，聘任省督学，发布省教育督导报告。教育督导委员会办公室设在省教育厅，承担委员会日常工作。

（12）黑龙江省人民政府教育督导委员会成立。2013 年 5 月，黑龙江省人民政府教育督导委员会成立。教育督导委员会由副省长任主任，省政府副秘书长、省教育厅厅长任副主任。教育督导委员会办公室设在省教育厅省政府教育督导室，承担委员会日常工作。

（13）江西省人民政府教育督导委员会成立。2013 年 6 月 4 日，江西省人民政府教育督导委员会成立。教育督导委员会主要职责是研究制定全省教育督导的重大方针、政策，审议全省教育督导总体规划和重大事项，统筹指导全省教育督导工作，聘任省督学，发布全省教育督导报告。教育督导委员会办公室设在省教育厅，承担委员会日常工作。

（14）宁夏回族自治区人民政府教育督导委员会成立。2013 年 7 月 4 日，宁夏回族自治区人民政府教育督导委员会成立。教育督导委员会由区副主席任主任，区教育厅厅长任副主任。教育督导委员会办公室设在区教育厅，承担委员会日常工作。

（15）四川省人民政府教育督导委员会成立。2013 年 8 月，四川省成立了四川省人民政府教育督导委员会。教育督导委员会主要负责研究制定全省教育督导的政策和措施，审议全省教育督导总体规划和重大事项，统筹指导全省教育督导工作，聘任省督学，发布教育督导报告等。

（16）云南省人民政府教育督导委员会成立。2013 年 9 月 15 日，云南省人民政府教育督导委员会成立。教育督导委员会由主管教育副省长任主任，省政府分管副秘书长、教育厅厅长、省政府教育督导团总督学为副主任，成员单位由发改委、科技厅、公安厅、监察厅、财政厅、人社厅、国土厅、住建厅、卫生厅、人口计生委、审计厅等部门组成。教育督导委员会办公室设在省教育厅，承担委员会的日常工作。

（17）山东省人民政府教育督导委员会成立。2013 年 9 月 17 日，山东省人民政府教育督导委员会成立。教育督导委员会主要职责是：研究制定山东省教育督导的重大方针、政策；审议山东省教育督导总体规划和重大事项；统筹指导山东省教育督导工作；向省政府提出省督学建议名单；发布山东省教育督导报告。教育督导委员会办公室设在省教育厅，承担委员会日常工作。

（18）江苏省人民政府教育督导委员会成立。2013 年 9 月 23 日，江苏省政府教育督导委员会（苏政办发〔2013〕163 号）成立。教育督导委员会负责研究制定全省教育督导的政策意见，审议教育督导有关规划和重大事项，指导全省教育督导工作，聘任省督学，发布省教育督导报告等。教育督导委员会办公室设在省教育厅，承担委员会日常工作。

（19）吉林省人民政府教育督导委员会成立。2013 年 12 月 25 日，吉林省人民政府教育督导委员会成立。教育督导委员会的主要职责是：

研究制定吉林省教育督导的重大方针、政策；审议吉林省教育督导总体规划和重大事项；统筹指导吉林省教育督导工作；聘任吉林省督学；发布吉林省教育督导报告。教育督导委员会办公室设在省教育厅。

（20）辽宁省人民政府教育督导委员会成立。2013 年 12 月 30 日，辽宁省人民政府决定将辽宁省人民政府教育督导团更名为辽宁省人民政府教育督导委员会，设立辽宁省人民政府教育督导室（辽政办发〔2013〕67 号）。教育督导委员会的主要职责是统筹规划、指导全省教育督导工作，研究制定全省教育督导政策、措施，审议全省教育督导总体规划和重大事项，聘任省政府督学，发布省教育督导报告等。教育督导室设在省教育厅，承担委员会日常工作。

（21）山西省人民政府教育督导委员会成立。2013 年 12 月，山西省人民政府教育督导委员会成立。教育督导委员会下设办公室，承担委员会日常工作。

（22）福建省人民政府教育督导委员会成立。2014 年 5 月 14 日，福建省人民政府教育督导委员会（闽政办〔2014〕65 号）成立。教育督导委员会主要职责：研究制定全省教育督导重大方针、政策，建立重大督政、督学制度；审批认定综合督政评估结果；统筹指导全省教育督导工作；聘任省政府特约督学；发布督导报告。教育督导委员会办事机构设在省教育厅，由省人民政府教育督导办公室承担日常工作。

（23）浙江省人民政府教育督导委员会成立。2014 年 6 月 27 日，浙江省人民政府教育督导委员会（浙政办发〔2014〕81 号）成立。教育督导委员会主要职责是：研究制定全省教育督导政策意见，审议决定全省教育督导有关规划和重要事项，指导全省教育督导工作，聘任省督学，发布省教育督导报告。教育督导委员会办公室设在省教育厅，承担委员会日常工作。

（24）湖南省人民政府教育督导委员会成立。2014 年 7 月 17 日，湖南省人民政府教育督导委员成立。教育督导委员会的主要职责是：研究制定全省教育督导政策、措施，审议全省教育督导总体规划和重大事项；统筹指导全省教育督导工作；组织开展重大督导评估工作，对县级教育工作实施"两项督导评估考核"，对全省各级各类学校教育进行专项督导；实施县级党政主要领导教育工作约谈，对督导评估中发现重大问题的责任单位和责任人提出问责意见；根据国家和省教育督导条例，聘任省级督学；对教育工作中的重大问题进行调查研究；发布湖南省教育督导报告和公告；承担省委、省政府交办的其他事项。教育督导委员会下设办公室，承担委员会日常工作。

（25）新疆维吾尔自治区人民政府教育督导委员会成立。2014年9月17日，新疆维吾尔自治区人民政府教育督导委员会（新政办发〔2014〕59号）成立。教育督导委员会的主要职责是：统筹指导自治区教育督导工作；研究制定自治区教育督导的重大方针、政策；审议自治区教育督导总体规划和重大事项；聘任自治区人民政府督学；发布自治区教育督导报告等。自治区人民政府教育督导委员会下设办公室，办公室设在自治区教育厅，同时加挂"自治区人民政府教育督导团办公室"牌子，负责承担委员会日常工作。同时撤销自治区人民政府教育督导室。

（26）河北省人民政府教育督导委员会成立。2014年12月，河北省人民政府教育督导委员会成立。教育督导委员会下设办公室，承担委员会日常工作。

（27）广西壮族自治区人民政府教育督导委员会成立。2015年2月11日，广西壮族自治区人民政府教育督导委员会（桂政办发〔2015〕15号）成立。教育督导委员会的主要职责是：研究制定自治区教育督导的重大方针、政策；审议自治区教育督导总体规划和重大事项；组织实施、统筹指导全区教育督导工作；发布自治区教育督导报告。教育督导委员会办公室设在教育厅，承担委员会日常工作。原自治区人民政府教育督导团及其办公室随之撤销。

（28）河南省人民政府教育督导委员会成立。2015年3月5日，河南省人民政府教育督导委员会成立。教育督导委员会由副省长任主任，省政府副秘书长、省教育厅厅长任副主任，成员单位由发改委、教育厅、科技厅、公安厅、财政厅、编办、人力资源保障厅、住建厅、农业厅、卫生计生委、审计厅等部门组成。教育督导委员会下设办公室，承担委员会日常工作。

2.市（地、州）、县（市、区）两级人民政府教育督导委员会的组建工作在各地相继启动随着省（区、市）级人民政府教育督导委员会的成立，市（地、州）、县（市、区）两级人民政府教育督导委员会的组建工作相继启动，其中安徽省行动最为迅捷。截至 2013 年 6 月底，安徽省 16 个市（地、州）、105 个县（市、区）人民政府教育督导委员会全部成立、挂牌，并开始履职。安徽省人民政府教育督导委员会进一步要求，各市（地、州）、县（市、区）政府教育督导委员会从建章立制入手，明确议事、协调工作规程，注意发挥好督导委员会成员单位职能作用，逐步实现政府督导委员会工作的制度化、常态化。

省（区、市）、市（地、州）、县（市、区）三级教育行政部门教育督导机构网络的形成，为我国地方教育督导实践工作的开展奠定了组织基础。随后，三级教育行政部门教育督导机构逐步升格为人民政府教育督导机构。再后，三级人民政府教育督导机构逐步升格为人民政府教育督导委员会，这是我国加强教育督导机构和教育督导制度的重要举措，这对于推动地方各级政府、教育行政部门和各级各类教育贯彻落实教育的法律法规、方针政策，具有重大的意义。

第二节　当代中国地方教育督导队伍

随着当代中国地方教育督导机构的设立，当代中国地方督导队伍建设也相继启动，并逐步形成了以专职为主兼职为辅、行政管理型和专家型相结合的地方教育督导队伍。

一　当代中国地方教育督导队伍的建立

自当代中国教育督导制度恢复重建以来，各地十分重视督导队伍建设。省（区、市）、市（地、州）、县（市、区）三级教育督导队伍相继组建并不断发展壮大，同时素质也不断提升。

（一）《国家教委关于转发〈国家教委督导工作座谈会纪要〉的通知》的相关规定及其实施情况

1987 年 3 月 3 日发出的《国家教委关于转发〈国家教委督导工作座谈会纪要〉的通知》（教督字〔87〕001 号）相关规定：第一，省、自治区、直辖市督导室配备专职督学 10 人左右。省以下督导机构的人员配备由各省、自治区、直辖市根据实际情况核定。配备督导人员应以专职为主，根据需要可以聘任适量兼职督导人员和督导工作人员。第二，专（兼）职督导人员的职务名称分为正、副主任督学和督学，分别配备相当于正、副厅（局）级和正、副处级干部担任。各地任免正、副主任督学和督学，由教育行政部门会同有关组织人事部门，经过考察后提名，按规定的干部任免程序和审批权限任免。任免正、副主任督学应报国家教委备案。随着《国家教委关于转发〈国家教委督导工作座谈会纪要〉的通知》的颁布实施，我国地方教育督导队伍逐步组建。截止到 1990 年年底，全国省（区、市）、市（地、州）、县（市、区）共有专职督导人员 5770 人，兼职督导人员 2005 人。其中，省（区、市）专职督导人员 156 人，兼职督导人员 116 人；市（地、州）专职督导人员 1141 人，兼职督导人员 493 人；县（市、区）专职督导人员 4473 人，兼职督导人员 1396 人。

（二）《教育督导暂行规定》的相关规定及其实施情况

国家教委 1991 年 4 月 26 日颁布的《教育督导暂行规定》（国家教育委员会令第 15 号）相关规定如下：第七条规定："地方县级以上各级人民政府根据本行政区域内教育事业的规模及其他实际情况，确定教育督导机构的编制。"第八条规定："行使教育督导职权的机构应设相应的专职督学，其任免按有关国家行政机关人事管理权限和程序办理。"第九条规定："行使教育督导职权的机构根据工作需要、可以聘请兼职督学。兼职督学具有与专职督学同等的职权。"第十条规定："督学由本级人民政府或其教育行政部门颁发督学证书。"第十二条规定："督学应接受必要的培训。"随着《教育督导暂行规定》的颁布实施，我国地方教育督导队伍不断发展壮大。截止到 1991 年年底，全国省（区、市）、市（地、州）、县（市、区）三级督导机构共有专职督学 7603 人，兼职督学 4233 人。截止到 1999 年底，全国共有教育督导工作人员 29014 人，其中专职督学 8161 人，兼职督学 18325 人（含教育部聘请的总督学顾问、国家督学及各级教育督导机构从民主党派人士中聘请的特约教育督导员 2737 人）。[①] 截至 2001 年年底，我国教育督

---

① 中国教育年鉴编辑部：《中国教育年鉴 2000》，人民教育出版社 2000 年版，第 901 页。

导工作人员发展到 34388 人（含教育督导团办公室 9 人），其中专职督学 8347 人（含教育部专职督学 3 人），兼职督学 19711 人（含国家督学 73 人）。① 截止到 2004 年年底，全国共有专（兼）职教育督导人员 46245 人，其中专职督导人员 19984 人（含专职督学 9033 人），兼职督学 26261 人（含教育部聘请的总督学顾问、国家督学及各级督导机构从民主党派、无党派人士中聘请的特约教育督导员 5116 人）。

（三）《教育督导条例》的相关规定及其实施情况

2012 年 9 月 9 日，国务院颁布的《教育督导条例》相关规定如下：第六条规定："国家实行督学制度。县级以上人民政府根据教育督导工作需要，为教育督导机构配备专职督学。教育督导机构可以根据教育督导工作需要聘任兼职督学。"第七条规定："符合前款规定条件的人员经教育督导机构考核合格，可以由县级以上人民政府任命为督学，或者由教育督导机构聘任为督学。"第八条规定："督学受教育督导机构的指派实施教育督导。教育督导机构应当加强对督学实施教育督导活动的管理，对其履行督学职责的情况进行考核。"第九条规定："督学实施教育督导，应当客观公正地反映实际情况，不得隐瞒或者虚构事实。"第十条规定："实施督导的督学是被督导单位主要负责人的近亲属或者有其他可能影响客观公正实施教育督导情形的，应当回避。"随着《教育督导条例》的颁布实施，当代中国教育督导队伍数量明显增加，截至 2014 年年底，全国共有专兼职督学 8 万多名，队伍进一步发展壮大。

二　当代中国地方教育督导队伍培训制度的建立

随着地方教育督导队伍的不断发展壮大，教育督导队伍的素质提升也提上了议事日程。地方教育督导队伍培训主要分为两种模式，即国家培训和地方培训。省（区、市）、市（地、州）两级教育督导人员主要参加国家统一组织的督导培训。县（市、区）级教育督导人员主要参加各省（区、市）举办的培训。从 1987 年开始，各省

---

① 中国教育年鉴编辑部：《中国教育年鉴 2002》，人民教育出版社 2002 年版，第 154 页。

（区、市）相继建立了地方督导队伍培训制度。各地严格遵照教育部
（国家教委）对举办督学培训班的目的要求、课程设置、培训时间、
讲授、自学讨论、实践活动的安排、考核等文件规定。各地还广泛开
展在岗学习和以会代训，提高督导人员的素质。1992 年 5 月以后，
国家教委督导司多次召开由各省教育督导室主任和培训单位负责人参
加的研讨会，就加强和改进县（市、区）教育督导人员的培训工作
进行研讨。截止到 1994 年底，全国专职教育督导人员中接受过培训
的比例为 43.5%，共 4340 人。截至 2005 年底，全国教育督导人员都
接受过至少一轮的培训。

三　当代中国地方教育督导队伍的行政级别

自当代中国地方教育督导制度恢复重建以来，在各级政府部门和教
育行政部门的关心和重视下，当代中国地方教育督导队伍的行政级别逐
步提高。

1. 正、副厅（局）级和正、副处级干部分别担任正、副主任督学
和督学

当代中国教育督导制度恢复重建之初，按照《国家教委关于转发
〈国家教委督导工作座谈会纪要〉的通知》的规定：专（兼）职督导人
员的职务名称分为正、副主任督学和督学，分别配备相当于正、副厅
（局）级和正、副处级干部担任。截止到 1998 年 12 月 31 日，西藏、广
西等自治区分管教育的副主席兼任教育督导委员会主任或总督学。北
京、天津、辽宁、上海、安徽、福建、山东、湖北、湖南、海南、重
庆、贵州、陕西、甘肃、新疆 15 个省（区、市）教委主任、副主任或
正、副厅级领导兼任教育督导室主任或总督学，同时设若干名主任督
学、副主任督学。新疆生产建设兵团和 6 个计划单列市教育督导室主任
均为正、副厅级领导。其余各省（区、市）的教育督导室主任或者总
督学也是正处级或者是副处级干部。

2. 省级人民政府领导和省级教育行政部门领导开始兼任教育督导
负责人，设厅级督学

2000 年以后，随着省级人民政府教育督导机构的设立，一部分省
（区、市）开始由省级人民政府领导和省级教育行政部门领导兼任教育

督导负责人，同时设若干名政府厅级督学。

3. 县级以上人民政府领导和教育行政部门领导逐步兼任教育督导委员会主任

随着省（区、市）、市（地、州）、县（市、区）三级人民政府教育督导委员会的成立，县级以上人民政府领导和教育行政部门领导逐步兼任教育督导委员会主任。截止到 2015 年 6 月 30 日，除北京、甘肃、陕西 3 个省（市）之外，其余 28 个已经成立了省级人民政府教育督导委员会的省（区、市）都是分管教育的副省长、副主席、副市长兼任教育督导委员会主任。省（区、市）教育督导委员会成员单位大都由发改委、科技厅、公安厅、财政厅、人力资源社会保障厅、住房城乡建设厅、卫生厅、审计厅、教育厅等组成。与此相适应，已经成立了人民政府教育督导委员会的市（地、州），都是分管教育的副市长、副州长兼任教育督导委员会主任。已经成立了人民政府教育督导委员会的县（市、区），都是分管教育的副县长、副市长、副区长兼任教育督导委员会主任。市（地、州）、县（市、区）两级教育督导委员会成员单位大都由同级政府、教育局、委编办、发改委、人力资源和社会保障局、财政局、公安局、监察局、司法局、审计局、规划建设和住房保障局、卫生局、国土资源局等组成。

自当代中国地方教育督导制度恢复重建以来，省（区、市）、市（地、州）、县（市、区）三级教育督导队伍相继成立并不断发展壮大。同时，由于教育督导队伍培训制度的建立和健全，地方教育督导队伍的素质也不断提高。这为当代中国地方教育督导实践的广泛深入开展奠定了人力基础。

第三节　当代中国地方教育督导法规规章

自当代中国教育督导制度恢复重建以来，各地不断总结教育督导工作经验，陆续制定、颁布地方性教育督导法规、规章，这为地方教育督导工作的开展提供了制度保障。

一 当代中国地方教育督导法规、规章制定的依据

当代中国地方性教育督导法规、规章，主要包括省（区、市）、市（地、州）、县（市、区）三级教育督导法规、规章，制定的依据主要有宪法、教育法律、教育行政法规、教育部门规章、其他相关法律、法规、规章等。按颁布时间先后顺序，教育法律依据主要有七部，分别为：《中华人民共和国学位条例》《中华人民共和国学义务教育法》《中华人民共和国教师法》《中华人民共和国教育法》《中华人民共和国职业教育法》《中华人民共和国高等教育法》《中华人民共和国民办教育促进法》等；教育行政法规依据主要有《中华人民共和国义务教育法实施细则》《扫除文盲工作条例》等；教育法规、规章依据主要有《教育督导暂行规定》《教育督导条例》等。

二 当代中国地方教育督导法规、规章的颁布实施

（一）省（区、市）级教育督导法规、规章

1. 从 20 世纪 80 年代开始，大部分省（区、市）先后出台了教育督导规章

1991 年 4 月 26 日，国家教委颁布《教育督导暂行规定》，第二十一条规定："各省、自治区、直辖市可根据本规定，结合本地区的实际情况，制定实施办法。"为加强对教育工作的行政监督，促进和保障教育法律、法规、方针、政策的贯彻执行和教育目标的实现，各地教育督导法规、规章逐步出台。截止到 2015 年 6 月 30 日，广东、黑龙江、宁夏、新疆、北京、湖南、上海、辽宁、陕西、重庆、天津、内蒙古、湖北、山西、云南、青海、河南、吉林、贵州、江西 20 个省（区、市）和新疆生产建设兵团先后颁布了教育督导（暂行）规定，占全部省（区、市）的 64.52%。另外，山东、甘肃、广西 3 个省（区）先后颁布了《教育督导暂行规定》实施办法，具体情况如下。

（1）《广东省教育督导规定》颁布。1989 年 8 月 15 日，广东省人民政府颁布《广东省普通教育督导工作暂行规定》，共 9 条，自 1989 年 9 月 1 日起施行。2002 年 5 月 13 日，广东省人民政府令第 73 号公布《广东省教育督导规定》，共 16 条，自 2002 年 6 月 1 日起施行，《广东

省普通教育督导工作暂行规定》同时废止。

（2）《黑龙江省教育督导暂行规定》颁布。1992 年 6 月 16 日，黑龙江省人民政府令第 4 号发布《黑龙江省教育督导暂行规定》，自发布之日起施行，共 21 条。

（3）《山东省实施〈教育督导暂行规定〉办法》颁布。1992 年 6 月 24 日，山东省人民政府文件（鲁政发〔1992〕81 号）发布《山东省实施〈教育督导暂行规定〉办法》，自发布之日起施行，共 24 条。

（4）《青海省教育督导规定》颁布。1992 年 7 月 4 日，青海省人民政府文件（青政〔1992〕54 号）发布青海省人民政府关于印发《青海省实施〈教育督导暂行规定〉办法》的通知，自发布之日起施行。2003 年 11 月 18 日，青海省人民政府第 5 次常务会议审议通过《青海省教育督导规定》，12 月 4 日，青海省人民政府令第 39 号公布，自2004 年 2 月 1 日起施行，共 22 条。《青海省实施〈教育督导暂行规定〉办法》同时废止。

（5）《甘肃省〈教育督导暂行规定〉实施办法》颁布。1992 年 8 月 17 日，甘肃省人民政府文件（甘政发〔1992〕169 号）发布《甘肃省〈教育督导暂行规定〉实施办法》，自发布之日起施行，共 18 条。

（6）《广西壮族自治区实施〈教育督导暂行规定〉的办法》颁布。1993 年 7 月 3 日，广西壮族自治区人民政府文件（桂政发〔1993〕65 号）发布《广西壮族自治区实施〈教育督导暂行规定〉的办法》，自发布之日起施行，共 21 条。

（7）《宁夏回族自治区教育督导规定》颁布。1994 年 3 月 26 日，宁夏回族自治区人民政府文件（宁政发〔1994〕33 号）发布《宁夏回族自治区教育督导规定》，自发布之日起施行。分为总则、机构、督学、督导、处罚和附则共 6 章 21 条。

（8）《新疆维吾尔自治区实施〈教育督导条例〉办法》颁布。1996 年 1 月 9 日，新疆维吾尔自治区人民政府发布《新疆维吾尔自治区人民政府关于进一步加强教育督导工作的决定》，自发布之日起施行。2001 年 5 月 14 日，新疆维吾尔自治区人民政府令第 101 号公布《新疆维吾尔自治区教育督导办法》，自 2001 年 7 月 1 日起施行，共 24 条。《新疆维吾尔自治区人民政府关于进一步加强教育督导工作的决定》同时废止。2015 年 2 月 28 日，《新疆维吾尔自治区实施〈教育督导条例〉办法》（新疆维吾尔自治区人民政府令第 193 号）发布，共 20条，自 2015 年 7 月 1 日起施行。《新疆维吾尔自治区教育督导办法》同时废止。

（9）《北京市教育督导规定》颁布。1999 年 1 月 14 日，北京市人民政府令第 21 号发布《北京市教育督导规定》，自 1999 年 3 月 1 日起施行。分为总则、教育督导机构、督学及职责、教育督导的实施、法律责任、附则共 5 章 24 条。

（10）《湖南省教育督导规定》颁布。1999 年 7 月 14 日，湖南省人民政府第 47 次常务会议通过《湖南省教育督导规定》，1999 年 8 月 11日，以湖南省人民政府令第 133 号予以发布，自发布之日起施行，共17 条。

（11）《上海市教育督导规定》颁布。1999 年 12 月 6 日，上海市人民政府发布《上海市教育督导规定》，自 2000 年 2 月 1 日起施行。分为总则、教育督导机构和督导人员、教育督导的实施、法律责任、附则共5 章 26 条。

（12）《辽宁省教育督导规定》颁布。1999 年 12 月 8 日，辽宁省人民政府令第 108 号发布《辽宁省教育督导规定》，自 2000 年 1 月 1 日起施行，共 23 条。

（13）《陕西省教育督导规定》颁布。2000 年 11 月 6 日，陕西省人民政府 2000 年第 20 次常务会议通过《陕西省教育督导规定》（陕西省人民政府令第 64 号），自发布之日起施行，共 22 条。

（14）《重庆市教育督导规定》颁布。2001 年 2 月 27 日，重庆市人民政府令第 110 号公布《重庆市教育督导规定》，于 2001 年 2 月 27 日重庆市人民政府第 77 次常务会议审议通过，自发布之日起施行，共23 条。

（15）《天津市教育督导规定》颁布。2001 年 7 月 21 日，天津市人民政府令第 42 号公布《天津市教育督导规定》，2001 年 7 月 9 日由天津市人民政府第 40 次常务会议通过，自发布之日起施行，共 22 条。

（16）《内蒙古教育督导暂行规定》颁布。2001 年 8 月 8 日，内蒙古自治区人民政府发布《内蒙古教育督导暂行规定》（内政发〔2001

90 号），自发布之日起施行，共 22 条。

（17）《新疆生产建设兵团教育督导规定》颁布。2002 年 4 月 3 日，《新疆生产建设兵团教育督导规定》由新疆生产建设兵团第 4 次司令员办公会议通过，4 月 22 日发布施行，共 25 条。

（18）《湖北省教育督导规定》颁布。2002 年 4 月 8 日，湖北省人民政府令第 225 号公布《湖北省教育督导规定》，自发布之日起 30 日后施行，共 19 条。

（19）《山西省教育督导规定》颁布。2002 年 7 月 24 日，山西省人民政府第 89 次常务会议审议通过《山西省教育督导规定》，8 月 8 日，山西省人民政府令第 157 号公布，自 2002 年 9 月 1 日起施行。2010 年 12 月 31 日，山西省人民政府第 73 次常务会议审议通过《山西省教育督导规定（2011 年修正本)》，共 25 条，2011 年 1 月 28 日，山西省人民政府令第 231 号公布，自公布之日起施行。

（20）《云南省教育督导规定》颁布。2002 年 8 月 28 日，云南省人民政府第 70 次常务会议审议通过《云南省教育督导规定》，8 月 29 日，云南省人民政府令第 113 号公布，自 2002 年 11 月 1 日起施行，共 26 条。

（21）《河南省教育督导暂行规定》颁布。2005 年 1 月 10 日，河南省人民政府（豫政〔2005〕3 号）发布《河南省教育督导暂行规定》，自发布之日起施行，共 17 条。

（22）《吉林省教育督导规定》颁布。2005 年 5 月 25 日，吉林省人民政府第 4 次常务会议审议通过《吉林省教育督导规定》，6 月 6 日，吉林省人民政府令第 175 号公布，自 2005 年 8 月 1 日起施行，共 23 条。

（23）《贵州省教育督导规定》颁布。2006 年 6 月 20 日，贵州省人民政府第 41 次常务会议审议通过《贵州省教育督导规定》，6 月 22 日，贵州省人民政府令第 92 号公布，自 2006 年 9 月 1 日起施行，共 20 条。

（24）《江西省教育督导规定》颁布。2015 年 7 月 27 日，江西省第 46 次省政府常务会议审议通过《江西省教育督导规定》，7 月 31 日，江西省人民政府令第 216 号公布，自 2015 年 10 月 1 日起施行，共 26 条。

　　2. 21世纪初，山东、宁夏、湖南、天津、上海、重庆等省（区、市）率先出台了教育督导法规

　　截止到2015年6月30日，在教育督导规章的基础上，山东、宁夏、湖南、天津、上海、重庆6个省（区、市）颁布了教育督导法规。这6个省（区、市）级教育督导法规是当代中国省（区、市）级教育督导法规的先行者和探索者，标志着6个省（区、市）的教育督导制度步入法制化轨道，同时对于当代中国地方教育督导法规建设起到了促进作用。

　　(1)《山东省教育督导条例》颁布。为了加强教育督导工作，保障教育法律、法规的实施和教育目标的实现，2001年12月7日，山东省第九届人大常委会第24次会议通过并公布了《山东省教育督导条例》（山东省人民代表大会常务委员会公告第87号），自2002年3月1日起施行。1992年6月24日发布的《山东省实施〈教育督导暂行规定〉办法》同时废止。《山东省教育督导条例》是当代中国第一个颁布的省级教育督导条例，共22条，对教育督导的范围、职责、程序等方面都作了详尽规定。首先是关于督导对象的规定。第三条第二款规定："教育督导的对象是本级人民政府的有关部门、下级人民政府及其有关部门、学校和其他教育教学机构。"第六条规定："县级以上人民政府教育督导机构代表本级人民政府履行教育督导职责，业务上接受上级教育督导机构的指导。"其次是关于督导范围的规定。第三条第一款规定："教育督导的范围是本省管辖的各级各类教育以及与教育相关的活动。"最后是关于督学任免、聘任的规定。第八条规定："县级以上人民政府教育督导机构设立专职督学和兼职督学。专职督学和兼职督学按照有关规定任免或者聘任，并由同级人民政府颁发督学证书。兼职督学行使与专职督学同等的职权。"《山东省教育督导条例》的颁布与实施，确立了山东省教育督导工作在教育事业中的法律地位，这为加强教育督导工作，建立和完善山东省教育督导制度提供了法律依据和法律保障，标志着山东省教育督导工作步入了法制化轨道，同时对各地教育督导法制建设也

起到了积极的推动作用。①

（2）《宁夏回族自治区教育督导条例》颁布。为了加强教育督导工作，促进教育事业的发展，2004 年 7 月 29 日，《宁夏回族自治区教育督导条例》（宁夏回族自治区人民代表大会常务委员会公告第 12 号）由宁夏回族自治区第九届人民代表大会常务委员会第 11 次会议通过并颁布，共 24 条，自 2004 年 9 月 1 日起施行。1994 年 3 月 26 日发布的《宁夏回族自治区教育督导规定》同时废止。与《宁夏回族自治区教育督导规定》相比，《宁夏回族自治区教育督导条例》在许多方面有了新的突破：教育督导的范围不再仅局限于中等以下教育；强调要把素质教育、民族教育及农村教育作为督导的重点；进一步拓宽了教育督导的手段和形式，首次允许教育督导机构聘请社会中介机构参与教育督导检查与评估；要求县级以上人民政府都要设立教育督导机构，配备督导人员；第一次建立起教育督导结论通报制度，规定将督导结论通报同级组织、人事、教育等相关部门，作为考核、奖惩的依据之一。《宁夏回族自治区教育督导规定》的颁布标志着宁夏回族自治区教育督导法制建设又向前迈进了一大步。

（3）《湖南省教育督导条例》颁布。为了加强教育督导工作，促进教育事业发展，2006 年 9 月 30 日，湖南省第十届人民代表大会常务委员会第 23 次会议通过并颁布《湖南省教育督导条例》（湖南省第十届人民代表大会常务委员会公告第 72 号），共 25 条，自 2007 年 1 月 1 日起施行，1999 年 8 月 11 日颁布的《湖南省教育督导规定》同时废止。与《湖南省教育督导规定》相比，《湖南省教育督导条例》无论是在教育督导的性质与范围、机构与职能、内容与方式，还是在教育督导结果的运用等方面，都有所突破，并使教育督导工作走上制度化、规范化、法制化。这是湖南省在完善教育督导制度方面取得的重大成果，标志着湖南省教育督导工作全面步入了法制化、规范化轨道，对于建立和完善湖南省教育督导制度，进一步促进湖南省教育改革和发展产生了积极而深远的影响。

---

① 中国教育年鉴编辑部：《中国教育年鉴 2002》，人民教育出版社 2002 年版，第 154 页。

（4）《天津市教育督导条例》颁布。为了完善教育督导制度，保障教育法律、法规、规章和国家教育方针、政策的贯彻执行，实施素质教育，提高教育质量，促进教育公平，推动教育事业科学发展，2013 年12 月 17 日，《天津市教育督导条例》（天津市人民代表大会常务委员会公告第 9 号）由天津市第十六届人民代表大会常务委员会第 6 次会议通过公布，共 22 条，自 2014 年 3 月 1 日起施行。2001 年 7 月 9 日颁布的《天津市教育督导规定》同时废止。《天津市教育督导规定》以地方性法规的形式进一步强化教育督导地位，并就督导形式、职责等各方面进行细化，保障督导制度实施。这是《教育督导条例》颁布实施以来首次颁布的省级教育督导条例，相对于《教育督导条例》颁布实施之前的省级教育督导条例，该条例更加全面周到。一是明确了教育督导的范围和内容，对市、区县人民政府的教育督导内容作出规定。二是明确了教育督导机构及职责，规定市、区县人民政府教育督导委员会负责本行政区域内的教育督导工作，在本级人民政府领导下独立行使督导职能。三是明确了督学的相关管理制度，在督学的任命、聘任和管理等方面，对上位法相关内容进行了细化。四是明确了教育督导活动的形式、内容和程序，对综合督导、专项督导和经常性督导三种督导形式的实施频次、程序和时限等作出明确规定。五是明确了教育督导意见的产生程序和结果应用，规定市、区县人民政府及有关部门应当将督导报告作为教育决策和对被督导单位及其主要负责人考核、奖惩的重要依据。六是明确了相关的法律责任，督学、教育督导机构工作人员和被督导单位及工作人员违反条例，都将按照相应规定处理。

（5）《上海市教育督导条例》颁布。为了保证教育法律、法规和国家教育方针、政策的贯彻执行，实施素质教育，提高教育质量，促进教育公平，推动教育事业科学发展，推进教育治理体系和治理能力建设，2015 年 2 月 11 日，《上海市教育督导条例》（上海市人民代表大会常务委员会公告第 21 号）由上海市第十四届人民代表大会常务委员会第 19次会议通过并公布，共 30 条，自 2015 年 5 月 1 日起施行。1999 年 12月 6 日颁布的《上海市教育督导规定》同时废止。《上海市教育督导条例》标志着上海教育督导走上了法制化轨道，它不仅从法律上确立了教育督导在上海教育治理体系中的应有地位，也将为上海深入推进教育综合改革，为全国提供可借鉴、可复制的经验创造了良好的制度环境。它的有效实施，不仅有利于完善决策、执行、监督相互协调又相互制约的教育管理体制，而且有利于提升上海教育督导的权威性，更为推动教育督导朝专业化方向发展提供了有力支撑。

（6）《重庆市教育督导条例》颁布。为了保证教育法律、法规和国家教育方针、政策的贯彻执行，提高教育质量，促进教育公平，推动教育事业科学发展，推进教育治理体系和治理能力建设，《重庆市教育督导条例》（重庆市人民代表大会常务委员会公告第 6 号）于 2015 年 4 月 1 日由重庆市第四届人民代表大会常务委员会第 17 次会议通过，于 2015 年 4 月 8 日公布，共 39 条，自 2015 年 9 月 1 日起施行。2001 年 2 月 27 日颁布的《重庆市教育督导规定》同时废止。《重庆市教育督导条例》进一步明确了教育督导机构的性质，扩大了教育督导的范围，督学地位将更加独立，教育监管将得到进一步强化，标志着重庆市教育督导工作已全面进入法治轨道。它对依法保障重庆市各级政府及其学校贯彻执行教育法律、法规和国家教育方针、政策，提高教育质量，促进教育公平，推动教育发展方式和管理模式的深刻变化，推动重庆市教育事业健康发展，推进教育治理体系和治理能力建设具有重要意义。

（二）市（地、州）级教育督导法规、规章

随着省（区、市）级教育督导规章的相继出台，尤其是随着省（区、市）级教育督导法规的出台，市（地、州）级教育督导法规、规章建设也相继启动。

1. 市（地、州）级教育督导规章相继出台

随着省（区、市）级教育督导法规、规章的出台，很多市（地、州）相继出台了教育督导规章。

（1）《南京市教育督导暂行规定》颁布。《南京市教育督导暂行规定》（南京市人民政府令第 148 号）于 1997 年 11 月 15 日由南京市政府常务会议审议通过，1997 年 12 月 2 日发布，自发布之日起施行。它分为总则、机构与职责、督学、督导、罚则、附则共 6 章 26 条。

（2）《常德市教育督导暂行办法》颁布。2001 年 1 月 5 日，《常德市教育督导暂行办法》（常政发〔2000〕3 号）发布，自发布之日起施行。它分为总则、机构与职责、教育督导人员、督导评估、罚则、附则

共 6 章 21 条。

（3）《温州市教育督导办法》颁布。2001 年 12 月 4 日，《温州市教育督导办法》（温州市人民政府令第 54 号）发布，自发布之日起施行，分为总则、机构与职责、教育督导的实施、罚则、附则共 5 章 26 条。

（4）《南通市教育督导暂行规定》颁布。2002 年 9 月 29 日，《南通市教育督导暂行规定》（通政发〔2002〕191 号）发布，它分为总则、教育督导机构与督导人员、教育督导的实施、法律责任、附则共 5 章 26 条。

（5）《连云港市教育督导规定》颁布。2002 年 10 月 8 日，《连云港市教育督导规定》（连政发〔2002〕170 号）发布，共 22 条，自 2003 年 1 月 1 日起施行。

（6）《台州市教育督导规定》颁布。2003 年 7 月 2 日，《台州市教育督导规定》经台州市人民政府第 10 次常务会议审议通过，并以台州市人民政府令第 81 号公布，自 2003 年 7 月 15 日起施行，共 26 条。

（7）《新余市教育督导暂行规定》颁布。2003 年 7 月 21 日，《新余市教育督导暂行规定》（余政发〔2003〕18 号）发布，自 2003 年 9 月 1 日施行，共 19 条。

（8）《泰安市教育督导暂行规定》颁布。2003 年 9 月 25 日，《泰安市教育督导暂行规定》（泰政发〔2003〕58 号）发布，自发布之日起实施，共 22 条。

（9）《扬州市教育督导暂行规定》颁布。2003 年 10 月 3 日，《扬州市教育督导暂行规定》（扬州市人民政府令第 37 号）经扬州市人民政府第 8 次常务会议讨论通过，自 2003 年 10 月 15 日起施行。分为总则、教育督导机构与督导人员、教育督导的实施、法律责任、附则共 5 章 28 条。

（10）《金华市教育督导办法》颁布。2003 年 12 月 15 日，《金华市教育督导办法》经金华市市长办公会议审议通过，12 月 30 日，以金华市人民政府令第 25 号公布，自公布之日起施行。它分为总则、机构与职责、教育督导的实施、罚则、附则共 5 章 23 条。

（11）《楚雄彝族自治州教育督导规定》颁布。2003 月 12 月 31 日，

《楚雄彝族自治州教育督导规定》（楚政发〔2003〕15号）发布，2003年10月16日由楚雄彝族自治州人民政府第22次常务会议通过，自2004年3月1日起施行，共23条。

（12）《盐城市教育督导规定》颁布。2004年1月16日，《盐城市教育督导规定》（盐政发〔2004〕17号）发布，自2004年2月1日起施行，共28条。

（13）《松原市教育督导规定》颁布。2004年2月27日，《松原市教育督导规定》（松政发〔2004〕4号）发布，自发布之日起实施，共22条。

（14）《东营市教育督导规定》颁布。2004年3月24日，《东营市教育督导规定》（东营市人民政府令第103号）发布，自发布之日起实施，共29条。

（15）《贵阳市教育督导规定》颁布。2005年6月6日，《贵阳市教育督导规定》经贵阳市人民政府常务会议通过。2005年6月14日，以贵阳市人民政府令第9号公布，自2005年9月1日起施行，共28条。

（16）《新乡市教育督导规定（试行）》颁布。2005年9月19日，《新乡市教育督导规定（试行）》（新政发〔2005〕46号）发布，由新乡市政府2005年9月5日第27次常务会议研究，分为总则、教育督导机构、教育督导的实施、法律责任、附则共5章31条，自2005年10月1日起施行。

（17）《常州市教育督导暂行规定》颁布。2005年12月8日，《常州市教育督导暂行规定》（常政发〔2005〕231号）发布，自2006年1月1日起施行，分为总则、职责、督学、督导、罚则和附则共5章23条。

（18）《泰州市教育督导暂行规定》颁布。2006年2月22日，《泰州市教育督导暂行规定》（泰政发〔2006〕36号）发布，自2006年3月1日起施行，分为总则、教育督导机构与督导人员、教育督导的实施、法律责任、附则共5章29条。

（19）《湖州市教育督导规定》颁布。2008年5月30日，《湖州市教育督导规定》经湖州市人民政府第17次常务会议审议通过，并以湖州市人民政府令第 25 号公布，自公布之日起施行。它分为总则、机构人员和职责、教育督导的实施、相关责任、附则共 5 章 26 条。

2. 市（地、州）级教育督导法规相继出台

在市（地、州）级教育督导规章的基础上，部分市（地、州）级教育督导法规也相继出台。截止到 2014 年 12 月 31 日，先后有广东、福建、山东、河南、浙江、辽宁、江苏 7 个省的深圳、厦门、青岛、济南、淄博、郑州、宁波、沈阳、无锡、大连、抚顺、苏州 12 个市颁布了教育督导法规。

（1）《深圳经济特区教育督导条例》颁布。1995 年 12 月 26 日，深圳市第二届人民代表大会常务委员会第 5 次会议通过《深圳经济特区教育督导条例》，1996 年 1 月 8 日公布，自 1996 年 3 月 1 日起施行。条例分为总则、机构与职责、督学、督导、罚则、附则共 6 章 29 条。这是当代中国第一个由地方人大通过颁布的教育督导法规，是当代中国第一个市（地、州）级教育督导条例，是市（地、州）级教育督导法规建设的先行者。

（2）《厦门市教育督导条例》颁布。1998 年 7 月 14 日，厦门市第十一届人民代表大会常务委员会第 5 次会议通过《厦门市教育督导条例》，自 1998 年 9 月 1 日起施行。2003 年 9 月 26 日，厦门市第十二届人民代表大会常务委员会第 6 次会议通过《厦门市教育督导条例》。2003 年 11 月 28 日，福建省第十届人民代表大会常务委员会第 6 次会议批准。条例共 20 条，自公布之日起施行。

（3）《青岛市教育督导条例》颁布。2000 年 7 月 22 日，青岛市第十二届人民代表大会常务委员会第 19 次会议通过《青岛市教育督导条例》。2000 年 8 月 25 日，山东省第九届人民代表大会常务委员会第 16 次会议批准。条例共 20 条，自公布之日起施行。

（4）《济南市教育督导条例》颁布。2001 年 2 月 2 日，济南市第十二届人民代表大会常务委员会第 18 次会议通过《济南市教育督导条例》。4 月 6 日，山东省第九届人民代表大会常务委员会第 20 次会议批准并公布，自 2001 年 5 月 1 日起施行，共 21 条。济南市人民政府 1996 年 1 月 3 日发布施行的《济南市教育督导规定》同时废止。

（5）《淄博市教育督导条例》颁布。2001 年 3 月 30 日，淄博市第

十一届人大常委会第 22 次会议通过《淄博市教育督导条例》。6 月 15 日，山东省人民代表大会常务委员会公布，自 2001 年 7 月 1 日起施行，共 25 条。

（6）《郑州市教育督导条例》颁布。2001 年 6 月 29 日，郑州市第十一届人民代表大会常务委员会第 20 次会议通过《郑州市教育督导条例》。2001 年 9 月 29 日，河南省第九届人民代表大会常务委员会第 24 次会议批准。10 月 12 日，郑州市人民代表大会常务委员会公告公布，自 2001 年 12 月 1 日起施行。条例分为总则、教育督导机构及职责、督学、教育督导的实施、法律责任、附则共 6 章 28 条。

（7）《宁波市教育督导条例》颁布。2002 年 5 月 30 日，宁波市第十一届人民代表大会常务委员会第 37 次会议通过《宁波市教育督导条例》。9 月 3 日，浙江省第九届人民代表大会常务委员会第 36 次会议批准。9 月 11 日，以宁波市人民代表大会常务委员会公告第 25 号公布。条例自 2002 年 10 月 1 日起施行，分为总则、教育督导机构、教育督导的实施、法律责任、附则共 5 章 21 条。

（8）《沈阳市教育督导条例》颁布。2003 年 12 月 9 日，沈阳市第十三届人民代表大会常务委员会第 8 次会议通过《沈阳市教育督导条例》。2004 年 1 月 16 日，辽宁省第十届人民代表大会常务委员会第 7 次会议批准。2004 年 2 月 11 日，以沈阳市人民代表大会常务委员会公告第 29 号公布，自 2004 年 3 月 1 日起施行，共 21 条。

（9）《无锡市教育督导条例》颁布。2005 年 4 月 27 日，无锡市第十三届人民代表大会常务委员会第 16 次会议制定《无锡市教育督导条例》。5 月 26 日，江苏省第十届人民代表大会常务委员会第 16 次会议批准。5 月 31 日，以无锡市人民代表大会常务委员会公告第 1 号公布，自 2005 年 11 月 1 日起施行，共 24 条。

（10）《大连市教育督导条例》颁布。《大连市教育督导条例》于 2006 年 8 月 25 日大连市第十三届人民代表大会常务委员会第 27 次会议通过。2006 年 9 月 28 日辽宁省第十届人民代表大会常务委员会第 27 次会议批准。2006 年 10 月 16 日公布，共 23 条，自 2007 年 1 月 1 日起施行。

（11）《抚顺市教育督导条例》颁布。2006 年 12 月 7 日，抚顺市第十三届人民代表大会常务委员会第 29 次会议通过《抚顺市教育督导条例》。2007 年 1 月 12 日，辽宁省第十届人民代表大会常务委员会第 29 次会议批准。2007 年 1 月 12 日，抚顺市人民代表大会常务委员会公告公布，自 2007 年 3 月 1 日起施行，共 20 条。

（12）《苏州市教育督导条例》颁布。2008 年 10 月 24 日，苏州市第十四届人民代表大会常务委员会第 6 次会议制定《苏州市教育督导条例》。11 月 18 日，江苏省第十一届人民代表大会常务委员会第 6 次会议批准。11 月 21 日，以苏州市人民代表大会常务委员会公告第 2 号公布，自 2009 年 2 月 1 日起施行。条例分为总则、教育督导机构职责和人员、教育督导的实施、法律责任、附则共 5 章 23 条。

（三）县（市、区）级教育督导规章

随着中央、省（区、市）、市（地、州）三级教育督导法规、规章建设的不断健全，县（市、区）级督导规章也有出台。譬如，2000 年 1 月 1 日，《安福县教育督导暂行规定》（安福县人民政府令第 6 号）颁布，自颁布之日起施行。因为种种主客观原因，相对于省（区、市）、市（地、州）两级教育督导法规、规章的建设进程，县（市、区）级教育督导行政规章的建设进程还处于探索起步阶段。

自当代中国教育督导制度恢复重建以来，省（区、市）、市（地、州）、县（市、区）三级教育督导法规、规章相继启动并不断健全完善。地方性教育督导法规、规章的颁布和实施，标志着当代中国地方教育督导工作走上了法制化道路，也为当代中国地方教育督导实践的开展提供了制度依据。同时，也表明当代中国作为世界大国，教育督导政策、法规的统一性与多样性的辩证统一。

第四节　当代中国地方教育督导实践

随着当代中国地方教育督导机构、教育督导队伍的相继建立，尤其是随着当代中国地方教育督导法规、规章的逐步建立，当代中国地方教育督导实践也有序开展。

一　当代中国地方教育督导实践的开展依据

按照时间先后顺序，当代中国地方教育督导实践即省（区、市）、市（地、州）、县（市、区）三级教育督导实践开展的依据主要有《关于转发〈国家教委督导工作座谈会纪要〉的通知》《教育督导暂行规定》《关于加强教育督导与评估工作的意见》《教育督导条例》等教育法规、规章。

（一）教育督导对象主要是普通教育和下级教育行政部门

1987 年 3 月 3 日国家教委发出的《关于转发〈国家教委督导工作座谈会纪要〉的通知》（〔87〕教督字 001 号）规定教育督导对象主要是普通教育和下级教育行政部门。第一，督导工作应面向整个普通教育，包括普通中、小学，中等师范，职业中学。第二，督导机构的任务是监督、检查下级教育行政部门和学校贯彻执行国家的有关方针、政策、法规的情况，以及其他有关事项；评价下级教育行政部门和学校的管理水平和教育质量；帮助和指导下级教育行政部门和学校的工作；反映下级教育行政部门和教育工作者的要求，对教育工作中有关问题进行调查研究，向政府和教育行政部门提出意见和建议。

（二）除普通教育、下级教育行政部门外，教育督导对象还增加了下级人民政府的教育工作和学前教育

除普通教育、下级教育行政部门外，1991 年 4 月 26 日国家教委颁布的《教育督导暂行规定》（国家教育委员会令第 15 号）将教育督导对象增加了下级人民政府的教育工作和学前教育。第二条规定："教育督导的任务是：对下级人民政府的教育工作、下级教育行政部门和学校的工作进行监督、检查、评估、指导，保证国家有关教育的方针、政策、法规的贯彻执行和教育目标的实现。"第三条规定："教育督导的范围，现阶段主要是中小学教育、幼儿教育及其有关工作。"行使教育督导职权的机构可根据本级人民政府或同级教育行政部门的委托，对前款规定以外的教育工作进行督导。①

---

① 中国教育年鉴编辑部：《中国教育年鉴 1992》，人民教育出版社 1993 年版，第740 页。

（三）除中等及中等以下学校、下级教育行政部门、下级人民政府
的教育工作外，教育督导对象还增加了同级人民政府的教育工作

除中等及中等以下学校、下级教育行政部门、下级人民政府的教育
工作外，1999 年 8 月 20 日教育部制定的《关于加强教育督导与评估工
作的意见》（教督〔1999〕6 号）将教育督导对象增加了同级人民政府
的教育工作。文件指出："教育督导工作的性质和任务是：以教育法
律、法规和方针、政策为依据，在同级人民政府领导下，代表人民政府
和教育行政部门，对下级政府的教育工作和教育行政部门的工作，对中
等及中等以下学校和其他教育机构及其举办者的工作进行督导、评估和
检查、验收。根据人民政府授权，也可以对其他教育工作，对同级政府
有关职能部门依法履行教育职责进行督导检查。"①

（四）教育督导对象扩展到各级各类教育，实现了全覆盖

2012 年 9 月 9 日颁布的国务院令第 624 号《教育督导条例》将教
育督导对象扩展到各级各类教育，实现了全覆盖。第二条规定："对法
律、法规规定范围的各级各类教育实施教育督导，适用本条例。教育督
导包括以下内容：县级以上人民政府对下级人民政府落实教育法律、法
规、规章和国家教育方针、政策的督导；县级以上地方人民政府对本行
政区域内的学校和其他教育机构教育教学工作的督导。"第十一条规
定："教育督导机构对下列事项实施教育督导：学校实施素质教育的情
况，教育教学水平、教育教学管理等教育教学工作情况；校长队伍建设
情况，教师资格、职务、聘任等管理制度建设和执行情况，招生、学籍
等管理情况和教育质量，学校的安全、卫生制度建设和执行情况，校舍
的安全情况，教学和生活设施、设备的配备和使用等教育条件的保障情
况，教育投入的管理和使用情况；义务教育普及水平和均衡发展情况，
各级各类教育的规划布局、协调发展等情况；法律、法规、规章和国家
教育政策规定的其他事项。"

二　当代中国地方教育督导实践的特点

自当代中国教育督导制度恢复重建以来，根据《教育督导暂行规

---

①　中国教育年鉴编辑部：《中国教育年鉴 2000》，人民教育出版社 2000 年版，第
901 页。

定》《教育督导条例》等法规、规章，省（区、市）、市（地、州）、县（市、区）三级教育督导部门组织开展了广泛、深入的教育督导实践，并富有特点。

（一）从结构上说，地方教育督导实践涵盖省（区、市）、市（地、州）、县（市、区）三级教育督导实践。一方面，地方教育督导实践由督导司或者国家（国家教委）教育督导团办公室或者国务院教育督导委员会办公室等统一指挥、调度。除港、澳、台三地之外，全国一盘棋，31 个省（区、市）的教育督导实践具有同一性。另一方面，在三级督导实践中，各省（区、市）的教育督导机构又统一指挥、调度市（地、州）、县（市、区）两级教育督导实践，全省（区、市）一盘棋。31 个省级行政区划单位的教育督导实践因地制宜、各具特色。这两个方面的教育督导实践相互补充，并以前者为主。

（二）从内容上说，地方教育督导实践涵盖全国统一的督导实践和地方特色的督导实践两大类。一方面，地方教育督导实践统一由督导司或者国家（国家教委）教育督导团办公室或者国务院教育督导委员会办公室等统一指挥、调度，涵盖综合督导和专项督导两大类。综合督导包括对教育法律的执法督导检查、对"两基"工作的综合督导、对义务教育工作的综合督导、对基础教育工作的综合督导，等等。专项督导涉及教育工作的方方面面，如对体育、卫生、艺术教育工作的专项督导，对教育难点、重点、热点问题的专项督导，等等。另一方面，各地因地制宜开展了有地方特色的教育督导实践。例如，湖南省汨罗市关于素质教育的督导评估机制的建立，上海市关于发展性的教育督导评估方式的建立。总体而言，由国家统一指挥、调度的督导工作是主体，由地方教育督导机构因地制宜开展的教育督导实践是特色。

（三）从质量上说，地方教育督导实践开展不平衡，这种不平衡表现在各个方面。一是各省（区、市）教育督导实践不平衡。如城市和农村、发达地区和老少边穷地区、沿海地区和内陆地区、东中部地区和西部地区之间等都存在不平衡。总体而言，城市、发达地区、沿海地区、东中部地区的地方督导实践更规范。二是各省（区、市）内部不平衡。相对而言，省（区、市）政府所在地、市（地、州）政府所在地、县（市、区）政府所在地教育督导实践较为规范。三是各个领域督导实践不平衡。相对而言，关于基础教育和义务教育的地方督导实践更为规范。四是各个阶段督导实践不平衡。当代中国教育督导制度自建立以来，经历了创建、中断、恢复重建、中国特色教育督导制度四个阶段，相对而言，在后面两个阶段，地方教育督导实践开展更为规范。五是地方督导实践和地方督导理论研究不平衡。相对而言，地方督导理论研究滞后于地方督导理论实践。当然，这种诸多不平衡的原因是多方面的，但是，不断克服这种不平衡是地方教育督导实践的发展方向。

（四）从职能上说，地方教育督导机构如何贯彻落实督政与督学并重、监督与指导并重的督导新任务，是当前地方教育督导实践面临的新课题。监督、检查教育法律法规和方针政策的贯彻落实是教育督导的重要职责。评估则是教育督导不可缺少的重要手段，在监督的同时对被督导对象提出具体的指导性意见，帮助被督导对象改进工作，对确定的教育目标进行验收，等等。自当代中国教育督导制度恢复重建以来，地方教育督导机构综合运用监督、检查、评估、指导和验收多种手段开展地方教育督导实践。在 2010 年我国实现"两基"目标之前，地方教育督导实践偏重于监督、检查。但是，随着"两基"任务的完成，在 21 世纪，监督与指导并重是趋势，是潮流，是方向。《教育督导条例》第三条明确提出："对政府履行教育工作相关职责的督导与对学校教育教学工作的督导并重，监督与指导并重。"地方教育督导机构如何贯彻落实督政与督学并重、监督与指导并重的督导新任务，是当前地方教育督导实践面临的新课题。

自当代中国地方教育督导制度建立以来，各地教育督导机构、教育督导队伍和教育督导法规、规章的建立和健全为地方教育督导实践的广泛开展奠定了组织基础、人力基础和制度基础。反过来，随着当代中国地方教育督导实践的纵深拓展，在推动地方教育改革与发展的同时，也推动地方教育督导制度的健全和完善。

第五章　当代中国高校教学督导制度

第一节　当代中国高校教学督导制度概述

中国高校教学督导制度分为近代中国高校教学督导制度和当代中国高校教学督导制度。近代中国高校教学督导制度创建于民国前期，为当代中国高校教学督导制度的产生奠定了良好的基础。当代中国高校教学督导制度随着当代中国高等教育的改革与发展逐步得以建立并不断改革发展。

一　当代中国高校教学督导制度的历史渊源

（一）民国前期高校教育学督导制度的创建

民国前期，教育部视学的视察范围仅限于初等教育、中等教育和社会教育，对高等专门以上学校很少顾及。同时，由于当时私立学校纷纷升格为大学、专门学校，程度参差不齐；教会学校须经教育部认可，其毕业生才可予以同等利益。而原教育部视学因学识、经验所限，很难胜任高等专门以上学校的视导。近代中国高校教学督导制度得以诞生。

1.《专门以上学校视察委员规程》《专门以上学校视察委员会视察细则》先后颁布

1920 年 12 月 31 日，教育部制定了《专门以上学校视察委员会规程》。1921 年 2 月 1 日，教育部颁布了《专门以上学校视察委员会视察细则》，并决定在教育部内成立专门以上学校视察委员会，这是民国前期特有的部级视学人员。第一，专门以上学校视察委员会的视察范围。专门以上学校视察委员会隶属于教育总长，负责视察专门以上学校，主要包括：国立公立及曾经教育部认可的私立专门以上学校；正在向教育部申请认可的私立专门以上学校；未经教育部认可的私立专门以上学校；专门以上学校所设的某种学科的状况；教育总长特命视察事项。按规定，专门以上学校视察委员会的视察委员在视察某所学校时，应注意学校行政、经济、设备、教职员工作、所设科目及学科分配、学校原定工作计划及其他应行注意之事项；视察某种学科时，应注意该学科的内容、设备条件、教员的资格、学识和教授法、学生对于学科的兴趣以及其他应注意之事项。第二，专门以上学校视察委员会的人员配置。专门以上学校视察委员会常任委员一般不超过八人，由教育总长指派部员充任。设主任一人，由专门教育司司长兼任，设干事两人，由部员兼任。在部内设事务处，为该委员会的议事集会机构。其他视察程序、权限、经费等，与其他部视学相同。

2. 专门以上学校视察委员会成立

1921 年初，专门以上学校视察委员会成立。教育部任命七人为专门以上学校视察委员会委员。此七人均为教育部部员中"曾留学外国而有学问者"，另派两部员兼视察委员会干事。事务处附设在专门教育司内。专门以上学校视察委员会的成立标志着近代中国高校教学督导制度确立。

（二）民国后期高校教学督导制度的改革

民国后期，高校教学督导制度与民国前期的高校教育学督导制度略有不同。从 1941 年起，教育部视察分为定期视导和特殊视导两种，其中定期视导又分为分区视导与分类视导两类。所谓分区视导，即清末起施行的做法，把全国各省市分成若干区，每两省或三省为一区，每区派若干人分任该区域内教育的视导。所谓分类视导为新生事物，即按教育的种类，分高等教育、中等教育、国民教育、社会教育、边疆教育、职业教育、体育、训育、助产护士等类，按类派人视察。这种分类视导，是过去没有过的。从当时情况来看，分区视导多由部督学担任，分类视导则多由部内外专家担任。民国后期，教育部对高等教育的定期视导，其实就是专门以上学校视察委视学工作的延续和发展。

二　当代中国高校教学督导制度的建立

新中国成立以来，尤其是改革开放以来，我国高等教育迅猛发展，这主要表现在两个方面，一是高校数量迅速增长，二是高校教育教学质量稳步提升。根据教育部网站统计数据，截至 2015 年 6 月 30 日，全国高等学校共计 2845 所，其中，普通高等学校 2553 所（含独立设置民办普通高校 447 所，独立学院 275 所，中外合作办学 7 所），成人高等学校 292 所。随着当代中国经济由计划经济体制逐步转变为市场经济体制，由粗放型经济发展模式逐步转变为集约型经济发展模式，高校逐步由"数量扩张型"转向"质量提高型"，由粗放型的外延增长转向集约型的内涵发展。随着高等教育的迅猛发展，当代中国高校教学督导制度得以产生并不断改革发展。

（一）普通高校教学督导制度的建立与发展

1. 普通高校教学督导制度的建立与发展

为了强化教学管理、规范教学过程、推进教学改革、提高教学质量，20 世纪 80 年代末 90 年代初，我国各高校相继在教学管理领域引进了中小学教育督导制度。高校教学督导制度是中小学教育督导制度在高校教学管理领域创新的产物，是深化高等教育改革、高校内部监督教学管理和教学运作的新事物。20 世纪末，伴随着当代中国高等教育的改革与发展，各高校教学督导制度在内涵和外延建设方面也取得了长足的进步。如全面提升教学督导工作的权威性，大力强化教学督导制度的内涵建设，稳步推进教学督导机构的相对独立性，逐步实行督学专业化，积极建构督教、督学、督管三位一体的教学督导新格局，坚持教学督导工作的创新精神，等等。高校教学督导制度的建立和健全，大大提升了高校教学质量和人才培养质量，又有效提升了教学督导工作的权威和影响。21 世纪初期，随着高校内涵发展和可持续发展成为趋势和潮流，高校教学督导制度的使命和职责就是如何进一步变革创新，为推进高校发展、为推进中国特色教育督导制度做出自己的贡献。

2. 普通高校教学督导制度的内容

高校教学督导制度是一个系统工程，包括教学督导机构、教学督导队伍、教学督导规章、教学督导实践四个方面，其中教学督导规章是纲领性文件，对其他三个方面的建设起指导作用。从结构上说，高校教学督导规章分为两个层面：一个是国家层面，属于宏观管理；另一个是学校层面，属于微观管理。这两个层面的教学督导规章互为补充，构成一个有机整体。国家层面的高校教学督导规章由教育部根据管理工作需要组织制定，具有强制性，各高校必须遵照执行，大多起步于21世纪初期。作为独立法人，高校依法独立行使学校教育决策、教育组织活动的权力，具有一定的办学自主权。因此，学校层面的教学督导规章由各高校依法根据学校实际情况独立制定并组织实施，可谓各有侧重、各有特色，大多起步于20世纪80年代末90年代初。从内容上说，高校教学督导规章涉及高校教育教学工作的各个层面，如管理层面、教师层面、学生层面等。其中，管理层面关于高校招生执法监察规章、高校科研管理工作的督导规章是高校教学督导规章的重点领域，也是难点领域。21世纪初，我国出台了一系列关于高校招生执法监察工作、高校科研管理工作的督导规章制度，各高校严格贯彻执行并卓有成效。

（二）独立学院教学督导制度的建立与发展

与普通高等学校教学督导制度相比，独立学院教学督导制度创建与发展过程更为曲折，发展阶段更为明晰，更能代表当代中国高校教学督导制度的创建发展历程。独立学院是我国高等教育办学模式的一种新探索，兴起于20世纪90年代末期。作为一种探索模式，独立学院经历了"先发展后规范"的特殊发展历程，并划分为三个阶段：创建期（1998—2002年）、建设期（2003—2007年）、转型期（2008年至今）。① 因为三个不同发展阶段，独立学院的定位、定性等重要维度有诸多不同，受制于这些不同，作为一项内部管理制度，教学督导制度也呈现出不同的典型特征，相应地划分为三个阶段：教学督导工作依附于母体高校阶段、教学督导制度独立建构阶段、教学督导制度变革创新阶段。

1. 教学督导工作依附于母体高校阶段

20世纪90年代后期，高等教育规模急剧扩大，高等教育资源普遍

① 路正南、周西安、孙国：《新形势下独立学院的发展历程及路径分析》，《教育与职业》2012年第11期下。

紧缺，一些地方和高校开始探索试办具有民办性质的独立学院。1998年12月，苏州大学与私营企业凯达房地产公司合作举办的苏州大学文正学院率先创立。1999年4月，宁波大学在原宁波师范学院的基础上创办了宁波大学科学技术学院。"两所学院同样都是通过市场获取办学经费，也都依附于母体高校，但更为独立，构成独立学院两种基本类型的成熟形态。"① 随后，以苏州大学文正学院、宁波大学科学技术学院为蓝本的"民办型独立学院"和"公办型独立学院"在全国范围内迅速扩散，名称最初为二级学院，后又称为民办二级学院或新制二级学院。这种新制二级学院即独立学院发展势头强劲，截止到2002年底，全国达到360多所。② 截止到2015年5月21日，独立学院为275所。因为是新生事物，国家相关政策尚未出台，独立学院在办学理念、管理体制等方面基本上处于摸索状态，依附于母体高校是独立学院的基本特征。当然，这一特征也显著地体现在独立学院教学督导工作之上。在独立学院创建期，教学督导工作并没有规范化、制度化，缺乏独立的教学督导机构、教学督导队伍和教学督导规章，仅仅借助于母体高校的教学督导队伍在一定范围内开展了一定的教学督导工作。但是，独立学院和母体高校情况差别很大，独立学院有自身的特殊情况，如社会对独立学院存在一定的认识偏差，独立学院以兼职教师为主，专职教师很少，教师对独立学院的认同感较低，学生对独立学院的归属感不强，等等。客观地说，依附于母体高校的教学督导工作缺乏针对性、系统性和全面性，甚至存在督导盲区或督导死角。教学督导工作依附于母体高校，这直接导致独立学院教学实施环节缺乏有效的监督，教学决策环节缺少客观的依据，部分独立学院甚至出现了办学质量问题、办学方向偏差等问题，引发了社会各界的热议。

2. 教学督导制度独立建构阶段

为了规范独立学院的发展，2003年4月23日，教育部发布了《关于规范并加强普通高校以新的机制和模式试办独立学院管理的若干意

---

① 王富伟：《独立学院的制度化困境——多重逻辑下的政策变迁》，《北京大学教育评论》2012年第2期。

② 张保庆：《统一思想 提高认识 注重质量 严格管理 努力促进独立学院健康持续发展》，《中国高等教育》2005年第9期。

见》（教发〔2003〕8 号），简称教育部 8 号文件。8 号文件明确界定了独立学院："本文所称独立学院，是专指由普通本科高校按新机制、新模式举办的本科层次的二级学院。"① 8 号文件是独立学院创办以来第一份规范性的政策性文件，文件明确了两大政策目标。首先，文件明确了独立学院是高校办学形式的一种制度创新，鼓励发展。其次，文件明确了独立学院在办学中存在诸多问题，并力图从定名（相对独立的二级学院，简称独立学院）、定位（更好更快扩大高等教育资源的一种有效途径）、定性（办学体制为新机制，即民办机制）、定型（六个独立，即独立校园、独立教学组织和管理、独立招生、独立文凭、独立财务、独立法人）四个维度进行整顿规范。8 号文件标志着独立学院从规模扩张的创建阶段进入治理整顿、规范发展的内涵建设阶段，标志独立学院开始在国家政策的扶持下向自主办学机构过渡。作为一种新的办学体制，社会各界对独立学院教学质量和人才培养质量的关注度与期望值颇高。为落实 8 号文件精神，在母体高校的大力扶持下，独立学院各项工作和各项制度逐渐步入正轨，内涵建设全方位铺开。为落实 8 号文件"独立的教学组织和管理"精神，各独立学院参照母体高校的教学督导制度，先后独立建构了教学督导制度。各独立学院相继制定了教学督导工作规章（章程或者办法或者条例），设立了教学督导机构，组建了教学督导队伍，并组织开展了全面、系统、持续、深入的教学督导实践。独立学院教学督导制度的独立建构，既促进了教学质量和人才培养质量的持续提升，又极大地提高了独立学院教学督导工作的权威和影响，形成了双赢格局。

3．教学督导制度变革创新阶段

教育部 8 号文件统一规范了独立学院的定名问题和定位问题，但是，没能解决好定性问题和定型问题。2008 年 2 月 22 日，教育部又颁布了《独立学院设置与管理办法》（教育部令第 26 号），简称教育部 26号令。26 号令明文规定："本办法所称独立学院，是指实施本科以上学

---

① 《教育部关于印发〈关于规范并加强普通高校以新的机制和模式试办独立学院管理的若干意见〉的通知》（http：//www. moe. edu. cn/publicfiles/business/htmlfiles/moe/s3014/201206/138410. html）。

历教育的普通高等学校与国家机构以外的社会组织或者个人合作,利用非国家财政性经费举办的实施本科学历教育的高等学校。"① 相对于 8 号文件,26 号令主要有两点变化。一是定性问题,文件明确界定"独立学院是民办高等教育的重要组成部分",并在办学主体、办学经费等方面提出了详细、具体的要求。二是定型问题,相对于 8 号文件,"六个独立"规定更为严格,规定"独立学院的设置标准参照普通本科高等学校的设置标准执行",并提出了五年验收期限及其独立学院的存在前景,验收合格者继续作为独立学院存在;验收不合格者,可转设为民办普通高校,可终止、合并或者并入公办普通高校、民办高校。教育部 26 号令力图通过提高门槛、明确治理结构、加强量化规定来抑制可能出现的投机性,这标志着独立学院迈进了转型期。对于转型期的独立学院而言,持续、健康发展为第一要务。要纵深促进独立学院的持续、健康发展,教学督导制度需要不断变革创新。26 号令颁布以后,各独立学院相继启动了教学督导制度的理论创新和实践创新工作。不断变革创新,这既是独立学院持续、健康发展的需要,也是独立学院教学督导制度自身健全的必然要求,还是一个逐步推进、纵深拓展的系统工程。

三 当代中国高校教学督导制度创建发展的启示

(一)建立并健全教学督导制度是高校内涵发展的需要

在高校管理系统中,决策机制、执行机制和监督机制形成一个科学、完整的体系,作为监督机制的督导工作不可或缺。由当代中国教学督导制度的创建发展历程不难看出,无论是普通高校,还是独立学院,教学督导制度都是经历了从无到有、从制度创建到制度变革创新的曲折历程。在高校扩招时期,随着教学管理工作的规范化和制度化进程,教学督导制度得以建立,教学督导实践不断开展,师生教学督导意识不断增强,教学督导结果逐步得到关注和重视,教学督导影响日益扩大,教学督导工作的权威性逐步提高,教学督导地位逐步提升,等等。在高校内涵发展时期,教育教学工作和教育教学管理制度在面临发展机遇的同

---

① 《中华人民共和国教育部令:独立学院设置与管理办法》(http://www.moe.gov.cn/srcsite/A03/s181/200802/t20080222_ 170538. html)。

时也面临一系列挑战，教学督导工作急需在规章制度、机构设置、队伍建设、督导实践等方面厉行变革创新，以保证制度的不断健全和完善，以促进高校的持续、健康发展。教学督导制度需要与时俱进，需要不断变革创新，这既是高校内涵发展的需要，也是教学督导工作的永恒主题。总之，无论是普通高校还是独立学院，建立并健全教学督导制度，都是高校教学改革和发展的现实需要，也是高校教育管理走向规范化、科学化的必然，还是高校内涵发展的需要。高校教学督导实践也进一步表明，高校教学督导制度的建立和健全，有助于高校教学质量、人才培养质量的全面、持续提升，有助于教育管理的规范化和科学化。

（二）建立并健全教学督导制度是教育督导工作自身发展的需要

实践证明，建立并健全教学督导制度不仅是高校内涵发展的需要，也是教育督导工作自身发展的需要。高校教学督导制度自身改革发展主要体现在机构建设、队伍建设、规章建设、督导实践四个层面。第一，组织建设率先启动，组织机构不断健全。各高校相继成立了教学督导机构，部分高校还成立了院、系两级督导机构。机构建设为高校开展教学督导工作提供了组织保证。第二，督学队伍不断壮大，督学素养不断提升。随着高校学生数、教师数的激增，高校的督学队伍不断发展壮大，达到2万多人，包括专职和兼职、校内和校外、行政管理型和专家型等各类督学。督学素质是教学督导工作成败的关键因素，各高校逐步建立了督学培训制度，以保证督学素质稳步提升，这为高校教学督导实践提供了人力保障。第三，建章立制工作全面铺开，规章制度不断丰富拓展。各高校先后出台了教学督导规章，详细规定了教学督导适用范围、教学督导原则、教学督导机构、督学、教学督导实施等，这为高校开展教学督导工作提供了制度保证。第四，教学督导实践不断深化，教学督导影响日益扩大。随着高校教学督导实践的深入开展，督学不仅限于督教，也开始兼顾督学、督管；督学不仅注重教师学识，也开始注重教师职业道德和能力；督学不仅强调目标督导也开始强调过程督导；督学不仅注重督促也开始注重引导。持续、深入的教学督导实践为高校教学质量和人才培养质量提升发挥了积极的作用。总之，督导制度的自身建设是一个逐步深化的过程，也是一个系统工程，各个层面紧密相联、相互影响、相互制约。机构建设、队伍建设、规章建设为教学督导实践的开展提供了基本保障，教学督导实践的纵深拓展则为规章建设、机构建设、队伍建设注入活力和动力。

第二节　当代中国高校招生执法监察规章

从结构上说，当代中国高校招生执法监察规章分为两个层面，一个是国家层面，一个是高校层面。国家层面的招生执法监察规章由驻教育部纪检组、监察局组织制定。驻教育部纪检组、监察局是中央纪委、监察部的派出机构，由中央纪委、监察部直接领导，实行合署办公，履行党的纪律检查和行政监察两种职能。高校层面的招生执法监察规章，由各高校依法独立组织制定，各高校因校制宜、各有特色。其中，国家层面的高校招生执法监察规章具有指导性、强制性，是当代中国高校招生执法监察规章的主体。自当代中国高校教学督导制度建立以来（截止到 2015 年 6 月 30 日），教育部先后颁布了三个关于高校招生执法监察规章，并通过印发高校招生执法监察年度通知进一步贯彻落实。

一　当代中国高校招生执法监察规章的颁布

（一）《教育部关于普通高等学校招生监察工作的暂行规定》出台

为确保普通高校招生考试制度的改革和招生录取工作的顺利进行，进一步健全和完善监督制约机制，规范招生监察工作，2000 年 6 月 13 日，《关于印发〈教育部关于普通高等学校招生监察工作的暂行规定〉的通知》（教监〔2000〕1 号）出台。《教育部关于普通高等学校招生监察工作的暂行规定》分为总则、工作机制、职责权限、监察事项、制度和要求、附则共 6 章 26 条，自发布之日起施行。

（二）《教育部关于实行高等学校招生工作责任制及责任追究暂行办法》出台

为确保国家高等学校招生法规、制度、政策和规定的贯彻落实，全面体现招生工作的公平、公正，进一步健全和完善监督制约机制，促进高等学校招生工作持续健康发展，2005 年 3 月 15 日，《教育部关于印发〈教育部关于实行高等学校招生工作责任制及责任追究暂行办法〉的通知》（教监〔2005〕4 号）出台。《教育部关于实行高等学校招生工作责任制及责任追究暂行办法》共 10 条，自发布之日起施行。第一，规定了八条"禁令"，一旦发现在高校招生考试工作中出现违反"禁令"的现象，将追究有关负责人的责任。八条"禁令"具体包括：不执行国家有关规定，擅自扩大本部门、本地区或本校招生规模；以任何名义和理由，向考生收取与招生录取挂钩费用；违反国家有关规定，录取不符合录取条件的考生；以任何方式影响、干扰招生工作正常秩序；参与社会中介机构或个人非法招生活动；在报名、考试、录取等招生工作中，有徇私舞弊、弄虚作假行为；考场纪律混乱、考试秩序失控，出现大面积考试作弊现象；索取或者收受考生及其家长的礼品、现金和有价证券。第二，对于如何追究负责人责任，办法明确了招生工作"谁主管，谁负责"的责任制度。高校招生期间，各级教育行政部门、招生考试机构和高校党政主要领导作为第一责任人，要对本部门、本地区、本校的招生工作负全面领导责任；分管招生工作领导作为直接主管责任人，要承担领导、组织、协调和监管的责任；招生部门负责人要在规定的职责范围内履行相应职责。属于集体决策的，追究主要领导的责任；属于分管领导或部门负责人决策的，追究有关领导或负责人的责任；而属于招生考试工作人员个人行为的，追究有关当事人的责任。

（三）《普通高等学校招生违规行为处理暂行办法》出台

为规范处理普通高等学校招生违规行为，维护招生秩序，保障招生公平、公正，2014 年 7 月 8 日，教育部出台《普通高等学校招生违规行为处理暂行办法》（教育部令第 36 号，以下简称《办法》）。《办法》分为总则、违规行为认定及处理、招生责任制及责任追究、附则共 4 章 26 条，自发布之日起施行。《办法》指出：第一，《办法》的调整范围涵盖了各类、各层次主体和招生工作各个方面。一是从高校招生层次来看，《办法》适用于高校录取本科、专科学生的活动。同时，附则规定，研究生招生有关违规行为的处理，参照执行。二是从高校招生类型来看，《办法》适用于普通本专科和高职招生，同时涵盖了统一高考、省级专业统考、特殊类型招生、高等职业学校单独招生等国家招生政策规定的各种招生方式。三是从涉及的主体来看，高校、高级中等学校、招生考试机构、主管教育行政部门、招生工作人员、考生等主体的违规行为，均适用《办法》。第二，《办法》明确界定了违规行为。同时，

《办法》在每一类主体违规情形的最后一项都做了兜底规定，从而涵盖了其他违法违规情形。根据违规主体的不同，分别界定了相应的违规行为。一是高等学校的违规情形。包括：违规发布招生简章、虚假招生宣传、未予信息公开、未按照计划招生、未按标准录取、向考生收费等。二是高级中等学校的违规情形。包括：滥用推荐权、违规公示、弄虚作假、违规办理学籍档案、违规为考生填报志愿、有偿推荐或组织生源等。三是招生考试机构的违规情形。包括：未按照计划和标准投档、违反程序投档、违规补录、未予信息公开、监督不力等。四是省级教育行政部门的违规情形。包括：地方招生政策违规、擅自改变招生计划和类型、要求违规录取、监管不力等。五是招生工作人员的违规情形。包括：更改考生信息、对已录取考生变更录取学校和专业、违规请托、泄露信息、弄虚作假、违反回避制度、收受贿赂、参与非法招生等。六是考生的违规情形。包括：弄虚作假骗取报名资格或优惠条件、提供虚假材料影响录取结果、冒名顶替取得入学资格等。第三，《办法》明确规定了违规处罚措施。同时规定，对于违规行为，如果涉嫌犯罪的，依法移送司法机关处理。对于不同的违规主体，《办法》规定了不同的处罚措施。一是高等学校违规：由主管教育行政部门责令限期改正，给予警告或者通报批评；情节严重的，给予减少招生计划、暂停特殊类型招生试点项目或者依法给予停止招生的处理；对责任人员，视情节轻重依法给予相应处分。二是高中违规：由主管教育行政部门责令限期改正，给予警告或者通报批评；对责任人员，视情节轻重依法给予相应处分。三是招生考试机构违规：由主管教育行政部门责令限期改正，给予警告或者通报批评；对责任人员，由有关主管部门依法给予处分。四是省级教育行政部门违规：由国务院教育行政部门责令限期改正，并可给予通报批评；对责任人员，视情节轻重依法给予处分。五是招生工作人员违规：其所在单位立即责令暂停其负责的招生工作，由有关部门视情节轻重依法给予相应处分或其他处理。六是考生违规：在报名阶段发现的，取消报考资格；在入学前发现的，取消入学资格；在入学后发现的，取消录取资格或者学籍；在毕业后发现的，由教育行政部门宣布学历、学位证书无效，责令收回或者予以没收；违反国家教育考试规定、情节严重受到停考处罚，在处罚结束后继续报名参加国家教育考试的，由学校决定是否予以录取。第四，《办法》进一步确认了招生工作责任制。一是明确了高校招生工作的一把手负责制；二是规定了对直接责任人的处理方式；三是规定了其他人员干预招生工作的责任。《办法》的制定和实施具有重要意义：其一，是推进考试招生制度改革的需要。制定《办法》，有利于健全考试招生制度，使政府宏观管理和社会参与监督有法可依。其二，是解决突出问题和保障招生公平的需要。制定《办法》，明确违规行为和惩处措施，有利于提高对招生录取领域的治理能力，维护公平、公正的招生环境。其三，是进一步推进高校招生考试制度法治化的需要。制定《办法》，加强法治建设，有利于规范高校招生自主权的依法行使，有利于保持制度的稳定性、透明性，便于各地高校的遵守与执行，为进一步落实和扩大高校办学自主权奠定法治基础。

二 当代中国高校招生执法监察规章的贯彻落实

（一）《教育部关于做好2001年普通高等学校招生考试管理和执法监察工作的通知》印发

为确保国家招生考试制度、政策和规定的贯彻落实，维护我国教育事业的良好形象和社会的稳定，做好普通高等学校招生工作，2001年5月21日，《教育部关于做好2001年普通高等学校招生考试管理和执法监察工作的通知》（教监〔2001〕1号）印发。文件指出：第一，各地教育行政部门和高等学校领导要高度重视招生考试的管理工作。第二，要进一步做好普通高校招生宣传工作。第三，要严格执行国家有关招生政策、规定以及国家下达的招生计划。第四，认真落实党风廉政建设责任制。第五，要加强对招生考试工作人员的教育和培训。第六，各高等学校要严格按照国家和省级人民政府规定的收费标准收费，进一步规范收费行为。第七，各级教育纪检监察机关要认真贯彻执行《教育部关于普通高等学校招生监察工作的暂行规定》。

（二）《教育部关于做好2002年普通高等学校招生考试管理和执法监察工作的通知》印发

为贯彻落实国家招生考试各项制度、政策和规定，全面体现"德智体全面考核，择优录取"和"公平竞争，公开选拔"的原则，维护我国教育事业的良好形象和社会的稳定，确保2002年普通高等学校招生工作的顺利进行，2002 年 5 月 29 日，《教育部关于做好 2002 年普通高等学校招生考试管理和执法监察工作的通知》（教监〔2002〕2 号）印发。文件指出：第一，进一步加强对招生考试工作的领导。第二，进一步做好招生宣传工作。第三，进一步完善"学校负责、招办监督"的录取工作体制和与网上录取相适应的工作机制。第四，高等学校招生工作要切实做到"公正、公平"。第五，进一步加强对招生考试工作人员的培训工作。第六，严肃考风考纪，加强对考试和录取场所的管理。第七，进一步加强和规范收费管理工作。第八，严格执行教育部党组提出的"三不准、一禁止"规定。即：不准擅自扩大招生计划，不准特批未达到录取条件的学生进入学校，不准利用职务和工作的便利向招生考试机构和高等学校递条子、打招呼；禁止招生考试机构及其工作人员参与社会中介组织及其工作人员介绍、拉拢生源的任何活动。第九，进一步加大监督工作的力度。第十，进一步落实党风廉政建设责任制和责任追究制度。

（三）《教育部关于做好 2004 年普通高等学校招生执法监察工作的通知》印发

为确保国家招生考试制度、政策和规定的贯彻落实，切实加大综合整治工作的力度，营造良好的国家教育统一考试环境，全面体现国家教育统一考试和高等学校招生工作的公平、公正，2004 年 5 月 20 日，《教育部关于做好 2004 年普通高等学校招生执法监察工作的通知》（教监〔2004〕9 号）印发。文件指出：第一，进一步落实党风廉政建设责任制和责任追究制度。各级教育行政部门、招生考试机构和高等学校党政主要领导作为党风廉政建设责任制和责任追究制度的第一责任人。第二，继续严格执行教育部党组提出的"三不准、一禁止"的规定。第三，配合有关部门，齐抓共管，综合治理国家教育统一考试环境。第四，高等学校要按照依法治招、规范管理的要求，建立和完善自我约束和监督制约机制。第五，高等学校招生执法监察工作要突出重点，提高监督工作的有效性。各级教育纪检监察部门要强化对重点环节、重点岗位、重点时段的监督，尤其要加大对各种特殊类型和特殊形式招生的监督、自主选拔录取试点工作的监督，以及录取后期补录的监督。第六，进一步严格规范高等学校的收费行为。第七，积极探索与创新，切实加强高等学校招生监察工作。

（四）《教育部关于做好 2006 年普通高等学校招生执法监察工作的通知》印发

为了维护国家招生制度及政策规定的权威性和严肃性，确保高校招生工作的公平、公正，保障高校招生工作健康有序进行，2006 年 5 月 8 日，《教育部关于做好 2006 年普通高等学校招生执法监察工作的通知》（教监〔2006〕7 号）印发。文件指出：第一，推进"阳光工程"制度化，切实维护高校招生公平、公正。第二，加强组织领导，严格执行高校招生工作责任制和责任追究制度。第三，严格履行工作职责，提高招生监察工作有效性。第四，强化管理与监督工作，严格规范高校收费行为。深入推进高校招生"阳光工程"，坚决制止与招生录取挂钩的乱收费是今年治理教育乱收费的主要任务之一。第五，加大督察工作力度，严肃查处各类违纪违法案件。各级教育纪检监察部门要配合招生主管部门重点开展四项治理工作，即坚决制止与招生录取挂钩的各种乱收费，严厉打击非法中介诈骗活动，有效遏制违规招生，防范和综合治理"高考移民"问题。

（五）《教育部关于做好 2007 年普通高校招生执法监察工作的通知》印发

为了维护国家招生制度及政策规定的权威性和严肃性，确保高校招生工作的公平、公正，保障高校招生工作健康有序进行，2007 年 5 月 31 日，《教育部关于做好 2007 年普通高校招生执法监察工作的通知》印发。文件指出：第一，深入实施"阳光工程"，加大监察工作力度。第二，建立完善监督制约机制，加大规范管理工作力度。第三，落实工作责任制和责任追究制度，加大督查工作力度。各级教育监察部门要坚持"全程参与，重点监督"原则，特别要加强对招生考试和录取过程中重点岗位人员、特殊类型招生人员履行职责情况的监督检查，严肃查处违纪违规招生行为。第四，严肃查处违规招生案件，加大对违法违纪行为的打击力度。

（六）《教育部关于做好 2008 年普通高等学校招生执法监察工作的通知》印发

为了维护国家招生制度及政策规定的权威性和严肃性，确保招生公平、公正，促进高校招生工作任务顺利完成，2008 年 6 月 3 日，《教育部关于做好 2008 年普通高等学校招生执法监察工作的通知》（教监〔2008〕10 号）印发。文件指出：第一，加大监察力度，促进"阳光工程"政策全面落实。第二，突出工作重点，提高监察工作实效。第三，加大检查力度，落实招生责任制和责任追究制度。各级教育监察部门要与招生考试管理部门密切配合，围绕"严防出现试题失密泄密事件，严防发生有组织的大规模群体性舞弊事件，严防高校违规录取或体制外招生，严防因自身工作失误造成大的社会影响"这四个防范重点，进一步加大监督检查力度。第四，认真履行职责，不断提高监察工作水平。

（七）《教育部办公厅关于做好 2009 年普通高校招生执法监察工作的通知》印发

为了维护国家招生制度及政策的权威性和严肃性，确保高校招生公平、公正，保障高校招生改革工作顺利进行，2009 年 6 月 12 日，《教育部办公厅关于做好 2009 年普通高校招生执法监察工作的通知》（教监厅〔2009〕2 号）印发。文件指出：第一，履行职责，确保"阳光工程"各项政策全面落实。第二，突出重点，保障高校招生改革工作顺利进行。第三，以人为本，提高服务招生工作的能力和水平。第四，严肃纪律，坚决查处各类招生考试违规违纪行为。各地教育监察部门要会同招生考试管理部门进一步加大监督检查工作力度，重点查处高校擅自超计划招生，违规承诺乱招生，混淆学历教育与非学历教育、全日制普通高校和成人高校进行欺诈招生，以及与招生录取挂钩的乱收费行为。第五，加强联系，坚持招生执法监察工作报告制度。

（八）《教育部办公厅关于做好 2011 年普通高等学校招生执法监察工作的通知》印发

为保障和促进教育事业科学发展，切实维护广大人民群众的合法权益，维护国家教育考试的公信力和招生制度的严肃性，2011 年 5 月 11 日，《教育部办公厅关于做好 2011 年普通高等学校招生执法监察工作的通知》（教监厅〔2011〕2 号）印发。文件指出：第一，切实加强执法监察，确保招生"阳光工程"各项工作顺利开展。第二，探索创新监督工作，促进"阳光工程"建设深入推进。第三，增强优质服务意识，营造"阳光工程"建设良好环境。第四，严肃招生工作纪律，依法惩处考试招生违纪违法行为。

（九）《教育部办公厅关于做好 2013 年普通高校招生考试执法监察工作的通知》印发

为维护高考的严肃性，切实加强依法治招、从严治考，保障招生考试各项工作安全有序进行，2013 年 5 月 22 日，《教育部办公厅关于做好 2013 年普通高校招生考试执法监察工作的通知》（教监厅〔2013〕1号）印发。文件指出：第一，为实现平安高考，通知要求积极开展安全保密执法检查。按照《中华人民共和国保守国家秘密法》的相关要求，加强对考试安全保密制度建设和相关措施落实情况、硬件建设情况、考务人员队伍建设的监督检查、关键环节组织管理及操作规范落实情况的监督检查。在阅卷过程中，加强对数据信息的监管。第二，为确保有序高考，通知要求着力加强考风考纪执法监察。严格执行《国家教育考试违规处理办法》，进一步健全巡考制度，加强对考风考纪及监考人员履职尽责情况和考务工作规程执行情况的监督检查，督促教育行政部门和考试管理部门对作弊考生及失职渎职工作人员进行严肃处理。第三，为实现公平高考，通知强调加强招生纪律执法监察。加强对招生考试机构和工作人员"六不准"、"十严禁"等规定执行情况的监督检查，开展以整治"点招"违规行为为重点的专项治理，对于违规降分录取的"点招"行为一律立案查处，对于违规录取的学生，责成主管部门不得予以学籍注册，开展特殊类型招生录取学生的入学复核。第四，为实现阳光高考，通知明确要进一步深化信息公开执法监察。严格执行"六公开"制度，重点检查招生计划、特殊类型招生政策、加分政策、录取信息公示情况。第五，通知强调，严格落实责任追究，严肃查办违纪违法案件。

（十）《教育部办公厅关于做好 2014 年硕士学位研究生招生考试执法监察工作的通知》印发

为实现研究生招生考试的科学性、公平性、安全性和有效性提供坚强保障，2013 年 12 月 2 日，《教育部办公厅关于做好 2014 年硕士学位研究生招生考试执法监察工作的通知》（教监厅〔2013〕2号）印发。文件指出：第一，加强安全保密监督检查，确保研招考试安全。第二，严肃考风考纪，营造风清气正的考试环境。第三，强化关键环节执法监察，严明招生工作纪律。第四，加大信息公开力度，维护研招录取公平、公正。强化对研究生招生信息公开工作的监督，重点检查各招生单位招生简章、招生计划、复试办法、复试名单、复试成绩、录取办法等重要信息是否及时、充分、规范地进行公开，拟录取名单是否及时全面地进行公示，未经公示的考生一律不得录取。第五，严格落实责任追究，打造过硬研招考试队伍。这是教育部第一次印发关于硕士学位研究生招生执法监察工作的年度通知。

（十一）《教育部办公厅关于做好 2014 年普通高校招生考试执法监察工作的通知》印发

为进一步强化对高等学校、招生考试机构及工作人员招生行为的监督制约，保障 2014 年普通高校招生考试各项工作安全、有序、顺利进行，切实维护高校招生考试的严肃性、权威性和公平性，2014 年 5 月 7 日，《教育部办公厅关于做好 2014 年普通高校招生考试执法监察工作的通知》（教监厅〔2014〕2 号）印发。文件指出：第一，建立完善高校招生监督制约机制，确保招生权力规范运行。第二，加强考务安全的监督检查，确保考试安全平稳进行。第三，加强招生录取政策及执行情况的执法监察，维护高考公平、公正。第四，进一步加大信息公开力度，深入推进高考"阳光工程"。第五，严格落实招生工作责任制，严肃查办违纪违法案件。

第三节　当代中国高校科研管理督导规章

当代中国高校教学督导规章涉及的领域除招生执法工作这个重点领域外，还涵盖高校科研管理领域，这是难点领域。自当代中国高校教学督导制度建立以来（截止到 2015 年 6 月 30 日），教育部先后出台了三个关于高校科研管理的督导规章。

一　当代中国高校科研管理督导规章出台的背景

高校特别是研究型大学作为国家创新体系的重要组成部分，既是高层次创新人才培养的重要基地，又是基础研究和高技术领域创新成果的重要源泉。近年来，随着高等教育事业的蓬勃发展，高校科研事业也快速发展，高校承担的科研项目和筹措的科研经费均呈现大幅增长趋势。在科研经费使用管理过程中，绝大部分高校按照规定合理使用、严格管理，保证了科研项目的顺利实施。但是，仍有少数高校存在管理意识淡薄、管理制度不健全、制度执行不严格、资金使用效益不高等问题，尤其是个别科研人员违纪违规使用科研经费现象时有发生，有的甚至违法犯罪，受到法律制裁。进一步加强高校科研项目管理和经费管理，规范科研行为，是当前高校面临的一项重大而紧迫的任务。相关部门研究制定科研管理文件主要基于以下考虑：一是明确科研活动行为准则，采取有效措施，促进科研行为规范化；二是深化体制机制改革，明确高校主体责任，加强和改进高校科研管理工作；三是强化科研经费使用监督，落实责任追究制度，确保科研经费使用规范、安全、有效。

二 当代中国高校科研管理督导规章的内容

为了切实加强高校科研经费管理工作，针对高校科研管理工作中存在的突出问题，2012 年 12 月 17 日、18 日，《教育部、财政部关于加强中央部门所属高校科研经费管理的意见》《教育部关于进一步加强高校科研项目管理的意见》《教育部关于进一步规范高校科研行为的意见》三个文件出台。

（一）《教育部、财政部关于加强中央部门所属高校科研经费管理的意见》出台

为贯彻落实《国家中长期科学和技术发展规划纲要（2006—2020年)》和《教育规划纲要》，建立健全符合科研活动规律的高校内部科研经费管理体制和运行机制，提升科研经费管理服务水平，提高资金使用效益，促进科研事业健康发展，2012 年 12 月 17 日，《教育部、财政部关于加强中央部门所属高校科研经费管理的意见》（教财〔2012〕7号）出台。文件主要内容包括六个部分，共十八条。按照"权责一致、管服并重、奖惩兼施"的原则，从以下八个方面对加强科研经费管理提出了具体要求：一是建立分级管理体制，首次明确院系科研经费监管责任，建立健全学校、院系、课题组三级科研经费管理体制；二是进一步明确学校预算管理责任和权限，建立财政资金支持的相关科研项目预

算评审制度，规范了预算调整程序；三是加强间接费用管理，明确费用计提方式；四是加强科研经费统一管理，强调不管是纵向科研经费，还是横向科研经费，应全部纳入学校财务统一管理，纠正横向科研经费属于项目负责人个人所有的观念；五是整合管理服务职能，建立专门机构和专业队伍，在加强管理的同时，切实提高服务水平；六是综合运用各种手段，提高监管有效性，强调推进财务信息公开；七是完善科研绩效管理办法，建立鼓励创新、体现科研实绩的科研人员绩效管理机制；八是画出高压红线，严禁以任何方式套取、挪用、侵占科研经费，严肃惩处违规、违纪行为。

（二）《教育部关于进一步加强高校科研项目管理的意见》出台

为贯彻党的十八大精神，落实《中共中央、国务院关于深化科技体制改革 加快国家创新体系建设的意见》和《教育规划纲要》要求，充分发挥高校在自身科研管理与监督工作中的主体作用，提高科研管理水平，推动高校科技体制改革，促进高校科研事业健康可持续发展，2012 年 12 月 17 日，《教育部关于进一步加强高校科研项目管理的意见》（教技〔2012〕14 号）出台。文件主要内容包括四个部分，共二十一条。第一部分就完善高校科研管理体系提出了具体要求。分别从强化学校管理责任，强化管理部门职责与协同，严格规范项目负责人的责权和健全科研项目管理制度四个方面提出了要求。第二部分就高校加强科研项目全过程管理作出了明确规定。从科研项目的申报指导、合作审核、过程监督、计划调整、经费管理、结题验收、涉密管理、成果管理和成果应用九个环节，提出了具体的管理要求。第三部分是要求高校建立科研服务体系。分别从建立全过程、全方位的咨询服务体系，使科研人员掌握科研工作管理规定；加强科研服务队伍建设，使科研管理人员懂管理会服务；完善科研项目管理信息库，提高管理效率；规范科研项目资料档案管理，确保完整性、准确性和系统性四方面提出要求。第四部分是要求高校优化考核与监督机制。具体包括创新考核评价机制，建立以创新质量和贡献为导向的考核、评价和奖励制度；健全诚信体系，建立科研人员科研诚信档案；强化监督管理职责，有计划地开展全过程检查和审计；建立有效奖惩制度。

（三）《教育部关于进一步规范高校科研行为的意见》出台

为全面落实科教兴国和人才强国战略，调动和保护高校和科研人员的积极性、创造性，维护高校科学研究秩序，营造良好科研氛围，增强高校科研能力，促进教育科技事业科学发展、健康发展，2012 年 12 月 18 日，《教育部关于进一步规范高校科研行为的意见》（教监〔2012〕6 号）出台。文件主要内容包括四个部分，共十九条。第一部分是规范科研行为的总体要求。提出以规范行为，调动和保护高校及科研人员的积极性、创造性，维护科研秩序，促进教育科技事业科学发展、健康发展。明确要坚持标本兼治、综合治理、惩防并举、注重预防的方针，坚持管理与服务相结合、自律与他律相结合、严格规范科研行为与保护科研人员积极性、创造性相结合的总体要求。第二部分是科研行为规范的具体内容。根据高校科研活动特点和规律，针对当前科研行为不规范的突出表现形式，从项目申报、预算编制、项目执行、学术道德、经费使用、学术评价、项目负责人等方面，提出了七项行为规范和十六条禁止性规定。第三部分是建立健全高校科研行为管理机制。这一部分从完善制度机制，加强教育引导、监督约束、考核评价等方面，对高校党委书记、校长、主管校领导、职能部门和院系、有关委员会和学术组织等责任主体提出了具体要求。第四部分明确了惩处措施。这一部分从违规、违纪和违法三个层次，分别提出了惩处措施，具有强制性。违规行为有六种处理方式，违纪行为有四类惩处措施，涉嫌犯罪的，移送司法机关处理。

三　当代中国高校科研管理督导规章的意义

当代中国高校三个关于加强科研管理工作的督导规章，是相辅相成、互为补充的，共同构成了覆盖科研项目管理、经费管理和人员管理的"三位一体"的制度体系，体现了科研管理工作和制度建设的系统性、完整性。从内容上看，做到全方位管理。针对科研项目管理存在的责任不明确、制度不完善、管理不规范等问题，从科研业务监管的角度明确了加强科研项目管理的工作要求；针对科研经费管理存在的权责划分不清晰、预算编制不科学、内部监控不健全等问题，从财务监管的角度制定了加强科研经费管理的政策措施；针对管理人员、科研人员特别是项目负责人责任意识、法纪意识淡薄等问题，从加强引导、监督约束的角度提出了科研活动行为规范。从措施上看，针对科研流程和管理环节及管理层次、管理程序，做到各层次、全过程管理。三个文件不仅分别对加强科研项目管理、加强科研经费管理、加强科研行为规范提出了明确要求，同时还就建立配套的监督检查措施和奖惩制度作出具体规定，从制度上对科研管理工作的程序进行了明确规范，加强了对制度执行的监督检查，强化了责任追究。

四　当代中国高校科研管理督导规章的贯彻实施

教育部要求，高等学校要从贯彻落实党的十八大精神、推动科技创新和教育事业科学发展的高度，充分认识加强科研管理工作的重要性、紧迫性，增强忧患意识、责任意识，做好三个文件的贯彻落实工作。具体要求如下：一是认真学习文件精神，准确把握政策要求。要组织学校有关部门和广大科研人员，深入学习、全面理解三个加强科研管理工作文件的精神，深刻领会工作要求，牢牢掌握政策规定，依规依法开展科研活动，科学使用科研经费。二是研究分析实际情况，制定细化工作措施。要认真依据国家有关科研项目管理的政策文件和财经法律法规，从本地、本校实际出发，制定加强科研项目管理、科研经费管理和规范科研行为的具体办法，细化工作措施，明确工作分工，落实工作责任，提高管理水平。三是深入开展监督检查，确保工作落实到位。各高校要组织校内纪检监察、科研、财务、审计等部门，结合三个文件精神，开展科研经费使用管理情况自查、自纠工作，发现问题要及时整改。各地教育主管部门要组织对所属高校贯彻落实三个文件的工作情况进行监督检查、开展科研经费使用管理情况的专项检查，督促高校用好、管好科研经费。

第四节　当代中国高校教学督导制度现存问题与对策研究

因为起步较晚，缺少可借鉴的国内外经验，各高校对教学督导工作的性质、地位理解又不尽相同等主客观因素，当代中国高校教学督导制度还处于探索和完善阶段，还存在一系列问题。

一 当代中国高校教学督导制度的现存问题

（一）教学督导地位有待提高

教学督导工作是高校教育、教学质量保障体系中最重要的环节，在教学管理与学校发展中占据着重要地位。随着高校教学督导实践的广泛开展，高校领导、教师、学生、管理人员、督学等对教学督导工作的认识不断提高，但仍有一些人认识不足，或有误解。第一，认为教学督导工作可有可无。第二，不重视发挥教学督导工作的作用。第三，对教学督导人员反馈的信息不重视。第四，教学督导机构的行政级别低。第五，教学督导人员的待遇低。这些认识和做法无疑与现代科学教育管理体系背道而驰，不利于高校教育、教学质量和师生素质的全面、持续提升。

（二）教学督导法制建设滞后

教学督导工作是高校对教育教学质量的监督、检查、评估、咨询、指导等一系列活动的总称。健全、科学的规章制度是有效开展教学督导工作的根本保证，然而高校教学督导工作自身法制建设方面却严重滞后，这主要表现在：第一，国家教育主管部门尚未出台教学督导规章来统一规范高校教学督导工作。第二，部分高校尚未出台教学督导工作的基本制度。第三，大部分高校仅仅出台了教学督导工作的基本制度，缺乏教学督导质量标准、院、系两级管理制度等相关配套制度，其基本制度大都也不是以学校的名义颁发的，权威性不够高。第四，尚没有全国性的学术团体和学术刊物。毫无疑问，高校教学督导工作自身法制建设不够健全会降低和威胁教学督导工作的效率和质量。

（三）教学督导机构设置不统一且独立性差

由于各高校对教学督导工作的性质、地位理解不尽相同，因此，高校教学督导机构名称和体制并不统一。教学督导机构的名称繁多，如教学督导组、教学督导团、教学督导室、教学督导处、教学督导委员会等。在督导机构体制的定位上，基本有四种模式：第一种模式，督导机构是学校行政管理系列中的一个处级单位。第二种模式，督导机构是与教务处平级的质量监控部门，与教务处协调工作。第三种模式，督导机构是教务处下属的一个科室。第四种模式，督导机构是在校长或主管教学工作的副校长直接领导下的独立部门，是与校学术委员会、校教学委员会平行的咨询机构。从这些模式不难看出，各高校的督导机构还没有一个统一的组织形式，督导机构的行政级别较低、权利来源和隶属关系模棱两可，从而导致督导机构的独立性差甚至缺乏独立性，不利于行之有效地开展教学督导工作。

（四）督学队伍结构不合理

高校督学的遴选大体有三种模式：一是以聘请在职的教授、专家以及部分教学管理部门的负责人为主，包括少数离退休教授、专家；二是以聘请离退休的教授、专家为主，包括少数在职的教授、专家；三是聘请离退休的教授、专家。因为委任制、培训机制不够健全等原因，高校督学队伍的结构并不合理，这主要表现在：第一，数量结构不合理。因为高校扩招、校区分散、办学层次多等原因，高校督学的数量严重不足。第二，年龄结构不合理，队伍老化现象严重。大部分高校以聘请离退休的教授、专家为主，因此高校督学中以 60 岁以上的老者居多，就总体而言体质较差，精力不足，进取心和创新精神不够，这无疑影响教学督导工作的质量。第三，知识结构不合理。高校督学大体有两种类型：学术型和管理型，前者在履行督管和督学职能中有局限性，后者在履行督教职能方面跟不上。第四，性别结构和民族结构不合理。高校督学以汉族和男性居多，在一个民族多样化的国家，督学团队就要适当考虑督学的民族背景和文化背景，就教育平等和人力资源管理的互补增值理论而言，在性别方面也要克服督学中男性比例太大的问题。

（五）重督教轻督学、督管

教学督导职能涵盖高校教育教学质量的各个方面，从内容上看，包括督教、督学、督管。督教指对学校的整个教学工作，从专业设置、人才培养方案、课程设置到各个具体的教学实施环节进行监督、检查、评估和指导；督学指对学生的学习活动过程进行多方位的督导；督管指对育人环境的管理进行督导，对教学管理进行检查、监督和评价。遗憾的是，从各高校的教学督导实践来看，教学督导职能还没有真正清晰，还存在形式化、片面化现象，大多数高校只重督教，注重关注课堂教学，通过听课、检查等方式了解教风、学风，掌握课堂教学质量和教学水平。而督学与督管却由于人手不足等问题普遍得不到重视，这严重影响高校教学督导职能的发挥。

（六）过多强调鉴定性教师评价，忽视发展性教师评价

各高校现行的教学督导评价方式大多强调鉴定性教师评价，忽视发展性教师评价。鉴定性教师评价是通过对教师工作表现的评价，作出解聘、晋升、调动、降级、加薪、减薪、增加奖金等决定，是终结性评价制度。它是基于人是"经济人"的理论，采用金钱和奖励来刺激教师工作积极性的做法。"发展性教师评价制度是一种新型的、面向未来的教师评价制度"，"以促进教师未来发展为目的的发展性教师评价制度是形成性评价制度"①。发展性教师评价并非与鉴定性教师评价势不两立，它的提出，意图就是为了克服传统的教师评价模式评价内容狭窄、评价标准单一、评价方法机械、忽视教师的自我评价等弊端，它强调尊重教师的人格和多样的个性，强调教师的自我评价，强调教师的未来发展趋势，这是一个进步，是对鉴定性评价的继承和发展，也是教师评价制度的发展趋势。高校教师从本质上超越了被理性主义视为可以通过诱导和控制的"经济人"，也不只是停留在行为主义学派认为的追求友情、安全感、归属感、尊重等社会和心理需要的"社会人"，推进到了以追求价值观、信仰和自我实现为中心的"文化人"。② 人文主义哲学认为，自我成长、自我实现和自我超越是人类固有的特征，人始终在为自我成长和自我能力实现而坚忍不拔地奋斗着。对于高校教师来说，外部压力只能使他们达到最低标准，要纵深促进其专业发展，主要还得靠自我激励，而且他们具备较强的自我激励、自我调整和自我提高的能力。因此，要在更大范围内，更深层次上促进教师专业发展，督导评价要淡化评比和奖惩作用，强化其发展性价值。遗憾的是，现行的高校教学督导评价方式忽视了现代管理思想中"以人为本"对教学管理的重要意义，忽视了教师的主动性、积极性和创造性，忽视了教师自身的成长和发展。

二　当代中国高校教学督导制度现存问题的对策建议

高校教学督导制度存在的一系列问题，必然会阻碍高校教育教学质

---

①　王斌华：《发展性教师评价制度》，华东师范大学出版社 1998 年版，第 114—115 页。

②　彭焕才：《建构"以教师为本"的高校教学管理》，《大学教育科学》2006 年第 1 期。

量的全面、持续提升，阻碍高校人才培养目标的全面实现，成为高校教学督导制度进一步健全和完善的瓶颈。建议高校在研究和解决高校教学督导工作的问题时，既要坚持并运用历史的尺度，又要坚持并运用人的尺度，真正着眼于依靠教师、为了教师，真正着眼于教师的素质提升与自我实现。

（一）树立高校教学督导工作的权威性

从权威与影响理论来看，影响是一个甲方改变乙方态度和行为的过程，而产生这一影响，甲方必须具有一定的权力和权威，才能使甲方有能力做到这一点。因此，首要的一点是必须赋予高校教学督导工作法律和行政上的权威才能保证高校督学顺利履职。笔者建议：第一，把高校教学督导工作纳入法制化轨道。高校教学督导工作作为一种法制化的教育活动，只有以法规的形式纳入法制化轨道，才能确保其法律地位和法定职能，教学督导工作才更具权威性。第二，要确保高校教学督导机构的地位。教学督导是教育行政管理系统的一个重要组成部分，其客观要求是解决好督导机构的组织形式、职责、职级、编制等基本条件。第三，要把教学督导结果与晋级、晋薪、晋职等挂钩。第四，提高督学的地位和待遇，以吸引高素质人才。

（二）推进高校教学督导工作的法制建设

为了使高校教学督导工作有据可依、有章可循，为了进一步规范高校教学督导工作，为了使高校教学督导工作合理、有序、高效、稳定、持续运行，高校教学督导工作需要纵深推进法制建设。否则，督导工作必然带有盲目性和随意性，效率和质量也会大打折扣。笔者建议：第一，国家教育主管部门出台中国高等学校教学督导工作条例，规范高校教学督导工作的目的、性质、职责、组织形式、人员聘任等，为高校教学督导工作提供法律保障。第二，高校以学校名义出台责、权、利明确、分工科学、相互衔接的教学督导基本制度，以提高督导工作的权威性。第三，建立得到广泛接受、认同、理解、操作的督导质量标准，把教育教学过程的控制和教育教学目标的控制有效结合起来，为教学督导评价提供科学的依据。第四，建立院、系两级教学督导机构，分级管理、分工合作，提高高校教学督导工作的针对性。第五，成立全国性的高校教学督导学术团体，定期召开工作研讨会并筹办专门的学术性刊物。

（三）加强高校教学督导机构的独立性

把教学督导机构定位为行政处室或科室，虽然具备了行政管理权威，有助于提高办事效率，有助于明确责任。但是，高校是一个特殊的社会组织，实行学术管理、教授治校的原则。教学督导也要坚持注重学术性，强调独立性，淡化行政性，尽可能杜绝"体制内"督导。因此，把督导机构定位为独立机构更为科学合理，进行"体制外"督导，独立地履行督导职责。笔者建议：第一，明确高校教学督导机构是由高校校长直接授权、对教育教学质量进行监督、检查、评估、咨询、指导的独立机构。第二，确保高校教学督导机构对人、财、物的支配权。第三，经高校校长授权，高校教学督导机构可以直接向督导对象下发整改通知书，有权向社会发布教学督导公报。第四，高校教学督导机构的主要负责人按相关的干部任用条例聘用。第五，在督导权力来源不明晰的情况下，高校教学督导机构应积极发挥自身的主观能动性，争取审计、纪委、监察等部门的支持，解决教学督导机构的权力缺失与职责赋有之间的矛盾。

（四）推行高校督学专业化

法律的、行政性和指令性的权威具有硬性、强制性和刚性的特点，这是保障督学顺利履职的基础。但这些只是督学权威和影响的一方面，督学影响与权威的另外一个重要来源是非强制性（非强迫性）权威，也就是非行政性的、专业性影响。从国际上看，欧美国家更加强调专业性权威，淡化行政性和刚性权威。从高校督导工作的实际来看，教学督导工作已由阶段性工作转向长久性事业。因此，督学不仅应该是资深的教育专家，而且还得是教育改革的促进者和领导者，自然应确立和建设自身的专业领域，即实行督学专业化。建议如下：第一，建立法定高校督学资格证书制度，高校督学实行聘任制，提高高校督学的准入条件，要求督学具有专业知识、专业技能、职业道德和实践经验。第二，建立督学培训机制，建立督学交流与沟通的平台。第三，促进督学职业专门化发展，即将督学日益细化，如分教学督学、管理督学等。第四，借助现代信息技术手段，提高督学的工作效率和质量。第五，开设教育督导专业，建立教育督导学科，加强教育督导的理论与技术的研究。

（五）建设以督教为主导、督管为保障、督学为目的三位一体的督导职能新格局

督教、督学、督管一体化已经成为高校教学督导工作的一个显著特征。只有加强督教，才能对教学过程的质量进行动态监控和指导，规范课堂教学秩序，促进教学改革，帮助教师树立良好的师德，不断提高教学水平。只有加强督学，才能促进良好学风的形成，调动学生学习的主观能动性，提高学生的综合素质和水平，从而达到教学督导的最终目的。只有加强督管，才能不断提高管理工作的质量和水平，促使育人管理向有序化、规范化的科学管理迈进，提高管理效率。建立以督教为主导、督管为保障、督学为目的三位一体的职能格局是高校教学督导工作的新走向。建议如下：第一，坚持目标督导与过程督导有机结合。第二，坚持督促与引导紧密结合。第三，遵循督导共性张扬个性督导。第四，高校督学与高校教师共建民主、平等、和谐的合作伙伴关系。

（六）建构以发展性教师评价为主、鉴定性教师评价为辅的高校教学督导评价新模式

鉴定性评价重在建立规范，发展性评价重在超越规范而创建特色。合乎标准是对所有教师的基本要求，而个性化的发展则是在通过国家督导评估认定基础上的更高的目标追求。鉴定性评价是基础，发展性评价是提高。根据辩证唯物主义的原理，"外因是变化的条件，内因是变化的根据，外因通过内因而起作用"①。建构以发展性教师评价为主、鉴定性教师评价为辅的高校教学督导评价的新模式势在必行：一方面通过奖励、表扬、处罚等奖惩性手段使教师保持一定的外在压力，实现教师的被动发展；另一方面通过激发教师自我实现、自我完善和自我发展的内在需要等发展性手段使教师保持内在的自我激励，实现教师的主动发展。政策建议：第一，充分肯定高校教师在高校教学督导工作中的主体地位和作用；第二，在高校教学督导实践中坚持尊重、解放和塑造高校教师；第三，在研究和解决教育教学问题时着眼于依靠并为了高校教师；第四，监督的同时对高校教师尤其是青年教师提出具体的指导性意见；第五，教师要增强自身的发展意识和发展能力。

---

① 《毛泽东选集》第2卷，人民出版社1952年版，第769页。

（七）坚持高校教学督导工作的创新精神

高校教学督导工作要获得可持续发展，就不能没有高校教学督导工作的创新。首先，在日新月异的社会条件下，高校师生的思想、观念、交往方式都在发生巨变，高校教学督导工作要为高校的发展、教育政策的执行和高校教育教学质量提供监督与评价，为决策者和教育行政管理部门提供全面而准确的信息与建议，高校教学督导工作的思想观念、组织形式、工作机制和工作方式等，就应随着新形势新任务的要求不断变革和创新。其次，高校教学督导工作长期以来一直是一个封闭的系统，从督导开始，到督导终结，从制订督导计划，到作出书面报告，沿袭的是一种线性逻辑。因此，在新的社会背景下，如何打破教学督导工作的封闭性，走一条开放之路很有必要探索。最后，高校教学督导制度本身就是中小学教育督导制度在高校教学管理领域创新的产物，是深化高等教育改革、高校内部监督教学管理和教学运作的新事物。因此，我们在继承高校教学督导工作好传统的同时，又要将先进的理念以及现代化的手段运用到督导工作中来，增强教学督导工作的科学性、预见性、权威性、可操作性。政策建议：第一，采取支持创新、鼓励创新的原则，凡是有利于高校教育教学质量提升，有利于调动高校教师积极性、主动性和创造性，有利于提升师生素质的教学督导经验，都予以支持和推广。第二，建立对教学督导评估的再评估。第三，根据督导任务确定督学团队。第四，加强督导信息资料库的建设，作为师生评优表彰、业绩考核、职称职务晋升等工作的重要依据，同时也为高校建立教育教学质量监控系统奠定良好基础，为高校拟定教育规划、制定管理政策等提供有益的参考。

第五节　当代中国高校教学督导制度的发展研究

当代中国高校教学督导制度随着高等教育的改革与发展特别是党和国家教育方针政策的重大变化而不断发展变化，表现出与时俱进的特质。"坚持以人为本，树立全面、协调、可持续的发展观，促进经济社会和人的自我实现"①，这是党的十六届三中全会对我们党所倡导的科学发展观作出的高度概括。它明确告诉人们，"以人为本"是科学发展观的基本价值取向，我国经济社会的发展必须以满足人的需要为出发点和落脚点。② 高校教师是高校教育教学工作的主体，"以教师为本"是"以人为本"理念在教学管理领域的引申和具体体现，在高校教学督导工作中贯彻"以人为本"的思想，就是坚持建构"以教师为本"的高校教学督导制度。

一　"以教师为本"高校教学督导制度的含义

"以教师为本"的高校教学督导制度指在高校教学督导工作中，坚持以教师为主体，以教师为前提，以教师为动力，以教师为目的，最大限度地调动与发挥高校教师的积极性、主动性和创造性，让他们真正成为高校教学督导工作的主体，自觉、自主地参与教学督导工作，最终实现高校教师素质的提升与自我实现。具体来说，有以下几层含义：第一，充分肯定高校教师在高校教学督导中的主体地位和主体作用。第二，在高校教学督导中坚持尊重高校教师、解放高校教师、塑造高校教师。尊重教师就是尊重教师的社会价值和个体价值，尊重他们的独立人格、不同需求、能力差异，尊重他们的创造和权利；解放教师就是鼓励、支持高校教师冲破一切束缚他们素质提升与自我实现的体制、机制、观念；塑造教师就是要把高校教师塑造成素质提升与自我实现的权利主体和责任主体。第三，在研究和解决高校教学督导问题时，既要坚持并运用历史的尺度，又要坚持并运用人的尺度，真正着眼于依靠高校教师、为了高校教师。

二　建构"以教师为本"高校教学督导制度的意义

建构"以教师为本"的高校教学督导制度有利于发挥协调作用，沟通上下左右的联系，增强高校教师、高校督学和高校自我调节、自我

---

① 《中共中央关于完善社会主义市场经济体制若干问题的决定》，《人民日报》2003年10月22日第1版。

② 许晓平：《以人为本：科学发展观的基本价值取向（思想纵横）》，《人民日报》2003年6月7日第9版。

完善、自我发展的能力，有利于形成高校的民主气氛，有利于加快高校教学的民主化进程，有利于加快高校管理的民主化进程，有利于把握高校教学管理的本质和高校教育教学发展的规律，有利于激励教师为实现学校目标和自我价值目标的统一而奋斗，有利于真正实现高校的可持续发展。

三 "以教师为本"高校教学督导制度的建构原则

"以教师为本"的高校教学督导制度是以提升高校教师素质和实现高校教师自我实现为终极目标，从他们的自我实现出发谋求高校教育教学质量的持续提高；同时，在高校教育教学质量持续提高的过程中，不断提升高校教师素质，不断满足他们开展教育教学、科学研究和社会服务的需要。为此，需要转变旧的督导观念，改革高校督导实践。

（一）坚持自始至终关注高校教师的价值和意义

人的价值和意义不是与生俱来的，而是由人的有目的的活动创造的。劳动和创造是一切价值的源泉，人只有在劳动和创造中才能实现自身价值，最大限度地创造价值。高校教师只有在开展教育教学、科学研究和社会服务等活动中实现自身价值，最大限度地创造价值。坚持"以教师为本"的价值取向，就是要在肯定与重视教师的价值和意义的同时，想方设法为教师创造更大的价值提供条件。"以教师为本"的落脚点在教师，归根到底是为了教师的自我实现。高校教师的自我实现程度和素质高低，决定着高校教育教学质量的高低。这就要求我们树立科学的教师观，尊重劳动、尊重知识、尊重人才、尊重创造，不唯学历、不唯职称、不唯资历、不唯身份，把品德、知识、能力和业绩作为衡量高校教师的标准，为高校教师的自我实现创造良好的政策环境、工作环境和生活环境，形成鼓励他们开展教育教学、科学研究和社会服务的社会氛围，最大限度地释放他们的潜能，满足他们实现社会价值和自身价值的需要。

（二）坚持把"以教师为本"的价值取向贯穿到高校教学督导工作的各个方面和各个环节

高校督学在充分关注高校教师的价值和意义的基础上，坚持把"以教师为本"的价值取向贯穿到高校教学督导工作的各个方面和各个环节。

1. 坚持目标督导与过程督导相结合

督导就其本质而言，也是一种管理。现代管理理论强调全过程、全员参与，强调过程控制而非只重目标评估。教育效果的滞后性、难测性、"一次性生产"等特点，也要求以过程控制为主。高校教学督导工作中坚持贯彻"以教师为本"的价值取向意味着对教育目标的督导与对教育过程的督导应该相结合，在此基础上强调对教育过程的督导，把督导工作贯穿于教育教学、科学研究、社会服务等教育教学全过程，建立并实现全面、全程的高校教学督导机制。

2. 坚持督促与引导相结合

督促与引导是高校教学督导工作中密切相关的两个方面或两项任务。督促是发现问题，找出差距；引导是解决问题，引向正确。① "督"是"导"的基础，"导"是"督"的升华。"督"是手段，"导"是目的。在高校教学督导工作中坚持贯彻"以教师为本"的价值取向意味着在督促与引导相结合的前提下，以"督"促"导"，以"导"为主。导的形式应该多样化，座谈研究、典型引路、正面鼓励、个别指导等形式均可采用。如高校督学通过开设讲座和上示范课等途径把教育教学、科学研究和社会服务等经验传授给青年教师，这也有助于从教师的角度发现问题并解决问题，更好地与教师交流和沟通。

3. 坚持学科知识与整体知识相结合

当代科学发展的一个重要趋势是学科既高度分化，又在高度分化的基础上高度综合，且以高度综合为主。自然科学、社会科学正在走向综合同一化。交叉性、综合性、横断性、边缘性学科就是在这种综合的过程中相继涌现，这是创新思维的重要途径，这也意味着"以问题为中心"的新的知识产生途径（方式）取代了"以学科为中心"的旧的知识产生途径（方式）。高校是按学科建制的，在高校教学督导工作中坚持贯彻"以教师为本"的价值取向意味着高校督学应转变"以学科为中心"的教育思想，体现学科发展趋势，树立整体化知识教育的观念，

---

① 张笛梅：《督导工作中几个关系的探讨》，全国高等学校教学督导工作研讨会上的报告，江西井冈山，2005 年 10 月 12 日。

指导教师成为集知识、素质和能力于一身的高水平人才。

4. 遵循督导共性，张扬个性督导

高校教学督导工作是一项复杂的系统工程，涉及教育理念、人才观、质量观、价值观、教育目标等方面，需要体制机制的支撑，需要理念、原则和方法的保证，也有自身特征和共同规律。在高校教学督导工作中坚持贯彻"以教师为本"的价值取向意味着既要遵循督导工作的共性，统一规范高校教学督导工作，同时又要改革创新，大力倡导个性督导，这有利于转变大一统的教育思想，培养发展个性的教育观念。无论是学校的教育教学管理，还是教师的教育教学、科学研究和社会服务，抑或学校的人才培养，都强调个性发展，因此，要张扬个性督导，注重多样性发展，与时俱进。

5. 督学与教师全力共建民主、平等、和谐的合作伙伴关系

现代管理理论重视全员参与，共同治理，形成合力，实现共同目标。高等教育管理的特殊性，要求注重自我管理、自我监督、自我调控。因此，高校督学要摆脱单纯的纠察、考官、裁判角色，做高校教师的良师、益友、智囊团，要充分调动高校教师的积极性、主动性与创造性，与之建立民主、平等、和谐的合作伙伴关系而不是旁观者、对立面，成为学校改革发展的思想资源和智力库。为了建立和谐的教学环境，高校督学应以鼓励和提倡为主，本着发现好典型、好经验的良好愿望，善于发现、总结、推广好典型、好经验；并以同行的身份、专家的视角与教师共同探讨存在的问题、原因及其解决办法。

只有坚持把"以教师为本"的价值取向贯穿到高校教学督导工作的各个方面和各个环节，才能在高校教育教学质量全面、持续提升的基础上，不断提高高校教师教育教学、科学研究和社会服务的水平和能力；才能在尊重和保障高校教师权益的基础上，不断创造高校教师平等发展、充分发挥聪明才智的社会环境，从而使高校教育教学质量全面、持续提升的过程成为高校教师素质提升与自我实现的过程，使高校教学督导制度成为促进高校教师自我实现的动力。

第六章　当代中国教育督导制度反思

第一节　当代中国教育督导的国际交流与合作

近当代意义上的教育督导制度起源于欧洲，已有两百余年的历史。目前，世界上很多国家已经建立了较为完备的教育督导制度。教育督导作为对教育工作的行政监督和指导，已成为很多国家促进教育事业发展，提高教育教学质量的重要手段。为进一步加强教育督导工作，为进一步完善当代中国教育督导制度，需要不断研究、借鉴国外教育督导的先进经验和做法。自当代中国教育督导制度恢复重建以来，为了搭建深化教育督导研究、探索教育督导实践、推进教育督导科学发展的国际交流与合作平台，教育部（国家教委）逐步建立了当代中国教育督导的国际交流与合作制度。

一　开展国外教育督导工作的考察活动

（一）开展国外教育督导工作的考察

自当代中国教育督导制度恢复重建以来，督导司、国家（国家教委）教育督导团办公室、国务院教育督导委员会办公室先后组织开展了国外教育督导工作的系列考察。1990 年 6 月 20 日至 7 月 3 日，国家教委督导司司长郑启明率教育督导考察团赴苏联、英国考察教育督导工作。1996 年 5 月 21 日，国家教委督导团办公室副主任白景龙率考察团赴法国对其督导制度进行考察。1997 年 12 月 7 日至 22 日，国家教委教育督导团办公室主任郭振有率中国教育督导考察团，对英国的教育督导制度进行了考察。1998 年 6 月 21 日至 29 日，教育部教育督导团办公室副主任白景龙率考察团赴韩国考察访问。2000 年 1 月 15 日至 26 日，国家总督学柳斌率教育督导制度考察团赴德国、法国、意大利三国进行考察访问。2000 年 12 月 4 日至 14 日，国家教育督导团办公室组团对加拿大教育督导工作进行了考察访问。2001 年 10 月 18 日至 27 日，教育部组织教育督导工作考察团对澳大利亚教育督导制度进行考察。2002 年 6 月 17 日至 30 日，教育部组织教育督导工作考察团对英国、瑞士两国的教育督导工作进行了考察。2003 年 9 月 23 日至 10 月 6 日，教育督导考察团赴瑞典、芬兰进行访问考察。2004 年 9 月 16 日至 30 日，国家教育督导团对俄罗斯、英国的教育督导工作进行了考察。2004 年 11 月 1 日至 13 日，国家教育督导团办公室组织学校管理与评价制度考察团对日本、韩国进行了考察。2005 年 6 月 27 日至 7 月 7 日，国家教育督导团办公室组织教育督导与评价制度考察团赴美国、墨西哥进行考察访问。2005 年 9 月 7 日至 17 日，国家教育督导代表团赴瑞典、西班牙、意大利进行考察访问。2006 年 6 月 25 日至 7 月 6 日，国家教育督导代表团对澳大利亚、新西兰教育督导制度与学校评估工作进行了考察。2006 年 12 月 2 日至 15 日，国家教育督导代表团对巴西、古巴教育督导与学校评价制度进行了考察，等等。

（二）形成关于国外教育督导工作的考察报告

在对国外教育督导工作考察的基础上，形成了一系列关于教育督导工作考察报告，这为当代中国教育督导制度的健全和完善提供了有益的参考和借鉴。按时间先后顺序，主要国外教育督导工作考察报告如下：

1.《新加坡教育督导制度考察点滴》（1993 年 10 月）

考察的启示和建议：教育督导制度逐步向规范化、专业化方向发展。

2.《英国教育督导制度考察报告》（1998 年 2 月）

考察的启示和建议：努力提高对教育督导评估制度建设重大意义的认识；加强教育督导机构建设；尽快出台《教育督导条例》；英国教育督导工作许多的具体经验也值得借鉴：高度重视督导人员素质；十分重视对督学的培训工作；教育督导评估报告有很高的权威性，向议会报告，向社会公开，成为学校办学水平的官方鉴定；并为教育决策提供了重要依据；经过督导评估的所有学校的信息都已输入国际互联网，为教育的科学决策和教育的现代化提供了大量的信息；实行行政执行和监督评估分开的管理体制。

3.《韩国教育督导与评价工作考察报告》（1998 年 7 月）

考察的启示和建议：韩国教育部编制与我国教育部编制相当；韩国教育行政监督和学校评价系统的职责与我国教育督导评估系统职责相近，建议加强交流与合作；韩国"教育革命"对培养目标、教育模式、评价制度等提出改革要求，建议关注韩国教育改革动态；韩国高校后勤服务社会化和行政管理方式有研究和借鉴之处，建议加强交流。

4.《德国、法国、意大利三国教育督导制度考察报告》（2000 年 2 月）

考察的启示和建议：中国必须建立与自身教育发展相适应的中国特色的教育督导制度；中国教育督导制度现阶段要以督政为主，督政和督学相结合；优化教育督导队伍，提高教育督导质量；要加强教育督导部门的编制，并保证相应的经费；督导部门与教育行政部门要紧密结合，实现督导评估归口综合。

5.《加拿大教育督导与评估工作考察报告》（2001 年 1 月）

考察的启示和建议：中加两国教育改革有共同之处，如课程改革、质量监控、教师培养等。借鉴加拿大经验，我国教育督导须关注的几个问题：要进一步提高对教育督导事业的认识，将重视教育督导与保证教育质量联系起来；要运用督导评估的新理论，促进督导评估的规范化；要配合国家重大教育政策的出台，不断调整督导工作的优先考虑目标；要拓展教育督导的工作范围。

6.《澳大利亚教育督导工作考察报告》（2001 年 12 月）

考察的启示和建议：普及义务教育工作任重道远；继续推进和加速课程改革；教育督导制度应随教育事业的发展而变化；关于考试问题：如果不能正确对待考试问题，今后在开展学校教育教学督导评估时，将会遇到困难。

7.《英国、瑞士教育督导工作考察报告》（2002 年 10 月）

考察的启示和建议：两国都十分重视发挥教育督导的作用；两国的教育督导工作已全面进入法治化的轨道；两国均以对基础教育学校尤其是义务教育学校教学质量的督导评估为重点；两国都高度重视教育督导

队伍的建设；两国都鼓励和保护地方教育督导的特色。

8.《美国基础教育评估体系调研报告》（2003年12月）

考察的启示和建议：得克萨斯州基础教育评估体系完善，工作任务明确，内容相对集中，有利于提高工作效率和发挥实效；得克萨斯州基础教育评估体系以公开评估结果和资金奖励建立起有效的调控手段；得克萨斯州基础教育评估体系不仅奖励评估结果好的学校，对评估等级虽然不高但进步显著的学校也予以奖励。两点质疑：以考试成绩为主要评估指标的评价体系是否会导致"应试教育"，建议拭目以待；基础教育评估体系不包含品德教育指标，是否会导致学校弱化学生的品德教育，建议加强研究。

9.《俄罗斯、英国教育督导工作考察报告》（2004年9月）

考察的启示和建议：两国都十分重视发挥教育督导的独特作用；两国教育督导工作均有法律保证；两国都高度重视教育督导队伍建设。

10.《学校教育管理和质量评价考察团赴英国、德国考察报告》（2004年10月）

考察的启示和建议：政府对教育管理的宏观调控能力不断增强；教育质量评价虽然仍把学生考试成绩作为重要内容，但不是唯一标准。考试内容注重学生能力的考察，同时又为学生提供多次选择机会；教育关注学生的个性发展，教育评价以生为本；教育管理充分发挥学校的自主性；中央、地方、学校和社会共同参与教育质量评价。

11.《日本、韩国学校管理与评价制度考察报告》（2005年2月）

考察的启示和建议：两国的学校评估已形成制度，学校每一年或两年进行一次自评，既是自我反思的过程，也是考核校长工作业绩、决定校长任免的重要依据；两国的学校评估指标体系都有很强的针对性，目的性十分突出，既有国家级政策实施评价、地方政策和管理评价，也有学校自律和特色评价；两国的学校评估不仅由教育评估部门进行，还广泛吸纳社会参与，如向家长发放问卷、召开社区座谈会等，力求使评估结果更加客观、公正，同时调动社会各方面关心、支持教育。

12.《美国、墨西哥教育督导与评价制度考察报告》（2005年8月）

考察的启示和建议：不断完善督导与评价制度；要明确各级督导与评价机构的职责，加强各部门的职能整合；加强对各级政府履行教育职责情况的监督；要提高督导水平，督导人员必须向专业化发展。

13.《瑞典、西班牙、意大利教育督导考察报告》（2005 年 12 月）

考察的启示和建议：三国均采取不同措施加强教育督导工作在督学方面的地位和作用，监督指导和帮助学校不断改进其工作，以实现政府提高学校教育质量和效益的目标；随着对督导要求的提高，三国均加强对督学人员的培训和选聘工作，更加强调督学人员的专业化水平和严格选拔，以保证督学人员的质量，强化督导的权威性、科学性、规范性；三国均制定了有关教育督导的法律法规，使教育督导依法进行。

14.《教育督导制度与教育质量监测考察团赴西班牙、德国、荷兰考察报告》（2009 年 11 月）

考察的启示和建议：建立与教育改革与发展相适应的独立或相对独立的教育督导机构；设立国家督学岗位，增加专职督学和相关工作人员编制；加快国家教育质量监测中心的建设，对全国各级各类学校教学发展情况和学生学习情况进行监测；完善教育督导法律法规建设，尽快出台《教育督导条例》和相关规章，做到真正意义上的依法督导。

15.《对英国、法国教育督导和教育评价制度考察的报告》（2011 年 5 月）

考察的启示和建议：加强和完善教育督导法制建设；建立相对独立的教育督导机构，独立行使督导职能；坚持督学和督政相结合的原则；建设专业化督学队伍。

16.《美国基础教育质量监测考察报告》（2012 年 12 月）

考察的启示和建议：完善政策配套，建立全方位基础教育质量监测支持系统；转变评价理念，确定质量监测服务于教学的评价观，坚持评价的低利害性和公平性；质量标准先行，构建基于课程标准的质量标准框架及监测体系。

二　举办中外教育督导工作研讨会

（一）中英教育督导研讨会召开

1991 年 9 月 9 日，国家教委督导司在北京召开中英双方教育督导研讨会。英国皇家督学团介绍了英国皇家督学团的基本情况、教育督导的方法和技术、工作指标、督导结果在教育管理体系中的作用、督学培训以及对地方教育当局的督导工作等方面的内容。中方代表介绍了当代中国中小学开展督导评估工作的情况。中英教育督导研讨会为中外督学交流机制的创建开了一个好头。

（二）建立中法教育督导工作交流与合作制度

为进一步加强中法两国教育督导的交流与合作，推动双方督导评估制度的不断完善，促进教育事业的改革发展，中法两国建立了教育督导工作交流与合作制度。从 2008 年开始，教育部教育督导团办公室、教育部基础教育质量监测中心和法国教育督导团、法国教育部预测评估司建立了友好的合作关系，建立了交流与合作制度。两国教育部将教育督导的双边交流纳入了中法教育交流规划，并通过专题研讨、会议交流等形式开展长期交流。截止到 2014 年 12 月 31 日，教育部教育督导团办公室与法国国民教育总督导办公室共同举办了五届中法教育督导研讨会。中法研讨会就两国教育督导制度的设计、督导队伍建设、督导工作内容、基础教育质量监测的体系设计、监测技术和方法、监测结果的运用等多个方面进行了交流和探讨。其中第二届、第四届、第五届中法研讨会成果相对突出。2010 年 9 月 27 日、28 日，第二届中法教育督导研讨会在北京举行。会议围绕教育督导体制、学校督导评估理论与技术两大主题进行了交流。来自法国和中国的督学及专家们针对督导的机制与任务、学校督导评估的形式和做法、标准和工具、学校自我诊断、对校长和教师的评估等问题分别作了九个专题报告，并就相关问题进行了研讨。2012 年 10 月 22 日，第四届中法教育督导评估研讨会在深圳召开，会议主题是学校督导评估。会议围绕学校督导评估的理论与技术进行了深入研讨，会议共设九个专题报告。2013 年 11 月 20 日至 22 日，在法国巴黎举办了第五届教育督导评估研讨会。会议围绕督导政策、学校评估、质量监测、学生评价等内容进行了探讨，双方不仅互相交流了经验和做法，在完善机制和发展思路等方面也形成了新的共识。通过合作研讨，提供了有益的启示：要加强标准制定与工具研发，提高学校督导评估的科学性；要加强督导评估与质量监测的合作，提高学校督导评估的针对性；要大力加强督学能力建设。

（三）举办教育监测与评估国际研讨会

为了搭建教育监测与评估领域的经验共享平台，推动世界范围内基础教育质量监测工作的深入开展，中国教育部督导团办公室和法国教育部预测评估司共同主办"教育监测与评估国际研讨会"（ICEME）。教育监测与评估国际研讨会每两年一届，在中国和法国轮流举办。截止到 2014 年 12 月 31 日，研讨会已经成功举办了三届。2010 年 11 月 29 日至 12 月 1 日，第一届教育监测与评估国际研讨会在北京师范大学举办。研讨会主要围绕六个主题展开，分别是：教育质量测评理念、教育质量测评实践经验、教育质量测评结果的运用、学科领域的监测与评估、非学科领域的监测与评估、测评与督导之间的关系。2012 年 11 月 14 日至 15 日，第二届教育监测与评估国际研讨会在法国巴黎召开。会议有两个主题："学生心理健康"与"学校评估"。与会代表围绕学生心理健康的定义、监测框架、监测指标、监测数据运用、心理健康的影响因素、心理健康与学习成绩的关系等问题进行了研讨。2014 年 10 月 22 日至 23 日，第三届教育监测与评估国际研讨会在北京师范大学召开。会议主题为"学生学业成就的影响因素分析：从课堂实践到教育政策"，相关研讨围绕课堂教学实践的有效性、教师培训与教育质量、教育公平政策三个议题展开。

三　开展教育督导制度的比较研究

为进一步加强教育督导工作，为进一步健全当代中国教育督导制度，2012 年 12 月，国家教育督导团办公室选择了教育督导制度建立较早、较完善、作用较大的英国（1839 年）、法国（1802 年）、俄罗斯（1869 年）、荷兰（1801 年）、西班牙（1858 年）五个国家，对其教育督导管理体制、教育督导的内容和范围、教育督导队伍建设等方面进行了比较研究，并形成了教育督导报告《欧洲五国教育督导制度的比较》。根据对欧洲五国教育督导体制、范围、内容和队伍建设的研究分析，发现虽然教育行政管理体制不同，教育督导管理体制也有差异，但在督导制度建设方面有诸多共同特点。事实上，这些共同点也是欧洲五国教育督导制度创建和发展的经验，这些经验为当代中国教育督导制度的改革和发展提供了有益的借鉴和启示。

（一）教育督导机构相对独立，确保督导机构独立行使对教育工作的监督、评估职能。教育督导管理体制是教育督导的基本制度，决定着教育督导的基本组织形式和管理机构，是做好教育督导工作的前提和基础。英国国家教育督导机构国家教育标准局是独立于教育行政部门的机构。其他各国虽然教育督导机构隶属于教育行政部门，但这些国家都通过建立必要的法律、法规和机制，使督导机构能够独立行使其职能。

（二）教育督导的范围是各级各类教育。教育督导的范围和内容是教育督导的基本权限和对象，决定着教育督导的工作领域和基本职责，是督导作用能够发挥的基本条件。俄罗斯、荷兰、西班牙教育督导的范围从小学一直到大学。法国教育行政总督学督导的范围涵盖了从学前教育到高等教育的所有学校，而教育总督学主要侧重于对基础教育的督导。英国教育督导标准局督导的主要范围是中等及以下教育，高等教育由其他机构负责评估。目前，各国教育督导工作主要致力于对学校和教育质量进行督导评估，以促进学校的进步和教育质量的提高。

（三）督学队伍专业化水平高。教育督导队伍是教育督导的组织、实施者，督学是教育督导队伍的主体力量，督学水平的高低直接决定着教育督导的质量和水平。各国都制定了较高的督学任职资格标准，特别强调督学的专业化水平，并严格按照督学资格标准和程序选聘督学，确保督学队伍的质量。各国督学队伍基本上是由资深教育专家、行政管理专家和学科专家组成。为不断提高督学专业化水平和督导工作质量，各国都加强对督学的培训工作，各国地区督学被正式任命之前必须进行一段时间的培训和见习。高素质的督学队伍，决定了督导工作的高质量和高水平。

第二节　当代中国教育督导制度现存问题与对策研究

当代中国教育督导制度自创建以来，尤其自 1986 年恢复重建以来，为推进我国教育的改革与发展发挥了保驾护航的作用。但是，由于种种主客观原因，当代中国教育督导制度的机构建设、队伍建设、法制建设、督导实践等方面还存在诸多问题，滞后于教育改革和发展的需要。

一　当代中国教育督导制度的现存问题

（一）对教育督导工作的重要性认识不够

在现代教育管理体系中，决策系统、执行机构和监督部门形成一个科学的、完整的体系，教育督导是不可替代的重要组成部分。当代中国教育督导制度自创建以来，特别是自恢复重建以来，学校、教育行政部门、政府部门以及整个社会对教育督导工作重要性的认识不断提高。但是，总体而言，教育督导地位并不高，因为仍有一些人对教育督导工作认识不足，或有误解。第一，认为在中国教育督导工作可有可无。第二，简单地把教育督导部门等同于"两基"验收部门。截止到 2010 年底，全国 2856 个县（市、区）全部实现"两基"，全国"两基"人口覆盖率达到 100%，全国"两基"攻坚工作顺利完成。有人认为既然"两基"实现了，教育督导部门也就完成了历史使命，可以不存在了。第三，不重视发挥教育督导工作的作用，有的部门甚至把督导部门当作一个可以随意安排干部的部门等。这些认识和做法无疑都是与现代科学教育管理体系背道而驰的，不利于教育的改革和发展。

（二）教育督导法制建设滞后且不均衡

当代中国教育督导制度自恢复重建以来，从中央到地方，教育督导法制体系基本形成。1991 年 4 月 26 日，国家教委颁布《教育督导暂行规定》，标志着当代中国教育督导制度步入规范化阶段。2012 年 9 月 9 日，国务院颁布了《教育督导条例》，这是我国首部教育督导法规，标志着教育督导工作走上法制化轨道。相对于国家层面的教育督导法制建设进程，地方教育督导法制建设滞后。第一，省级教育督导法规建设进程相对较快，但不均衡。截止到 2015 年 6 月 30 日，31 个省（区、市）中，只有 23 个省（区、市）和新疆生产建设兵团颁布了省级教育督导行政规章，只有山东、湖南、宁夏、天津、上海、重庆 6 个省（区、市）颁布了省级教育督导法规。至今还有 8 个省（区、市）没有颁布教育督导行政规章。第二，市级教育督导规章建设处于起步阶段。407 个市（地、州）中，大部分颁布了教育督导行政规章。但是，截止到 2015 年 6 月 30 日，只有 12 个市颁布了教育督导法规。第三，县级教育督导规章建设处于探索阶段，2856 个县（市、区）中只有极个别县

（市、区）启动了教育督导规章的建设工作。地方教育督导法制建设严重滞后于教育督导实践，严重滞后于教育事业的发展，严重滞后于教育法制建设的进程。教育督导法制建设滞后无疑会降低和威胁教育督导工作的行政性执法监督效率和质量，因此，要大力加强当代中国教育督导法制建设进程。

（三）过分强调教育督导的监督职能

随着教育行政体制改革"既要加强中央的统一领导，又要充分发挥地方积极性"这一世界性的发展趋势，教育督导体制上也出现了监督与指导并重、教育行政督导与学校督导并重的发展趋势，《教育督导条例》与时俱进体现了这种趋势。第三条指出："对政府履行教育工作相关职责的督导与对学校教育教学工作的督导并重，监督与指导并重。"由此可见，监督、指导是我国教育督导的基本职能，包括督政和督学两个方面。督政是我国教育的改革发展、教育管理体制改革向教育督导工作提出的要求，是我国教育督导政策区别于其他国家教育督导政策的一个显著特色。督政和督学相结合，是由我国教育管理体制决定的。但是在督导工作中，监督与指导是密不可分的，监督的同时必须对被监督的对象提出具体的指导性意见。随着 2010 年底我国"两基"工作的胜利完成，青壮年文盲率下降到 1.08%，改变了我国教育的基本面貌，实现了教育发展的历史性跨越。全国教育督导工作转入到义务教育均衡发展和全面提高教育质量的督导评估上来。这就意味着督学不仅应该成为督政方面的专家，而且应该成为教育教学领域的专家，能对学校、校长、教师等提出具体的指导性意见。因此，在督导实践中，教育督导机构和督学需要相应弱化和改善监督职能，强化和扩大指导职能，完成具有现代意义的教育督导职能转换。

（四）过分强调鉴定性评价

以"双基"验收为代表的教育督导工作奠定了教育督导制度在当代中国教育事业中的地位，也形成了教育督导评估的现行方式方法鉴定性评价。即以检查验收为主要方式，以统一的、刚性的量化指标核对打分为基本方法，其核心理念是工业化时代的标准化和规范化。鉴定性评价符合当代中国现代化建设初期引导学校办学规范化、标准化的需求，并对学校教育教学管理起到了积极的推动作用。教育督导评价方式过于依赖于鉴定性评价，忽视发展性评价。随着教育改革的深化和发展，这种多同一、少个性、重奖惩的鉴定性评价的不足也日益凸显：第一，重视结果而忽视过程。鉴定性评价的焦点主要集中在指标达成度和时限，这两点对于保证教育投入水平和基本规范是否通过国家督导评估认定是有效的，但是一旦指标要求和现实差距太大，且时限又较紧时，少数被评估者虽竭尽全力也难以企及，要么其积极性严重受挫，要么很难保证其采用正确的手段和方法提高指标达成度。相反，对于那些已基本达到指标体系的被评估者往往无须太多努力便可获得好评，评价也就失去了它的激励性。第二，强化了督导与被督导双方的矛盾对立，弱化了教育督导评估的指导促进功能。鉴定性评价容易造成被评估者的对抗心理、应付心理和迎合心理，这些都不同程度地造成督学及其教育督导评估工作被架空，自然弱化了教育督导评估的指导促进功能。第三，缺乏针对性而所谓"公平"起见的学校评价容易导致"千校一面"，无力引导学校因势利导地办出个性和特色。不可否认，鉴定性评价对于低层次的合格性通过国家督导评估认定验收的确很有必要，也很有效，但是这种统一的标准，对于已经实现"两基"的 21 世纪和高层次、高水平、独具特色的教育及管理工作就难以作出科学的鉴别，并且容易扼杀被评估者的创新精神。

（五）相对独立的地方教育督导机构仍未建立

当代中国教育督导制度自恢复重建以来，中央、省（区、市）、市（地、州）、县（市、区）四级人民政府教育督导机构网络逐步形成。但是，相对独立的地方教育督导机构仍未建立，已不适应教育改革发展的新形势、新要求，这突出表现在以下四个方面：第一，相对独立的教育督导机构仍未建立，县以上教育督导机构虽然挂的是同级人民政府教育督导机构的牌子，但实际上还是教育行政部门的内设机构，存在"自己监督自己，既当运动员又当裁判员"的状况。第二，教育行政部门开展督导，缺乏权威性，难以监督本级政府其他部门，难以有效行使督政职责。第三，问责机制尚未建立，对督导评估结果重视不够，导致发现问题不能及时整改和纠正，削弱了督导的实际效果。第四，教育督导力量薄弱，难以有效承担教育监督评估的重要职责。完善教育督导体制已成为政府改正教育管理方式的紧迫任务。

（六）督学队伍结构不合理

当代中国教育督导制度自恢复重建以来，中央、省（区、市）、市（地、州）、县（市、区）四级督学队伍不断发展壮大。但是，因为委任制、培训滞后等原因，督学结构并不合理。第一，兼职、专职督学结构不合理，不利于常规性督导工作的开展。截止到2014年底，全国督学中兼职督学占总数的56.8%。兼职督学还有本职工作，经常无暇顾及督导工作，而督导工作更多的是常规性工作、日常性事务，因此，兼职督学的大量存在只是从形式上增加了督学的数量，对教育督导工作的开展实质性意义不大。第二，督学能力结构不合理，难以胜任督政、督教、督学三重重担。目前，督学大多来自教育系统，对学校和教育行政部门的情况比较熟悉，基本上能顺利督学、督教，但由于对政府及其职能部门的情况很不熟悉，相对而言，要有针对性督政就很不容易。第三，督学专业结构不合理，难以涵盖各类教育。督学大多来自中小学，来自学前教育、特殊教育、职业教育的很少。督学由于受专业的限制，难以有针对性地开展对学前教育、特殊教育、职业教育的督导。即便对中小学的督导，督学的专业也不可能涵盖各门学科，尤其是英语、计算机专业的督学很少。因此，督学要深入到专业学科领域困难重重，总的来说，目前的教育督导基本上停留在对学校管理层面的督导上。第四，督学职业道德结构不合理，难以纵深推进教育督导工作。由于待遇、编制、委任制、培训机制不够健全等原因，督学对自身工作的认同感较低，归属感不强，另外，在督导过程中，因为讲情面而不讲原则的情况也不同程度地存在。第五，督学年龄结构不合理，队伍老化现象严重。由于各级领导干部对教育督导的重要性缺乏足够的认识，把督导机构作为安置老干部的场所，因此督学中以60岁以上的老者居多，就总体而言体质较差，精力不足，进取心和创新精神不够，这无疑会影响教育督导工作的质量和效率。第六，督学性别结构和民族结构不合理。督学以汉族和男性居多，在一个民族多样化的国家，教育督导团队不考虑督学的民族背景和文化背景有失公正，就教育平等和教育实践而言，不考虑督学性别也欠妥当。

二　当代中国教育督导制度现存问题的对策建议

为适应 21 世纪教育改革和发展的要求，无疑需要大力加强教育督导制度的机构建设、队伍建设、法制建设、督导实践等方面，使它们与教育的决策、执行相协调，以适应教育督导工作的新需要。

（一）树立教育督导工作的权威性、科学性和实效性

建立和加强教育督导制度是世界各国教育发展的共同历史经验，也是我国近百年来建立发展近现代教育制度的历史经验。作为监督和评估部门，督导工作需要树立应有的权威性、科学性和实效性。督导部门的权威性、科学性和实效性建立在特殊的机构性质、工作职能和督导评估结果的应用上。督导部门是教育行政工作中一个重要的行政监督部门，依法开展贯彻执行教育法律、法规和方针、政策的行政监督，赋予了它特有的权威性、科学性和实效性，而这一权威性、科学性和实效性则必须建立在督导评估结果的科学性、客观性、公正性上，即对督导评估对象的督察不受权力和感情因素的干扰，而敢于把客观真实的情况反映出来。政策建议：第一，建立督导公报制度和督导通报制度，督导结果要向有关领导部门正式反馈或发表督导公报，重视教育督导结果的应用。第二，教育督导机构要相对独立，有相应的行政级别，要有单独的督导经费，增加督导工作的独立性和公正性。第三，将督导评估的结果作为考核领导干部政绩的重要内容和进行表彰奖励或责任追究的重要依据。第四，督学要精通管理、法律、专业，集行政权威、法律权威和学术权威于一身。第五，要进一步加大对教育督导工作的宣传力度，争取社会各界理解、关心、支持教育督导工作。第六，开设教育督导专业，建立教育督导学科，加强教育督导的理论与技术的研究，以提高教育督导工作的科学性。第七，采取多种方法和途径，提高教育督导工作的质量和效率。

（二）大力推进教育督导法规建设进程

随着教育事业的改革和发展，教育督导的范围和内容日趋拓展，督导对象也渐趋多元化，迫切要求加快教育督导法制化建设的进程。另外，随着教育法制化的逐步深入，也迫切要求加快教育督导法制化建设的进程。我国在推进教育督导法规建设进程中，可以借鉴国外的有益经

验，既要考虑到教育督导现实的需要，又要考虑到教育督导未来发展的需要，既要体现督导法规的原则性和规范性，又要力求使法规条文具有较强的操作性。政策建议：第一，尚未出台教育督导法规的省（区、市）尽快参照《教育督导条例》出台教育督导条例，就教育督导的地位、任务、内容、方式以及法律责任追究等方面作出全面而明确的规定，为教育督导工作的开展提供必要的法律保障。第二，尚未出台教育督导法规、规章的市（地、州）、县（市、区）尽快尽快参照省（区、市）级最新教育督导法规、规章出台教育督导法规、规章。第三，逐步建立教育督导的各项常规制度，通过加强制度建设，逐步使教育督导走上规范化的轨道。第四，建立教育督导的监测和监控系统。第五，制定学校督导大纲，详细规定督导的标准、内容、方法、程序、督导报告等，并向学校、家长和社会公开。第六，督学要加强法律法规意识，熟悉相关的教育法律法规，并加以监督和实施。第七，督学要有意识参与到各级教育法律法规的建设工作中去。

（三）建立健全高效、权威的教育督导机构

从我国地方教育督导机构的设置模式来看，教育督导部门实质上是或者等同是同级教育行政部门的内部机构，这造成教育督导的监督只不过是教育行政执行系统内部的监督。由于上下行政隶属关系单位间较强的利益相关性，极易导致价值观、价值取向的偏离，难以保证评估的公正性、真实性，这无疑降低了教育督导的意义。同时，这也使得教育督导部门现实中无力督政。只有建立人民政府教育督导委员会，教育督导部门成为政府管理教育工作的重要职能部门，代表政府行使教育督导职权，才能保证督导工作的制度化和系统化，才能保证教育督导工作坚持实事求是，坚持客观性和科学性，坚持公正、公平和公开，才能提高教育督导工作的质量和效率。政策建议：第一，各地按照《教育规划纲要》和《教育督导条例》的要求，参照国务院教育督导委员会及其办公室设置办法，建立相对独立的教育督导机构，强化职能职责，落实人员编制，提升督导地位，确保督导工作有序、有力、有效展开。第二，改变同级教育行政部门代管教育督导机构的体制，督导部门由同级政府授权，人、财、物完全隶属于同级政府，督导部门直接对同级政府负责。第三，教育督导部门接受授权政府中主管教育的行政首长的直接领导和监督，并对其负责，同时接受上级教育督导机构的业务指导和职能监督。第四，教育督导部门在政府主管教育的行政首长的领导下，与同级教育行政部门协同工作、互通情报。

（四）建设专业化、高水平督学队伍

督学是执行教育督导任务，履行教育督导职权，对所辖地区和有关教育机构执行法律法规和方针政策的情况进行行政监督、检查、评估、指导的人员。自20世纪90年代以来，世界教育督导发展和改革的一个核心问题是转变教育督导思想，将督导的服务意识和服务功能提升到一个崭新的高度，要发挥教育督导的服务功能，督学必须提高自身的专业能力。西方各国历来注重督学的素质，督学都是精通教育理论、教育管理与教育实践的专家。从我国教育督导的实际来看，教育督导已由阶段性工作转向长久性事业，督学既要督政又要督教还要督学，督学既要行使监督职能，又要完成指导职能，因此，督学不仅应该是资深的教育专家，而且还得是教育改革的促进者和领导者，自然应确立和建设自身的专业领域，即实行督学专业化。政策建议如下：第一，建立法定督学资格证书制度，要求督学具有相应的专业知识、专业技能和职业道德。第二，完善督学招聘制度，将政治素质高、业务能力强、熟悉教育工作、年富力强的同志充实到督学队伍中来。第三，加强对督学的培训考核制度，以保证督学与时俱进。第四，促进督学职业专门化发展，即将督学日益细化，如分督政督学、督学督学、督管督学，等等。第五，提高督学的社会地位和经济待遇，以吸引专家型人才进入到督学队伍中来。第六，借助现代信息技术手段，提高督学的工作效率和质量。第七，督学应树立服务意识、民主平等意识、现代督导观念。同时，督学要加强学习，提高水平，严格遵守督学行为准则，树立良好形象。第八，建立督导申诉制度，以便建立民主平等的督导关系。

（五）坚持督政与督学并重、监督与指导并重的原则

坚持督政和督学相结合，是我国教育督导制度建设的基本经验和特色，也是教育督导工作必须坚持的原则。督政是促进政府转变职能、推动经济和社会发展的必要手段，也是依法治教的重要保证，还是穷国办大教育的迫切需要。实践证明，督政不仅必需，而且确实可行，并能收到实效。督学是督促、指导学校依法治教，全面贯彻教育方针、全面提

高教育质量的重要手段。教育督导制度自诞生以来，西方国家始终把学校工作作为督导的主要对象。况且，当今世界教育发展的重心已从规模转向质量，各国对学校各项工作的督导进一步加强。我国"两基"任务也已经完成，从本质和长远来看，教育督导应以督学为本。无论是督政还是督学，在监督的同时，指导更为重要。因此，在21世纪，要坚持坚持督政与督学并重、监督与指导并重的原则。政策建议如下：第一，督促各级政府转变职能、改进作风，落实教育优先发展的战略地位，落实发展和管理教育的责任，积极推动建设覆盖城乡的基本公共教育服务体系，逐步实现基本公共教育服务均等化。第二，坚持以人为本，督促学校转变教育观念，树立教学的质量观，促进学校特色发展、教师专业成长和学生全面发展，推进素质教育的全面实施。第三，加强教育质量监测，构建各级各类教育科学发展的质量评价体系，推动教育评价模式改革。

（六）从以鉴定性评价为主逐步过渡到以发展性评价为主

当前我国经济的发展方式已逐步由计划型转向市场型、由粗放型转向集约型，相应地，教育的发展方式也逐步由"数量扩张型"转向"质量提高型"，由粗放型的外延增长转向集约型的内涵发展。与教育发展方式的转变相呼应，教育督导评估方式也应由鉴定性评价为主逐步过渡到以发展性评价为主。"发展性评价是以现代教育发展观为指导，以促进学校发展为目的，以学校发展过程为对象的评价，是关注学校的发展目标和潜力，注重诊断发展中的问题，寻求学校发展的关键因素，从而发现和判断教育价值、得到教育增值的过程。"[1] 发展性评价重视和强调主体的自我评价和调节对于自主发展的意义，认为自我约束、自我监控、自我调整能力的大小是评价学校自主办学能力的重要指标。发展性评价对教育督导的建设与发展，对构建教育督导部门与被督导者的新型合作关系，对被督导者的自主发展，对教育行政部门职能的转变都起到了积极的推动作用。鉴定性评价重在建立规范，发展性评价重在超越规范而创建特色。合乎标准是对所有学校的基本要求，而个性化的发展则是在通过国家督导评估认定基础上的更高的目标追求。鉴定性评价

---

① 袁振国：《中国教育政策评论2003》，教育科学出版社2003年版，第117页。

是基础，发展性评价是提高。发展性评价将标准和规范内化在学校的发展之中。因此，发展性评价与鉴定性评价是相对的概念，并非对立的概念。与鉴定性评价相比，发展性评价更符合"质量提高型"教育发展方式的精神实质。政策建议：第一，教育督导部门确立适应素质教育、适应政府、教育行政部门与学校主体发展的现代教育督导观念。第二，教育行政部门要简政放权，增强自身的宏观管理和服务意识，增强学校的办学自主权。第三，建立督学责任区，加强对学校的随访。第四，教育督导部门要加强服务意识，在监督的同时，能提供一种与被督导的对象站在同一立场的、及时的、主动的、经常性的、有科学诊断价值的、能够解决具体问题和协调矛盾的、富有指导和前瞻意义的帮助。第五，重视提高督导结果反馈的效果。第六，学校要增强自身的发展意识和发展能力。第七，改进教育督导评估的监测方法、技术和手段，提高教育督导评估的标准，并充分发挥教育督导评估的多方面的作用，以促进和激励有改革创新精神的地区和学校脱颖而出。

（七）坚持教育督导工作的创新精神

创新是民族进步的灵魂，教育督导要获得可持续发展，就不能没有创新精神。首先，教育事业日新月异，教育督导要为教育事业的发展、教育政策的执行和学校教育质量提供监督与评价，为决策者和教育行政管理部门提供全面而准确的信息与建议，教育督导工作的思想观念、组织形式、工作机制和工作方式等，就应随着新形势、新任务的要求不断变革和创新。其次，教育督导长期以来一直是一个封闭的系统，从督导开始，到督导终结，从制订督导计划，到作出书面报告，沿袭的是一种线性逻辑。然而，在日新月异的21世纪，人们的思想、观念、交往方式都在发生巨大的变化。因此，在新的社会背景下，如何打破教育督导的封闭性，走一条开放之路很有必要去探索。最后，当代中国教育督导制度特别是中国特色教育督导制度，都是在实践中不断创新的结果。因此，我们在继承督导工作的好传统、好做法的同时，要对国内外教育督导工作进行全面、系统的研究；将先进的督导理念、督导方法、督导技术运用到工作中来，增强督导工作的科学性、预见性、权威性、可操作性，用新思想、新观念、新方法指导实践、解决问题、推动工作。政策建议：第一，采取支持创新、鼓励创新的原则，凡是有利于依法治教，有利于调动校长、教师工作积极性，有利于提升教育质量的教育督导经验，都予以支持和推广。第二，建立对教育督导评估的再评估。第三，打破传统的以政府行政督导为主的格局，建立和健全社会的、民间的、中介性的教育督导机构，以提高督导的客观性和公正性，以提高社会对教育督导的关注、参与和支持。第四，可以考虑借鉴和引进国外教育领域和国内管理界已经使用的 ISO9000 质量认证方法。第五，根据具体的督政、督教、督学任务确定督学团队，以增加教育督导工作的针对性和实效性。第六，适量引入国际化和跨国的权威评估和认证组织。

第三节　当代中国教育督导制度创建发展的历史经验

教育督导、教育立法和教育投入被认为是现代教育发展的三大支柱。当代中国教育督导制度自创建以来，尤其自 1986 年恢复重建以来有了很大的发展，在督导实践中建立了中国特色教育督导制度，在教育改革与发展中发挥了重要的保障作用。一是保障了"两基"历史性任务的全面完成。为我国如期实现党的十四大提出的到 20 世纪末全国实现"两基"目标，建立"两基"督导评估验收制度，作出了重要贡献。二是推进了学校管理水平和教育教学质量的提高。逐步建立健全中小学督导评估制度，在监督和指导学校依法办学、规范学校管理、全面贯彻教育方针、全面提高教育质量方面发挥了重要的作用。三是推动了农村义务教育管理新体制的确立。开展了全面深入的关于完善农村义务教育管理体制的专项督导检查，建立了对县级政府教育工作进行督导评估的制度，对促进政府依法履行教育职责、优先发展教育事业、保障农村义务教育的改革和发展发挥了积极作用。四是促进了教育重点、难点和热点问题的解决。围绕教育改革与发展中的重点、难点问题和社会普遍关注的热点问题，开展专项督导检查和调研，为科学决策提供了依据，为推动问题的解决发挥了独特的作用。五是积极开展了基础教育质量监测。探索教育质量评价工具和监测标准，发挥质量监测的诊断和导向功能，为改进决策提供科学依据。六是创建了中国特色教育督导制度。建立了国家教育督导团和国务院教育督导委员会，省（区、市）、市

（地、州）、县（市、区）三级人民政府建立了教育督导机构，全国形成了一支拥有 8 万多人的专兼职督导队伍，确立了督政与督学并重、监督与指导并重的教育督导职能。当代中国教育督导制度经历了曲折的发展历程，在督导实践中创造和积累了宝贵的历史经验。

一　建立和健全教育督导制度是当代中国教育改革和发展的需要，是当代中国教育管理走向科学化、现代化的必然要求

　　教育督导制度作为对教育工作实施行政性监督的制度，它的基本任务是对教育法律法规和方针政策的贯彻落实情况进行监督、检查、评估、指导，根本目的是保障教育改革与发展的顺利进行。当代中国教育督导制度的创建和发展经历种种曲折，既经历了 20 世纪 50 年代后期至 60 年代前期的历史低潮，这一时期既无专门的教育督导机构，也无专职的教育督导队伍；又经历了"文革"十年（1966 年 5 月—1976 年 10 月）的历史断层，教育督导工作处于停滞状态；也经历了 20 世纪 90 年代教育部机构改革的起起落落，国家教委督导司被撤并，建立国家教委教育督导团，设教育督导团办公室挂靠基础教育司。但是，当代中国教育督导制度最终得以确立并取得了卓越的成就，还在督导实践中创建了中国特色教育督导制度，为我国教育改革与发展做出了不可磨灭的历史性贡献。实践表明，建立和健全教育督导制度是当代中国教育改革与发展的要求，也是当代中国教育管理体制和依法治教机制日趋完善的重要标志。当代中国在推动各地落实"科教兴国"战略和教育优先发展战略地位，督促各级政府及其有关部门贯彻国家有关教育的法律法规、方针政策，依法行政，依法治教，促进各地深化教育改革，特别是在推进各地基本普及九年义务教育，基本扫除青壮年文盲，全面贯彻教育方针，全面提高教育质量等方面发挥了重要作用。历史昭示人们：当代中国如果没有建立和健全教育督导制度、义务教育的普及、基础教育的发展、素质教育的推进、高等教育的进步，恐怕很难有今天这样的成就。总之，自教育督导制度创建以来，尤其是恢复重建以来，尤其是中国特色教育督导制度创建以来，当代中国教育督导制度发挥了巨大的历史性作用。因此，建立和健全当代中国教育督导制度不仅是我国教育改革和发展的历史经验，也是 21 世纪我国教育事业全面、协调、可持续发展的必然要求。

二 加强自身建设是当代中国教育督导制度改革和发展的保障

当代中国教育督导制度的自身建设主要表现在教育督导法规规章建设、教育督导机构建设、教育督导队伍建设三个方面。第一，教育督导法规、规章不断健全。首先，国家层面的教育督导法规、规章不断健全。1991年4月26日，《教育督导暂行规定》颁布，这标志着当代中国教育督导工作步入规范化阶段。2012年9月9日，《教育督导条例》颁布，这标志着当代中国教育督导工作走上法制化的轨道。其次，地方教育督导法规、规章建设相继颁布。1996年1月8日，《深圳经济特区教育督导条例》颁布；2001年12月7日，《山东省教育督导条例》颁布；2000年1月1日，《安福县教育督导暂行规定》颁布。以上三个教育督导法规、规章的颁布标志着当代中国地方教育督导法规、规章建设正式启动。截止到2015年6月30日，除河北、江苏、浙江、安徽、福建、四川、海南、西藏8个省（区）外，其余23个省（区、市）和新疆生产建设兵团先后颁布了教育督导行政规章。在教育督导行政规章的基础上，山东、宁夏、湖南、天津、上海、重庆6个省（区、市）进一步颁布了教育督导法规。在教育督导行政规章的基础上，深圳、厦门、青岛、济南、淄博、郑州、宁波、沈阳、无锡、大连、抚顺、苏州12个市进一步颁布了教育督导法规。第二，教育督导机构不断健全。一方面，国家最高教育督导机构在曲折中巩固、发展。1986年10月，国家教委督导司成立，全面主持全国教育督导工作。1994年2月14日，国家教委督导司被撤并，建立国家教委教育督导团，设教育督导团办公室挂靠基础教育司。1998年7月21日，教育督导团办公室独立设置，成为教育部的18个职能司（厅、室）之一。2000年1月3日，国家教委教育督导团更名为国家教育督导团。2012年8月26日，国务院教育督导委员会成立，这是我国最高规格的教育督导机构。另一方面，地方教育督导机构不断健全。首先，三级教育行政部门督导机构先后组建。截止到1996年底，全国30个省（区、市）都建立了督导机构。其中，政府督导室6个，教育督导团下设办公室4个，教育督导室5个，教委（厅、局）督导室 14 个，教育督导委员会 1 个。市（地、州）级已建立教育督导机构 366 个，占总数的 96.6%。除内蒙古、安徽、云南、西藏、青海外，其余 25 个省（区、市）的市（地、州）全部建立了教育督导机构。除西藏外，县（市、区）级已建立教育督导机构 2574 个，占总数的 93.6%。随后，三级教育行政部门督导机构逐步升格为人民政府教育督导机构。1991 年 3 月，黑龙江省教委教育督导室更名为黑龙江省人民政府教育督导室，成为全国第一个挂人民政府教育督导室牌子的省级教育督导机构。截止到 2004 年底，全国 31 个省（区、市）全部成立了人民政府教育督导机构。98.5% 的市（地、州）建立了教育督导机构，其中 91.1% 是人民政府教育督导机构。全国共有 2716 个县建立督导室，其中为人民政府称谓的占 82.7%。再后，三级人民政府教育督导委员会相继成立。2011 年 2 月 23 日，天津市人民政府教育督导委员会率先成立。截止到 2015 年 6 月 30 日，除北京、陕西、甘肃 3 个省（市）之外，其余 28 个省（区、市）相继成立了省级人民政府教育督导委员会。相应地，市（地、州）、县（市、区）两级人民政府教育督导委员会的组建工作也在全国各地相继启动。第三，教育督导队伍不断发展壮大，综合素质不断提升。当代中国教育督导制度在 1986 年恢复重建之初，我国教育教育队伍只有百余人。截止到 2004 年底，全国共有专（兼）职教育督导人员 46245 人，其中专职督导人员 19984 人（含专职督学 9033 人），兼职督学 26261 人（含教育部聘请的总督学顾问、国家督学及各级督导机构从民主党派、无党派人士中聘请的特约教育督导员 5116 人）。截至 2014 年底，全国共有专兼职督学 8 万多名，数量明显增加，队伍进一步发展壮大。并且，教育督导队伍逐渐年轻化、专业化，督学工作能力和业务水平不断提高。首先，这归功于广泛、深入的教育督导实践。在广泛、深入的教育督导实践中，当代中国教育督导队伍不断发展壮大，同时也得到了锻炼和提高。其次，这得益于督学培训制度的建立。教育部采用"以培带训促建"的办法不断加强和完善督学培训制度，督学综合素质不断提升。总之，不断加强教育督导法规规章、教育督导机构、教育督导队伍的建设是当代中国教育督导制度改革和发展的保障。

三 积极开展教育督导实践是当代中国教育督导制度改革和发展的基石

当代中国教育督导制度自恢复重建以来，中央、省（区、市）、市（地、州）、县（市、区）四级教育督导部门组织开展了一系列、广泛、深入的教育督导实践。综合督导和专项督导有机结合，是开展当代中国教育督导实践的有效方式。通过综合督导可以对政府和学校的教育工作进行全面、系统、常规的监督和指导。通过专项督导可以对教育改革与发展中的重点、难点问题和社会普遍关注的教育热点问题，有针对性地、深入地进行专门检查，督促其尽快解决。一方面，通过开展教育督导实践为我国教育的改革和发展，尤其是义务教育和基础教育的改革和发展保驾护航。另一方面，通过开展教育督导实践，树立了督导权威，锻炼了督导队伍，加强了督导机构，完善了督导法规、规章。特别是在"两基"督导评估和对中小学的督导评估工作中，督导部门创造和积累了许多宝贵的经验，特别是找到了推动政府教育执法行为的全面落实，提高区域性教育发展水平，提高教育质量和效益的有效机制。因此，积极开展教育督导实践是当代中国教育督导制度改革和发展的基石。

四 建立并健全中国特色教育督导制度是当代中国教育督导工作的必然趋势

当代中国教育督导制度的创建和恢复重建为中国特色教育督导制度的建立和健全奠定了坚实的基础。中国特色教育督导制度的建立并非一日之功，而是在长期的督导实践中逐步创建起来的，历经十几年的酝酿准备（1986—2000 年），目前已初步建立（2000—2020 年）并迈出了重大历史步伐：2000 年，我国如期实现了"两基"的伟大目标；2012 年 9 月 9 日，颁布了我国首部教育督导法规《教育督导条例》；2012 年 8 月 26 日，成立了我国最高规格的教育督导机构：国务院教育督导委员会。中国特色教育督导制度的建设成就不只是局限于国家层面，也包括地方层面。当然，国家层面的教育督导工作引领地方层面的教育督导工作。换句话说，随着中国特色教育督导制度的内涵拓展，地方教育督导制度必须符合本地实际，富有特色。2010 年 7 月 29 日，《教育规划纲要》颁布以后，各地结合实际大胆探索，形成了富有地方特色的教育督导体制改革的成功模式。如北京市率先建立对本级和下级政府督察的制度，政府教育督导室是与市教委平级的机构。天津市率先组建教育督导委员会，主任由分管教育的副市长兼任，解决了不能监督同级相关部门、监督下级政府不力等问题。广东省推行教育工作问责制度，由省委组织部和教育厅牵头、省政府教育督导室具体实施，人大、政协、纪检监察、发展改革、财政等部门参加，对各级党政正职和分管教育的副职进行考核问责。湖南省实施督学责任区制度，建立督学责任区 764个，覆盖所有中小学和幼儿园。这些做法对推动当地教育改革发展起到了积极作用，对推动地方教育督导制度改革发展也有促进作用。遗憾的是，绝大部分省（区、市）教育督导工作切合实际程度还不够，特色还不够显著。但是，随着教育改革的深入，随着教育管理体制改革的深入，随着中国特色教育督导制度步入逐步健全时期（2020—2050 年），随着教育督导实践的纵深拓展，建设切合地方实际的教育督导制度也是我国地方教育督导制度的努力方向。

五　与时俱进是当代中国教育督导工作的特质

伴随着当代中国教育管理体制的改革和发展，伴随着当代中国教育的改革和发展，尤其是伴随着党和国家关于教育方针、政策的改革和发展，当代中国教育督导制度不断改革和发展，它经历了创建、中断、恢复重建、中国特色教育督导制度四个发展阶段。新中国成立之初，教育事业迫切需要教育督导来鉴别、规范和指导，当代中国教育督导制度得以建立。"文化大革命"期间，教育工作几乎停滞，教育督导工作完全停滞，当代中国教育督导制度中断。改革开放以来，教育事业蓬勃发展尤其是义务教育蓬勃发展，急需教育督导来监督、检查、评估、指导和验收，当代中国教育督导制度得以恢复重建。自恢复重建以来，紧紧围绕我国教育改革发展大局，当代中国教育督导制度与时俱进，不断改革创新，更新督导理念，创新督导机制、督导方式和督导手段。督导范围从义务教育扩大到各级各类教育，实现了全覆盖，督导主体从单纯的教育部门延伸到跨部门，督导对象从督政为主转变为督政与督学并重，督导职能从监督为主转变为监督与指导并重，督导重点由"两基"普及转变为义务教育的均衡发展和素质教育的实施。督导实践的针对性加强，时效性提升。督导过程既关注资金投入、基础建设、入学率、辍学率等硬任务、硬指标，又关注落实德育为先、能力为重、全面发展的实效，也关注教育资源均衡配置、公平政策落实和办学水平提升。由当代中国教育督导制度建立和发展的历史轨迹不难看出，与时俱进是当代中国教育督导工作的特质，并将推动当代中国教育督导工作在 21 世纪继续前行、继续发展、继续创新。

用历史的眼光审视当代中国教育督导制度，认真总结当代中国教育督导制度创建发展的历史经验，是为了尽可能科学地、准确地预测我国教育督导制度的未来走向和发展趋势。21 世纪上半叶是我国发展的重要战略机遇期，到 2050 年，我国将全面建成小康社会，实现中国特色社会主义现代化和中华民族的伟大复兴。百年大计，教育为本，教育是基础。全面提高教育质量，办好人民满意的教育，对发挥教育督导保驾护航作用提出了新的更高要求。未来中国教育督导工作任重道远，突出体现在五个方面：一是落实教育优先发展责任重大；二是实施素质教育要求更高；三是规范办学行为的呼声日益强烈；四是解决教育热点、难点问题挑战严峻；五是社会各界对加强教育督导充满期待。为此，当代中国教育督导制度应围绕教育改革发展大局，以深化体制机制和创新工作机制改革为重点，以建设专业化的督学队伍为关键，坚持督政与督学并重，监督与指导并重，不断推动督导工作迈上新台阶。

附录一 近当代中国教育督导大事记

一 近代中国教育督导大事记

1901 年

《教育世界》刊载日本明治 31 年所定"文部省官制"。这是近代中国关于国外教育视导制度的最早介绍。

1904 年

12 月，直隶学务处将全省划为十三区域，并派定查学职员十六人。这是近代中国最早的省级视学人员。

1906 年

4 月 20 日，学部奏准《各省学务详细官制及办事权限章程》。

9 月 8 日，学部奏派罗振玉、田吴炤、刘钟琳、张煜全四人为查学委员，分赴直隶、河南、山东、山西四省考察学务。

9 月 24 日，学部派知府钱恂、举人董鸿祎前往南洋爪哇、新加坡等处调查华侨学务情况。

1908 年

9 月 21 日，学部奏请停止各省教职铨选，以其缺改设各府厅州县视学官。

1909 年

10 月 29 日，学部奏准《视学官章程》。这是近代中国第一个教育督导规章。

11 月 1 日，学部奏准变通本部官制，将视学官改缺为差，原视学官之十二缺分设郎中、员外郎、主事各缺，视察学务将随时酌派部中人员。由此,清末学部不设专职视导人员。

1913 年

1 月 20 日,教育部公布《视学章程》。

1 月,教育部将全国划分为八大学区,每区派视学两人,并规定《视学之权限》。

2 月,教育部订各省教育司职权,规定省视学办法。

3 月 22 日,教育部公布《部视学支费暂行规则》。

3 月 28 日,教育部公布《视学处务细则》。

12 月 30 日,教育部公布《视学留部办事规程》。

1914 年

6 月 17 日,教育部通咨各省巡按使,省视学定额四人;另一律设置道县视学,每道至少两人,由省巡按使委任;每县至少一人,由道尹委任。

9 月,教育部订定各省视学、道视学特别注意事项,通饬施行。

12 月 24 日,教育部订定《视学室办事细则》。此为近代中国教育部设视导机构之始。

12 月 30 日,教育部订定《视学留部办事规程》。

1915 年

3 月,教育部规定各道、县视学资格,通饬各省施行。

10 月 1 日,教育部公布《视学公费规则》。

1916 年

11 月,教育部派吴家祺、许丹、王嘉榘、齐宗颐四人为视学员,视察京中各大学和专门学校。

1917 年

2 月 21 日,教育部公布《修正视学公费规则》。

9 月 6 日,大总统教令公布《各省教育厅暂行条例》。

10 月 15 日,教育部咨各省裁撤道视学。

1918 年

4 月 30 日,教育部订定《省视学规程》《县视学规程》。这是近代中国第一个地方教育督导规章。

1920 年

12 月 31 日，教育部制定《专门以上学校视察委员会规程》。

1921 年

2 月 1 日，教育部公布《专门以上学校视察委员会视察细则》。

3 月 28 日，教育部派专门以上学校视察委员会常任委员秦锡铭、委员冯承钧分别视察私立国民大学、复旦大学、上海美术专门学校、南洋医学专门学校。

1922 年

4 月，四川在重庆召开全省县视学员会议，南充县视学提出改组县劝学所为教育局。此为县教育独立之先声，并拟有组织法。

9 月，广东省教育委员会改视学制为督学制，以实行学校指导方法。此为省视导人员改称督学之始。

1928 年

2 月 28 日，大学院公布《试行大学区制省分特别市教育局暂行条例》。

2 月，《大学院公报》刊载《大学院华侨视学员条例》。

1929 年

2 月 2 日，教育部公布《督学规程》。

1931 年

6 月 16 日，教育部制定公布《省市督学规程》。

7 月 6 日，国民政府公布《修正教育部组织法》。

8 月 12 日，教育部派王慎明、林本、相菊潭、向玉楷为教育部荐任督学，先行到部任事。9 月 10 日，经行政院院长蒋中正批准，正式任命为部督学。这是民国后期第一批教育部督学。

8 月 31 日，教育部公布《教育部督学规程》。

9 月 23 日，教育部公布《教育部督学办事细则》。

1932 年

1 月，教育部举行第一次督学会议。

8 月 12 日，教育部公布《行政督察专员暂行条例》。

11 月 24 日，教育部令各省教育厅及行政院直辖市教育行政机关，设置主管体育的督学或指导员。

1934 年

2 月，教育部督学室汇辑出版《视察各省市教育报告汇编》。

商务印书馆出版《视察各省市职业教育报告汇编》。

1935 年

5 月，国民政府公布《修正教育部组织法》。

1937 年

7 月 1 日，教育部划分全国为十五个义务教育视导区，实施三级视导办法，教育部、省、市、县一律增设义务教育视导员。并公布《省市义务教育视导员规程》《县市义务教育视导员规程》。

1938 年

5 月 9 日，教育部颁发《各省市社会教育督导员暂行规则》。

1939 年

2 月，教育部公布《各省市实施分区辅导职业学校办法大纲》。

7 月 21 日，教育部公布《各省市师范学校辅导地方教育办法》。

11 月 4 日，教育部公布《图书馆辅导各地社会教育机关图书教育办法大纲》。

1940 年

3 月，教育部公布《国民教育实施纲要》。

6 月，教育部恢复设置督学室。1941 年 2 月改称视导室。1943 年 11 月复称督学室。

7 月 21 日，教育部公布《师范学院辅导中等教育办法》和《各师范学院区中等教育辅导委员会组织通则》。

7 月 27 日，教育部公布《教育部边远区域教育督导员暂行规则》。

10 月 16 日，国民政府公布《修正教育部组织法》规定。

1941 年

3 月，教育部举行第一届视导会议。

6 月 30 日，教育部颁布《教育部视导规程》。

11 月，教育部颁布《各省市国民教育辅导研究办法大纲》。

1942 年

1 月 26 日至 31 日，教育部在重庆举行各省市教育视导会议。会议对后来的视导制度发展产生了极大的影响。

1943 年

1 月 7 日，教育部第八次修正《教育部组织法》。

5 月 12 日，教育部颁布《各省市师范学校辅导地方教育办法》。

11 月 29 日，教育部公布《教育部督学服务规则》。

1944 年

3 月 15 日，教育部颁发《师范学校辅导地方教育实施注意事项》。

6 月 16 日，教育部颁发《教育部指定各省市师范学校视导县市国民教育办法》。

1945 年

9 月，教育部召开全国教育善后复员会议，对后来各省、市及部分县视导机构的设置影响较大。

11 月 7 日，教育部订定《教育部聘任督学及专门人员选用规则》。

11 月 13 日，教育部公布《教育部设置边疆教育督导员办法》。

教育部规定各省市教育厅局应于年度开始时将年内视导计划先行报部。

1946 年

1 月 26 日，教育部咨各省市政府转发全国教育善后复员会议议决案。

4 月，教育部颁行《教育视导试行标准》。

教育部重新划定全国教育视导区域，共分为十五个区。

1947 年

4 月 14 日，教育部训令各省教育厅从速恢复设置县教育局。10 月 28 日，行政院颁布《县市教育局编制及局长选用标准》。

教育部制定《各省市体育巡回指导举办要点》《视导国民教育应注意事项》。

二 当代中国教育督导大事记

1949 年

11 月 1 日，教育部成立，设办公厅、高等教育司、中等教育司、初等教育司、社会教育司、视导司。

1950 年

11 月 21 日，教育部第 32 次会议通过《关于本部视导工作组织原则（草案）》。

12 月 12 日，教育部第 34 次会议通过《关于加强视导司与各厅司工作联系的办法》。

1953 年

1 月 14 日，教育部第 89 次会议初步讨论《部内各单位分工执掌（草案）》。

11 月 15 日，教育部设 16 个司、处室，无视导司，但分别在各司设视导室。

1954 年

10 月 20 日，教育部撤销各司视导室，视导工作并入司内各科。

1955 年

4 月 23 日，教育部印发《关于加强视察工作的通知》。

1956 年

7 月，教育部成立办公厅视察研究室。

11 月 6 日，教育部印发《关于组织幼儿教育义务视导员进行视导工作的办法》。

1957 年

7 月，教育部撤销办公厅视察研究室。

1959 年

7 月 8 日，教育部在相关处、司中配备视导员。

1960 年

5 月，教育部取消各厅、司的视导员。

1966—1976 年

1966 年 5 月 16 日至 1976 年 10 月"文化大革命"期间，视导工作停止。

1977 年

9 月 19 日，邓小平同志在《教育战线的拨乱反正问题》中指出关于恢复重建当代中国教育督导制度的最早构想。

1978 年

2月5日，教育部在普通教育司设巡视室。

1982 年

8月16日，经国务院同意，教育部增设视导室，由中学教育司代管。

1983 年

7月18日至28日，在全国普通教育工作会议上，教育部提出《关于建立普通教育督导制度的意见（讨论稿）》。

1984 年

8月，经国务院批准，教育部设立视导室。

1986 年

4月12日，《中华人民共和国义务教育法》由六届人大四次会议通过。

9月11日，国务院办公厅转发《国家教委、国家计委、财政部、劳动人事部关于实施〈义务教育法〉若干问题的意见》。

10月13日，经国务院批准，视导室更名为督导司。

11月27日，国家教委办公厅印发《关于建立督导司的通报》。

1987 年

3月3日，国家教委发布《关于转发〈国家教委督导工作座谈会纪要〉的通知》。

9月到12月，国家教委督导司委托北京师范大学、华东师范大学的教育管理学院，分别举办首届督导干部培训班。

1988 年

9月14日，国家教委和人事部联合发布《关于建立教育督导机构的问题的通知》。

1989 年

2月11日，国家教委向国务院上报《关于建立我国教育督导制度的请示》。

2月22日，国家机构编制委员会印发《国家教育委员会、国家语言文字工作委员会"三定"方案》。

9月25日，国家教委印发《关于举办教育督导人员岗前培训班有关事项的通知》。

1991 年

4 月 26 日，国家教委主任李铁映签发国家教育委员会令第 15 号，发布《教育督导暂行规定》。

4 月，《中国教育监测与评价统计指标体系（试行）》印发。

5 月 21 日，国家教委印发《普通中小学校督导评估工作指导纲要》和《关于实施〈普通中小学校督导评估工作指导纲要〉试点的意见》。

11 月 11 日，国家教委印发《关于聘请特约教育督导员的意见》。

12 月 21 日，国家教委印发《国家教育委员会督学聘任暂行办法》。

1992 年

5 月，国家教委督导司主编的《中国教育督导制度的探索与实践》出版。

1993 年

2 月 13 日，中共中央、国务院印发《中国教育改革和发展纲要》。

3 月 8 日，国家教委印发《普及九年义务教育评估验收办法（试行）》《县级扫除青壮年文盲单位检查评估办法（试行）》《1993 年普及九年义务教育县（市、区）和扫除青壮年文盲县（市、区）评估验收办法（试行）》。

1994 年

2 月 14 日，经中央编制委员会审核，国务院批准，教育部撤销督导司，保留教育督导与评估职能，建立国家教委教育督导团，设教育督导团办公室挂靠基础教育司。

4 月 6 日，国家教委印发《关于建立国家教育督导团的通知》。

9 月 1 日，国家教委印发《关于在 90 年代基本普及九年义务教育和基本扫除青壮年文盲的实施意见》。

9 月 9 日，国家教委办公厅印发《国家教育督导团若干工作制度（试行）》。

9 月 24 日，国家教委印发《普及义务教育评估验收暂行办法》。

1995 年

1 月 12 日，国家教委作出决定，公布首批 554 个普及九年义务教育和扫除青壮年文盲县（市、区）名单。

3 月 18 日，第八届全国人民代表大会第三次会议通过《中华人民共和国教育法》。

12月26日，深圳市第二届人民代表人大常务委员会第五次会议通过《深圳经济特区教育督导条例》。

1996年

2月29日，国家教委印发《普及九年义务教育和扫除青壮年文盲工作表彰奖励办法》。

5月29日，国家教委印发《关于加强教育督导队伍建设的几点意见》《督学行为准则》。

10月10日，中央编制委员会批复国家教委，同意设立国家教委教育督导团。

1997年

2月27日，国家教委印发《普通中小学校督导评估工作指导纲要（修订稿）》。

1998年

4月21日，教育部印发《关于贫困地区普及初等义务教育评估验收工作的意见》。

7月21日，国务院印发《关于印发教育部职能配置内设机构和人员编制规定的通知》，教育督导团办公室独立设置。

8月3日，教育部印发《关于认真做好"两基"验收后巩固提高工作的若干意见》。

1999年

1月13日，国务院批转教育部《面向21世纪教育振兴行动计划》。

6月13日，《中共中央、国务院关于深化教育改革全面推进素质教育的决定》印发。

8月20日，教育部印发《关于加强教育督导与评估工作的意见》。

12月2日，教育部印发《关于加强教育法制建设的意见》。

2000年

1月3日，经国务院领导批准，中央机构编制委员会办公室批复，国家教委教育督导团更名为国家教育督导团。

2001年

9月8日，国家教育督导团印发《关于加强基础教育督导工作的意见》。

12 月 7 日，《山东省教育督导条例》颁布。

2004 年

1 月 17 日，国务院办公厅转发《教育部关于建立对县级人民政府教育工作进行督导评估制度的意见》。

6 月 15 日，国家教育督导团印发《关于加强西部地区"两基"攻坚督导评估工作的意见》。

2006 年

3 月 20 日，国家教育督导团印发《关于印发〈国家教育督导报告 2005〉的通知》。

7 月 19 日，教育部印发《国家督学聘任管理办法（暂行）》。

7 月 31 日，教育部办公厅印发《关于成立国家督学聘任审查委员会的通知》。

9 月 19 日，教育部、财政部印发《关于加强农村义务教育经费保障机制改革督导工作的意见》。

2007 年

12 月，国家教育督导团办公室主编的《当代中国教育督导》出版。

2008 年

8 月 20 日，教育部印发《中小学体育工作督导评估指标体系（试行）》。

12 月 3 日，国家教育督导团发布《国家教育督导报告 2008（摘要）》。

2010 年

7 月 29 日，中共中央、国务院印发《国家中长期教育改革和发展教育规划纲要（2010—2020 年）》。

10 月 13 日，《教育部关于治理义务教育阶段择校乱收费问题的指导意见》印发。

2011 年

7 月 5 日，国家教育督导团发布《国家教育督导报告：关注中等职业教育（摘要）》。

9 月 30 日，《教育部关于全面实施教育收费治理工作责任制的通知》印发。

12 月 30 日，教育部印发《中等职业教育督导评估办法》。

2012 年

1 月 20 日，教育部印发《县域义务教育均衡发展督导评估暂行办法》。

1 月 20 日，《教育部 发改委 审计署关于印发〈治理义务教育阶段择校乱收费的八条措施〉的通知》印发。

2 月 12 日，教育部印发《学前教育督导评估暂行办法》。

5 月 4 日，教育部印发《关于加强督学责任区建设的意见》。

8 月 26 日，国务院办公厅印发《国务院办公厅关于成立国务院教育督导委员会的通知》。

9 月 5 日，教育部印发《关于进一步加强中小学校督导评估工作的意见》。

9 月 9 日，国务院颁布《教育督导条例》。

12 月 17 日，《教育部、财政部关于加强中央部门所属高校科研经费管理的意见》《教育部关于进一步加强高校科研项目管理的意见》印发。

12 月 18 日，《教育部关于进一步规范高校科研行为的意见》印发。

2013 年

9 月 17 日，国务院教育委员会办公室印发《中小学责任督学挂牌督导办法》。

12 月 17 日，《天津市教育督导条例》颁布。

12 月 18 日，《国务院教育委员会办公室关于印发〈中小学责任督学挂牌督导规程〉和〈中小学责任督学工作守则〉的通知》印发。

2014 年

2 月 7 日，《国务院教育委员会办公室关于印发深化教育督导改革转变教育管理方式意见的通知》《国务院教育委员会办公室关于印发〈教育重大突发事件专项督导暂行办法〉的通知》印发。

2015 年

3 月 12 日，《国务院教育督导委员会办公室关于印发〈中小学校责任督学挂牌督导创新县（市、区）工作方案〉的通知》印发。

4 月 15 日，《国务院教育督导委员会办公室关于印发〈国家义务教育质量监测方案〉的通知》印发。

8月10日,《教育部关于印发〈中国教育监测与评价统计指标体系〉的通知》印发。

8月13日,《国务院教育督导委员会办公室关于印发〈语言文字工作督导评估暂行办法〉的通知》印发。

附录二 近当代中国教育督导重要法规规章

一 视学官章程

（1909 年 12 月 11 日）

视学区域

第一条 视学区域分为十二区：一、奉天、吉林、黑龙江。二、直隶、山西。三、山东、河南。四、陕西、四川。五、湖北、湖南。六、江苏、安徽、江西。七、福建、浙江。八、广东、广西。九、贵州、云南。十、甘肃、新疆。十一、内、外蒙古。十二、青海、西藏。

第二条 每区视学官应派二人，其视察区域由部临时指定。

第三条 视学官按年派遣，每年约视察三四区，每三年视察一周。

第四条 三年之内每区必须视察一次（除内外蒙古、青海、西藏暂行缓派外）。此外，遇有应特行视察之事件，得由部临时加派视学官前往视察。

视学资格

第五条 视学官以宗旨正大、深明教育原理者为合格。

第六条 每区所派视学官须有精通外国文及各种学科者一人，以便考察中学以上之教法。

视学职任

第七条 视学官不设定员，以部中人员或直辖学堂管理员、教员职分相当者派充。

第八条 视学官除驻扎省城视察外，并须出省视察外府县或乡镇之学务情形（凡铁路、轮船交流最便省份各府直隶厅，均应遍查；各州县及乡镇可以抽查；边远省份各府厅州县及城镇均可抽查）。

第九条 视学官应视察之事件其要目如下：

一、各省学务公所、各厅州县劝学所劝学区教育行政情形。二、各种官立、公立、私立学堂教育情形。三、学堂卫生情形。四、学堂经费情形。五、各项学务职员教员办事授课情形。六、各项学堂学生之风纪。七、有关教育学艺诸种之设施。八、特受部示之事件。

第十条 前条所列各项细目，视学官于每次巡视时预为详细酌定，并呈部核准，遵照办理。

第十一条 视学官于应视察之事件如有所见，应于巡视之前撰具节略，呈部核定。

第十二条 视学官于巡视以前，应将所查省份业经报部之学务册籍摘要记录，以为巡视时证实之据。

第十三条 视学官由部刊发钤记一颗，文曰学部视学钤记，为钤印函牍之用，以资信守，回京时缴存。

视学权限

第十四条 凡部议所已决定及特受部示之事件，视学官应向该省学务人员申述旨意，劝导办理。

第十五条 凡各省学务公所有与章程不合或未能实行者，视学官应妥商该省提学使改正整理。

第十六条 凡各厅州县劝学所事务有与章程不合或未能实行者，视学官应详告办事人员，令其改正整理，并通知该省提学使及省视学并该府厅州县官随时留心考察。

第十七条 凡各劝学区事务有与章程不合或未能实行者，视学官应详告办事人员，令其改正整理，并通知该府厅州县官及劝学所总董、县视学随时留心考察。

第十八条 凡各学堂事务有与章程不合或未能实行者，或所授教课于学科教授训练之次序、方法未能合度者，视学官应详告该学堂监督、堂长、教员，令其改正整理，并通知该省提学使及省视学或府厅州县官及劝学所总董、县视学随时留心观察。

第十九条 凡视学官所视察之学堂，其管理员、教员如实有不能称职及旷假太多、虚縻经费等弊，视学官得详具事由，商由提学使即行撤换。

第二十条 凡视学官巡视地方遇有关系教育事务之争端（如官绅攻讦及因学款争讼，管理员教员争执意见等事），得将情由移交提学使或该管地方官办理。

第二十一条 凡各省学务公所、各厅州县劝学所劝学区及各学堂所有之案卷簿册，视学官得随时调取阅看。

第二十二条 凡视学官视察某处，得商令该处办事员随同视察，并可向该员详询事由。

第二十三条 视学官视察各学堂，为考验学问程度起见，得随时考试学生，并调取讲义稿本或图书目录查阅。

第二十四条 凡视察某学堂毋庸预期通知。

第二十五条 视学官每视察一府或一直隶州厅毕，即将视察情形具呈报部，如别有条陈，得随时呈递听候部核。

第二十六条 视学官每次巡视，应约会该省议长、议绅、教育会长或省视学、县视学，筹议各项教育改良扩充办法。遇有地方教育会议之事，视学官亦应前往聆其议论，并可自陈所见，以期互相裨益。

视学日期

第二十七条 视学官每次巡视，除途中往来日数不计外，每一省视察之日至少以八十日为度，年假、暑假不得合算，以昭核实。

第二十八条 视学官奉派之后，得于一月内在部设视学事宜研究会，各司人员应轮流到会，俾该视学官得考询讨论各地方学务及风土人情，并研究教育行政法、教育学、教授法、管理法、视学规章方法及东西各国教育情形，以为视学之预备。

视学经费

第二十九条　视学官自由京起程之日起至回京之日止，应给月薪一百六十两，夫马费一百四十两，其视察川陕、两广、云贵、甘新四学区者，每月加给夫马费四十两。

第三十条　视学官二人应随带书记生一人，月给工费银二十两，沿途舟车等费由视学官核实发给，回京时报部核销。

第三十一条　视学官沿途食宿均须自给，不得受地方官供应，惟巡视所至得借宿于该处之学堂内，仍将每日膳费照数发给。

视学考成

第三十二条　视学官如有收受地方馈送及干预权限之外之事者，经部核实，立即分别撤参。

第三十三条　视学官如有敷衍瞻徇、视察不能认真、报告不能切实者，经部查明，立即撤换。

二　视学规程

（1913 年 1 月 20 日）

第一条　全国视学区域，划分为八：一、直隶、奉天、吉林、黑龙江；二、山东、山西、河南；三、江苏、安徽、浙江；四、湖北、湖南、江西；五、陕西、四川；六、甘肃、新疆；七、福建、广东、广西；八、云南、贵州、蒙古、西藏暂作为特别视学区域，其规程别定之。

第二条　每区域派视学二人，视察该区之普通教育及社会教育，并得酌派部员，协同视察。

第三条　各区域视察，分定期及临时二种。定期视察，每年自八月下旬起至次年六月上旬止。临时视察，依教育总长特别命令行之。

第四条　视学每年视察之区域，由教育总长临时指定。

第五条　有荐任文官资格而合于下列各项之一者，得任用为视学：一、毕业于本国外国大学或高等师范学校，任学务职一年以上者；

二、曾任师范学校中学校校长或教员三年以上者；三、曾任教育行政职务三年以上者。

第六条　视学应视察之事项如下：一、教育行政状况；二、学校教育状况；三、学校经济状况；四、学校卫生状况；五、关系学务各职员执务状况；六、社会教育及其设施状况；七、教育总长特命视察事项。

第七条　前条第一款至第六款事项，视学应于出发之前，公共研究，酌拟办法，呈教育总长核定。

第八条　视学遇下列各事项，得就主管者表示意见：一、与教育法令抵触事项；二、部议决定事项；三、学校教授管理事项；四、社会教育设施事项；五、教育总长特命指示事项。

第九条　视学于所至各地方，应先与地方长官省视学及国立学校校长等接洽讨论，藉知该地方学务以往之历史，现在之实况，及将来之企图。

第十条　视学至各地方视察学校，毋庸向该校预期通知。

第十一条　视学遇必要时，得变更教授之时间。

第十二条　视学遇必要时，得试验学生之成绩。

第十三条　视学遇必要时，得调阅各项簿册。

第十四条　专门学习及其他特别事项，教育总长得派临时视学或命该区域之视学兼司其事。

第十五条　第十条至第十三条，临时视学皆适用之。

第十六条　视学应依第六条第一款至第六款切实调查，随时报告，至视察完毕，除面陈概要外，应提出本年度总报告书。

第十七条　本规程自公布日施行。

三　专门以上学校视察委员会规程

（1920 年 12 月 31 日）

第一条　专门以上学校视察委员会，隶属于教育总长，掌视察专门以上学校。

第二条　视察委员会设常任会员八人以内，由教育总长指派部员充任之。

遇必要时,得设临时委员,会同视察,由教育总长延聘或指派相当人员充任之。

第三条 视察委员会应视察之事项如下:(甲)国立公立及曾经本部认可之私立专门以上学校之状况;(乙)请求本部认可之私立专门以上学校之状况;(丙)未经本部认可之私立专门以上学校之状况;(丁)专门以上学校所设的某种学科状况;(戊)教育总长特命视察事项。

第四条 视察学校状况时,应注意下列各事项:(甲)学校行政状况;(乙)学校经济状况;(丙)学校设备状况;(丁)教职员执务状况;(戊)学校所设科目及学科分配状况;(己)学校预定进行之计划;(庚)其他应行注意事项。

视察某种学科状况时,应注意下列各事项:(甲)学科之程度;(乙)学科之内容;(丙)学科应有之设备;(丁)教员之资格学识及教授法;(戊)学生对于学课之兴味;(己)其他应行注意事项。

第五条 视察委员出发之前,应先开会讨论视察时应行注意之要点及视察之方法。

第六条 视察委员回部后应开会报告视察所得情形,公共讨论,再行呈报教育总长。

第七条 视察时对于学校主管者及学科之主任教员,得发表意见。

第八条 视察委员至各地方视察学校,毋庸向该校预期通知。

第九条 视察委员遇必要时,得变更教授之时间。

第十条 视察委员遇必要时,得试验学生之成绩。

第十一条 视察委员遇必要时,得调阅各项文书簿册等件。

第十二条 视察委员在部时,应随时调阅专门以上各学校所送报告表册文件,开会讨论一切。

第十三条 部员兼任之视察委员出外视察时,其旅费,适用视学公费规程。延聘之临时视察委员,得于旅费外,酌送酬金。

第十四条 视察委员会得在本部设立事务处。

第十五条 视察委员会,设主任一人,由教育总长指派专门教育司司长兼任之。

第十六条 视察委员会得设干事二人,由教育总长派专门部员兼任之。

第十七条 视察细则，会议细则，办事细则另定之。

第十八条 本规程自公布日施行。

四 教育部督学规程

(1931 年 8 月 31 日)

第一条 本部依教育部组织法第二十条及第二十二条之规定，设督学四人至六人，内二人简任余荐任，视察及指导全国教育事宜，并得酌派部员协同办理。

第二条 有简任或荐任文官资格；且曾任教育职务二年以上者，得任用为简任或荐任督学。

第三条 督学应视察及指导事项如下：一、关于教育法令之推行事项。二、关于学校教育事项。三、关于社会教育事项。四、关于地方教育行政事项。五、关于其他与教育有关事项。六、关于部长特命视察及指导事项。

第四条 地方教育之视察，分定期及临时两种。定期视察每年两次，每次期间自两个至五个月。临时视察，依部长临时命令行之。

第五条 督学视察之区域及期间与其任何之分配，由部长订定施行。

第六条 督学应就第三条第一款至第五款事项，于出发之前，随时研究讨论拟定标准制成表格，并加具说明会同各主管司处呈请部长核定。

第七条 督学至各地方视察学校或其他教育机关毋庸先期通知。

第八条 督学于所至地方，得与当地行政长官、省市县督学、公立学校校长及其他与教育有关人员接洽讨论，藉知该地方教育过去之历史现在之实况及将来之企划。

第九条 督学视察时，遇有违反教育法令事件应随时纠正之。

第十条 督学遇必要时，得查点学生名额及试验学生成绩。

第十一条 督学为执行职务，遇必要时得变更学校授课时间。

第十二条 督学视察学校及其他教育机关时，得调阅各项簿册。

第十三条　督学视察所至，得借住教育机关或公共处所，但不得受其供应。

第十四条　督学关于第三条视察及指导之事项，应随时择要报告部长，俟视察完毕，除面陈概要外，应造具详细报告，并附改进意见、呈送部长核阅，并得呈请部长发交关系司处核议。

第十五条　遇有特殊情形，部长认为必要时得聘临时专门视察员。

关于第七条至第十四条之规定，临时专门视察员皆适用之。

第十六条　督学办事细则另定之。

第十七条　本规程自公布日施行。

五　教育督导暂行规定

（1991 年 4 月 26 日）

第一章　总则

第一条　为建立教育督导制度，加强对教育工作的行政监督，制定本规定。

第二条　教育督导的任务是：对下级人民政府的教育工作、下级教育行政部门和学校的工作进行监督、检查、评估、指导，保证国家有关教育的方针、政策、法规的贯彻执行和教育目标的实现。

第三条　教育督导的范围，现阶段主要是中小学教育、幼儿教育及其有关工作。

行使教育督导职权的机构可根据本级人民政府或同级教育行政部门的委托，对前款规定以外的教育工作进行督导。

第二章　机构

第四条　根据国务院的有关规定，国家教育委员会行使教育督导职权，并负责管理全国教育督导工作，其主要职责是：

（一）制定教育督导工作的方针、政策、规章；

（二）制定教育督导工作的计划和指导方案；

（三）组织实施全国的教育督导工作；

（四）指导地方教育督导工作；

（五）组织培训督导人员；

（六）总结推广教育督导工作经验，组织教育督导的科学研究。

第五条　国家教育委员会设置教育督导机构，负责教育督导的具体工作。

第六条　地方县以上均设教育督导机构。

地方县以上教育督导的组织形式及其机构的职责，由各省、自治区、直辖市人民政府确定。

第七条　地方县级以上各级人民政府根据本行政区域内教育事业的规模及其他实际情况，确定教育督导机构的编制。

第三章　督学

第八条　行使教育督导职权的机构应设相应的专职督学，其任免按有关国家行政机关人事管理权限和程序办理。

第九条　行使教育督导职权的机构根据工作需要，可以聘请兼职督学。兼职督学具有与专职督学同等的职权。

第十条　督学由本级人民政府或其教育行政部门颁发督学证书。

第十一条　督学必须具备下列基本条件：

（一）坚持四项基本原则，坚持改革开放，忠诚于社会主义教育事业；

（二）熟悉国家有关教育的方针、政策、法规，有较高的政策水平；

（三）具有大学本科学历或同等学力，有十年以上从事教育工作的经历，熟悉教育教学工作业务；

（四）深入实际，联系群众，遵纪守法，办事公道、敢说真话；

（五）身体健康。

第十二条　督学应接受必要的培训。

第四章　督导

第十三条　教育督导分综合督导、专项督导和经常性检查，由教育督导机构根据本级人民政府、教育行政部门或上级督导机构的决定组织实施。

第十四条　督导机构或督学根据国家有关的方针、政策、法规进行督导，并具有以下职权：

（一）列席被督导单位的有关会议；

（二）要求被督导单位提供与督导事项有关的文件并汇报工作；

（三）对被督导单位进行现场调查。

第十五条　对违反方针、政策、法规的行为，督导机构或督学有权予以制止。

第十六条　督导机构或督学完成督导任务后，应向被督导单位通报督导结果。

第十七条　督导机构或督学提出的意见和建议，被督导单位如无正当理由，应当接受，并采取相应的改进措施。必要时督导机构可进行复查。

第十八条　督导机构完成督导任务后，应向本级人民政府、教育行政部门及上级督导机构报告督导结果，提出意见和建议，并可向社会公布。

第五章　罚则

第十九条　被督导单位及其有关人员有下列情形之一的，由其主管机关对该单位给予通报批评，对直接责任人员和单位负责人，可按干部管理权限给予相应的行政处分：

（一）拒不执行督导机构和督学的督导措施的；

（二）阻挠、抗拒督学依法行使职权的；

（三）打击、报复督学的。

第二十条　督学有下列情形之一的，由其主管部门视其情节轻重，给予相应的行政处分：

（一）利用职权谋取私利的；

（二）利用职权包庇他人或侵害他人合法权益的；

（三）其他滥用职权的。

第六章　附则

第二十一条　各省、自治区、直辖市可根据本规定，结合本地区的实际情况，制定实施办法。

第二十二条 本规定由国家教育委员会负责解释。

第二十三条 本规定自发布之日起施行。

六 教育督导条例

（2012 年 9 月 9 日）

第一章 总 则

第一条 为了保证教育法律、法规、规章和国家教育方针、政策的贯彻执行，实施素质教育，提高教育质量，促进教育公平，推动教育事业科学发展，制定本条例。

第二条 对法律、法规规定范围的各级各类教育实施教育督导，适用本条例。

教育督导包括以下内容：

（一）县级以上人民政府对下级人民政府落实教育法律、法规、规章和国家教育方针、政策的督导；

（二）县级以上地方人民政府对本行政区域内的学校和其他教育机构（以下统称学校）教育教学工作的督导。

第三条 实施教育督导应当坚持以下原则：

（一）以提高教育教学质量为中心；

（二）遵循教育规律；

（三）遵守教育法律、法规、规章和国家教育方针、政策的规定；

（四）对政府履行教育工作相关职责的督导与对学校教育教学工作的督导并重，监督与指导并重；

（五）实事求是、客观公正。

第四条 国务院教育督导机构承担全国的教育督导实施工作，制定教育督导的基本准则，指导地方教育督导工作。

县级以上地方人民政府负责教育督导的机构承担本行政区域的教育督导实施工作。

国务院教育督导机构和县级以上地方人民政府负责教育督导的机构（以下统称教育督导机构）在本级人民政府领导下独立行使督导职能。

第五条　县级以上人民政府应当将教育督导经费列入财政预算。

第二章　督　　学

第六条　国家实行督学制度。

县级以上人民政府根据教育督导工作需要，为教育督导机构配备专职督学。教育督导机构可以根据教育督导工作需要聘任兼职督学。

兼职督学的任期为 3 年，可以连续任职，连续任职不得超过 3 个任期。

第七条　督学应当符合下列条件：

（一）坚持党的基本路线，热爱社会主义教育事业；

（二）熟悉教育法律、法规、规章和国家教育方针、政策，具有相应的专业知识和业务能力；

（三）坚持原则，办事公道，品行端正，廉洁自律；

（四）具有大学本科以上学历，从事教育管理、教学或者教育研究工作 10 年以上，工作实绩突出；

（五）具有较强的组织协调能力和表达能力；

（六）身体健康，能胜任教育督导工作。

符合前款规定条件的人员经教育督导机构考核合格，可以由县级以上人民政府任命为督学，或者由教育督导机构聘任为督学。

第八条　督学受教育督导机构的指派实施教育督导。

教育督导机构应当加强对督学实施教育督导活动的管理，对其履行督学职责的情况进行考核。

第九条　督学实施教育督导，应当客观公正地反映实际情况，不得隐瞒或者虚构事实。

第十条　实施督导的督学是被督导单位主要负责人的近亲属或者有其他可能影响客观公正实施教育督导情形的，应当回避。

第三章　督导的实施

第十一条　教育督导机构对下列事项实施教育督导：

（一）学校实施素质教育的情况，教育教学水平、教育教学管理等教育教学工作情况；

（二）校长队伍建设情况，教师资格、职务、聘任等管理制度建设和执行情况，招生、学籍等管理情况和教育质量，学校的安全、卫生制度建设和执行情况，校舍的安全情况，教学和生活设施、设备的配备和使用等教育条件的保障情况，教育投入的管理和使用情况；

（三）义务教育普及水平和均衡发展情况，各级各类教育的规划布局、协调发展等情况；

（四）法律、法规、规章和国家教育政策规定的其他事项。

第十二条　教育督导机构实施教育督导，可以行使下列职权：

（一）查阅、复制财务账目和与督导事项有关的其他文件、资料；

（二）要求被督导单位就督导事项有关问题作出说明；

（三）就督导事项有关问题开展调查；

（四）向有关人民政府或者主管部门提出对被督导单位或者其相关负责人给予奖惩的建议。

被督导单位及其工作人员对教育督导机构依法实施的教育督导应当积极配合，不得拒绝和阻挠。

第十三条　县级人民政府负责教育督导的机构应当根据本行政区域内的学校布局设立教育督导责任区，指派督学对责任区内学校的教育教学工作实施经常性督导。

教育督导机构根据教育发展需要或者本级人民政府的要求，可以就本条例第十一条规定的一项或者几项事项对被督导单位实施专项督导，也可以就本条例第十一条规定的所有事项对被督导单位实施综合督导。

第十四条　督学对责任区内学校实施经常性督导每学期不得少于2次。

县级以上人民政府对下一级人民政府应当每5年至少实施一次专项督导或者综合督导；县级人民政府负责教育督导的机构对本行政区域内的学校，应当每3—5年实施一次综合督导。

第十五条　经常性督导结束，督学应当向教育督导机构提交报告；发现违法违规办学行为或者危及师生生命安全的隐患，应当及时督促学校和相关部门处理。

第十六条　教育督导机构实施专项督导或者综合督导，应当事先确定督导事项，成立督导小组。督导小组由3名以上督学组成。

　　教育督导机构可以根据需要联合有关部门实施专项督导或者综合督导，也可以聘请相关专业人员参加专项督导或者综合督导活动。

　　第十七条　教育督导机构实施专项督导或者综合督导，应当事先向被督导单位发出书面督导通知。

　　第十八条　教育督导机构可以要求被督导单位组织自评。被督导单位应当按照要求进行自评，并将自评报告报送教育督导机构。督导小组应当审核被督导单位的自评报告。

　　督导小组应当对被督导单位进行现场考察。

　　第十九条　教育督导机构实施专项督导或者综合督导，应当征求公众对被督导单位的意见，并采取召开座谈会或者其他形式专门听取学生及其家长和教师的意见。

　　第二十条　督导小组应当对被督导单位的自评报告、现场考察情况和公众的意见进行评议，形成初步督导意见。

　　督导小组应当向被督导单位反馈初步督导意见；被督导单位可以进行申辩。

　　第二十一条　教育督导机构应当根据督导小组的初步督导意见，综合分析被督导单位的申辩意见，向被督导单位发出督导意见书。

　　督导意见书应当就督导事项对被督导单位作出客观公正的评价；对存在的问题，应当提出限期整改要求和建议。

　　第二十二条　被督导单位应当根据督导意见书进行整改，并将整改情况报告教育督导机构。

　　教育督导机构应当对被督导单位的整改情况进行核查。

　　第二十三条　专项督导或者综合督导结束，教育督导机构应当向本级人民政府提交督导报告；县级以上地方人民政府负责教育督导的机构还应当将督导报告报上一级人民政府教育督导机构备案。

　　督导报告应当向社会公布。

　　第二十四条　县级以上人民政府或者有关主管部门应当将督导报告作为对被督导单位及其主要负责人进行考核、奖惩的重要依据。

第四章　法律责任

　　第二十五条　被督导单位及其工作人员有下列情形之一的，由教育督导机构通报批评并责令其改正；拒不改正或者情节严重的，对直接负责的主管人员和其他责任人员，由教育督导机构向有关人民政府或者主管部门提出给予处分的建议：

（一）拒绝、阻挠教育督导机构或者督学依法实施教育督导的；

（二）隐瞒实情、弄虚作假，欺骗教育督导机构或者督学的；

（三）未根据督导意见书进行整改并将整改情况报告教育督导机构的；

（四）打击报复督学的；

（五）有其他严重妨碍教育督导机构或者督学依法履行职责情形的。

第二十六条　督学或者教育督导机构工作人员有下列情形之一的，由教育督导机构给予批评教育；情节严重的，依法给予处分，对督学还应当取消任命或者聘任；构成犯罪的，依法追究刑事责任：

（一）玩忽职守，贻误督导工作的；

（二）弄虚作假，徇私舞弊，影响督导结果公正的；

（三）滥用职权，干扰被督导单位正常工作的。

督学违反本条例第十条规定，应当回避而未回避的，由教育督导机构给予批评教育。

督学违反本条例第十五条规定，发现违法违规办学行为或者危及师生生命安全隐患而未及时督促学校和相关部门处理的，由教育督导机构给予批评教育；情节严重的，依法给予处分，取消任命或者聘任；构成犯罪的，依法追究刑事责任。

第五章　附　　则

第二十七条　本条例自 2012 年 10 月 1 日起施行。

主要参考文献

一 工具书类

1. 中国教育年鉴编辑部：《中国教育年鉴 1949—1981》，中国大百科全书出版社 1984 年版。

2. 中国教育年鉴编辑部：《中国教育年鉴 1982—1984》，湖南教育出版社 1986 年版。

3. 中国教育年鉴编辑部：《中国教育年鉴 1985—1986》，湖南教育出版社 1988 年版。

4. 中国教育年鉴编辑部：《中国教育年鉴 1988》，人民教育出版社 1989 年版。

5. 中国教育年鉴编辑部：《中国教育年鉴 1989》，人民教育出版社 1990 年版。

6. 中国教育年鉴编辑部：《中国教育年鉴 1990》，人民教育出版社 1991 年版。

7. 中国教育年鉴编辑部：《中国教育年鉴 1991》，人民教育出版社 1991 年版。

8. 中国教育年鉴编辑部：《中国教育年鉴 1992》，人民教育出版社 1992 年版。

9. 中国教育年鉴编辑部：《中国教育年鉴 1993》，人民教育出版社 1993 年版。

10. 刘英杰：《中国教育大事典 1949—1990》（上、下），浙江教育出版社 1993 年版。

11. 中国教育年鉴编辑部：《中国教育年鉴 1994》，人民教育出版社 1994 年版。

12. 中国教育年鉴编辑部：《中国教育年鉴 1995》，人民教育出版社 1995 年版。

13. 中国教育年鉴编辑部：《中国教育年鉴 1996》，人民教育出版社 1997 年版。

14. 中国教育年鉴编辑部：《中国教育年鉴 1997》，人民教育出版社 1997 年版。

15. 李冀：《教育管理辞典》（第二版），海南出版社 1997 年版。

16. 中国教育年鉴编辑部：《中国教育年鉴 1998》，人民教育出版社 1998 年版。

17. 中国教育年鉴编辑部：《中国教育年鉴 1999》，人民教育出版社 1999 年版。

18. 中国教育年鉴编辑部：《中国教育年鉴 2000》，人民教育出版社 2000 年版。

19. 中国教育年鉴编辑部：《中国教育年鉴 2001》，人民教育出版社 2001 年版。

20. 中国教育年鉴编辑部：《中国教育年鉴 2002》，人民教育出版社 2002 年版。

21. 中国教育年鉴编辑部：《中国教育年鉴 2003》，人民教育出版社 2003 年版。

22. 中国教育年鉴编辑部：《中国教育年鉴 2004》，人民教育出版社 2004 年版。

23. 中国教育年鉴编辑部：《中国教育年鉴 2005》，人民教育出版社 2005 年版。

24. 中国教育年鉴编辑部：《中国教育年鉴 2006》，人民教育出版社 2006 年版。

25. 中国教育年鉴编辑部：《中国教育年鉴 2007》，人民教育出版社 2007 年版。

26. 国家教育督导团办公室：《当代中国教育督导》，人民教育出版社 2007 年版。

27. 中国教育年鉴编辑部：《中国教育年鉴 2008》，人民教育出版社 2008 年版。

28. 中国教育年鉴编辑部：《中国教育年鉴 2009》，人民教育出版社 2010 年版。

29. 中国教育年鉴编辑部：《中国教育年鉴 2010》，人民教育出版社 2011 年版。

30. 中国教育年鉴编辑部：《中国教育年鉴 2011》，人民教育出版社 2012 年版。

31. 中国教育年鉴编辑部：《中国教育年鉴 2012》，人民教育出版社 2014 年版。

32. 中国教育年鉴编辑部：《中国教育年鉴 2013》，人民教育出版社 2014 年版。

二　著作类

1. 景时春、陶立志、沈配功：《普通教育督导概论》，甘肃教育出版社 1988 年版。

2. 宋正友：《教育督导学》，吉林教育出版社 1989 年版。

3. 齐红深、徐治中：《中国教育督导纲鉴》，河南大学出版社 1989 年版。

4. 梁伯奇、张启瑞：《中小学教育评价与督导》，辽宁教育出版社 1990 年版。

5. 樊生林、史承德：《普通教育督导与评估》，山西人民出版社 1990 年版。

6. 黄昌明、王景孟：《教育督导概论》，山东教育出版社 1990 年版。

7. 杨河榕、张道义：《教育督导手册》，山西教育出版社 1990 年版。

8. 关苏霞：《教育督导学》，陕西师范大学出版社 1991 年版。

9. 陈忠文：《教育督导实用手册》，北京师范大学出版社 1992 年版。

10. 孙绵涛：《地方教育行政系列研究》，武汉工业出版社 1992 年版。

11. 曾天山：《教育评价学》，武汉工业大学出版社 1992 年版。

12. 国家教育委员会督导司：《中国教育督导制度的探索与实践》，北京师范大学出版社 1993 年版。

13. 顾明远：《外国教育督导》，人民教育出版社 1993 年版。

14. 洪煜亮：《教育督导及教育督导评估》，北京师范学院出版社 1993 年版。

15. 江铭：《中国教育督导史》，人民教育出版社 1994 年版。

16. 程斯辉：《中国教育管理模式研究》，武汉工业大学出版社 1994 年版。

17. 向宏业：《现代教育督导学》，湖南教育出版社 1995 年版。

18. 李金松：《教育督导学》，武汉工业大学出版社 1995 年版。

19. 沈配功、雷专平：《教育督导学》，甘肃教育出版社 1995 年版。

20. 肖宗六、贺乐凡：《中国教育行政学》，人民教育出版社 1995 年版。

21. 顾明远：《素质教育的督导与评估》，中国和平出版社 1996 年版。

22. 李素敏：《教育督导学》，河北大学出版社 1996 年版。

23. 沈卫理：《教育督导概论》，辽宁师范大学出版社 1996 年版。

24. 周在人、魏所康：《教育行政学》，南京师范大学出版社 1996 年版。

25. 王斌华：《发展性教师评价制度》，华东师范大学出版社 1998 年版。

26. 冯克诚：《素质教育模式与督导评估实用全书》，中国民主法制出版社 1998 年版。

27. 黄崴：《现代教育督导引论》，广东高等教育出版社 1998 年版。

28. 孙绵涛：《教育行政学》，华中师范大学出版社 1998 年版。

29. 孙培青：《中国教育管理史》，人民教育出版社 1998 年版。

30. 国家高级教育行政学院：《当代中国教育行政管理五十年》，人民教育出版社 1999 年版。

31. 张济正、周立、李椎：《教育行政学通论》，华东师范大学出版社 1999 年版。

32. 孙成城：《中国教育行政概论》，安徽教育出版社 1999 年版。

33. 李秉德、檀仁梅：《教育科学研究方法》，人民教育出版社 2000 年版。

34. 孙培青：《中国教育史》（修订版），华东师范大学出版社 2000

年版。

35. 霍益萍：《法国教育督导制度》，人民教育出版社 2000 年版。

36. 刘淑兰：《教育评估和督导》，华东师范大学出版社 2000 年版。

37. 陈孝彬：《教育管理学》，北京师范大学出版社 2000 年版。

38. 吴志宏、冯大鸣、周嘉方：《新编教育管理学》，华东师范大学出版社 2000 年版。

39. 程方平、毛祖桓：《中国教育问题报告——入世背景下中国教育的现实问题和基本对策》，中国社会科学出版社 2002 年版。

40. 李帅军、穆岚：《教育督导的理论与实践》，中国档案出版社 2003 年版。

41. 袁振国：《中国教育政策评论 2003》，教育科学出版社 2003 年版。

42. 陈彬：《教育质量督导与评价》，南海出版公司 2004 年版。

43. Brian Wilcox & John Gray. Gnspectinschool Buckingham；Open University Press，1996.

44. A. G. Watts & Van Esbroeck. Higher，Education Guidancea Counsellin Services in the European Union . VUB University Press，1998.

45. Gerald R. Firth & Edward F. Pajak. Handbook of Research of school Supervision. Semon & Schuster. Macmillan，1998.

三　论文类

1. 程风春：《目前督导评价中存在的问题及对策》，《教育研究》1993 年第 4 期。

2. 李天庆：《教育督导制度必须适应教育改革和发展的需要》，《教育研究》1993 年第 8 期。

3. 秦云燕：《浅谈美国教育督导的辅导功能》，《比较教育研究》1994 年第 1 期。

4. 石伟平：《英国教育督导体制的新框架》，《外国教育资料》1994 年第 2 期。

5. 路文生：《试论教育督导在教育管理中的作用》，《吉林教育科学·普教研究》1994 年第 2 期。

6. 刘淑兰：《国外教育督导制度职能的演变》，《比较教育研究》1995

年第 1 期。

7. 陈德珍：《加强教育督导是基础教育改革与发展的需要》，《中国教育学刊》1995 年第 3 期。

8. 青羊区人民政府教育督导室：《教育督导在督政中的职能作用》，《四川教育学院学报》1995 年第 4 期。

9. 杨天平：《英法日美四国教育督导的比较》，《比较教育研究》1995 年第 4 期。

10. 杨天平：《关于我国教育督导制度改革的思考》，《教育科学研究》1995 年第 5 期。

11. 雷大铨：《关于教育督导的定位与运作小议》，《江西教育科研》1995 年第 5 期。

12. 王乃信：《深化基础教育管理体制改革研究》，《教育研究》1996 年第 5 期。

13. 沈配功、刘毅：《教育督导中的防卫心理及诊治原则》，《西北师范大学学报》（社会科学版）1997 年第 6 期。

14. 李帅军：《发达国家教育督导队伍建设述要》，《外国教育研究》1997 年第 3 期。

15. 沈配功、雷专平：《对教育督导工作进行评价的探讨》，《西北师范大学学报》（社会科学版）1996 年第 6 期。

16. 郭振有：《教育督导要面向 21 世纪》，《中小学管理》1997 年第 7 期。

17. 中国教育督导考察团：《考察英国教育督导制度的启示与建议》，《北京教育》1997 年第 7、8 期。

18. 张来：《教育督导》，《人民教育》1998 年第 6 期。

19. 胡锐：《试论我国当前教育督导中存在的问题及对策》，《武汉水利电力大学学报》（社会科学版）1999 年第 1 期。

20. 王文湛：《关于教育督导工作的几个问题》，《人民教育》1999 年第 3 期。

21. 杨晓江：《教育评估中介机构五年研究述评》，《高等教育研究》1999 年第 3 期。

22. 王璐：《九十年代初英国教育督导制度的改革背景、思路和问题》，

《比较教育研究》1999 年第 4 期。

23. 张天雪：《关于教育督导法律实体化的思考》，《国家高级教育行政学院学报》1999 年第 6 期。

24. 赵连根：《以新的理念构建教育督导机制》，《教育发展研究》2000年第 3 期。

25. 郭德侠：《中日美三国教育督导制度比较研究》，《西北师范大学学报》（社会科学版）2000 年第 5 期。

26. 倪文汉：《教育督导工作应把握一定的度》，《江西教育科研》2000年第 5 期。

27. 戚桂国、孙兆航、李家胜：《强化教育督导需解决的热点问题》，《教学与管理》2000 年第 12 期。

28. 陈至立：《努力开创 21 世纪教育督导工作的新局面》，《人民教育》2000 年第 12 期。

29. 杨军：《20 年来我国教育督导理论与实践的新探索》，《西北师范大学学报》（社会科学版）2001 年第 2 期。

30. 李世恺：《英国教育督导制度之考察》，《江苏高教》2001 年第3 期。

31. 彭西滨、蒋明、张毅龙：《关于素质教育督导评估的几点思考》，《湘潭师范学院学报》2000 年第 3 期。

32. 郭振有：《关于发展和完善有中国特色的教育督导制度的思考》，《人民教育》2001 年第 4 期。

33. 王化法：《ISO9000 质量认证体系对教育督导评价的启示》，《教育与职业》2001 年第 4 期。

34. 程方平：《提高教育督导科学性的构想》，《教育评论》2001 年第5 期。

35. 洪成文：《90 年代国外教育督导发展轨迹初探》，《比较教育研究》2001 年第 6 期。

36. 王化洁：《改革教育督导评价的尝试》，《中国职业技术教育》2001年第 7 期。

37. 蒋泓洁、任红亮、杨随军：《论教育督导》，《唐都学刊》2001 年第 10 期。

38. 刘五驹：《现行教育督导评估方式方法存在的问题与对策》，《江苏教育学院学报》（社会科学版）2002 年第 1 期。

39. 段少敏、胡淑娟：《英国教育督导评估体系述评》，《教育评论》2002 年第 3 期。

40. 刘冬梅：《发达国家教育督导制度的比较及启示》，《河南师范大学学报》（哲学社会科学版）2002 年第 2 期。

41. 何恕德：《简析教育督导系统之系统》，《教学管理》2002 年第 3 期。

42. 骈茂林：《发展性教育督导评估功能及其生成机制：从质的评价取向出发》，《教育发展研究》2002 年第 5 期。

43. 鲍竹林：《我国教育督导研究述评》，《宁波大学学报》（教育科学版）2002 年第 6 期。

44. 孙玉洁、吴振利：《试论我国教育督导机构性质及职能的未来走向》，《现代中小学教育》2002 年第 10 期。

45. 唐金石：《浅析教育督导的职能及任务》，《哈尔滨学院学报》2002 年第 11 期。

46. 万毅平：《教育督导纵横谈》，《课程·教材·教法》2002 年第 12 期。

47. 李帅军：《法国教育督导制度的历史、现状与特色》，《河南教育学院学报》（哲学社会科学版）2003 年第 1 期。

48. 金一鸣：《评价学校的两种模式之比较》，《中小学管理》2003 年第 3 期。

49. 李元林：《坚持与时俱进观念 发挥教育督导职能》，《重庆师范学院学报》（哲学社会科学版）2003 年第 3 期。

50. 李帅军：《教育督导行为的基本特点与基本关系论析》，《教育科学》2003 年第 4 期。

51. 李帅军：《现代教育督导活动的基本原则论析》，《辽宁教育研究》2003 年第 7 期。

52. 姬庆生：《对设立教育督导制度的初步认识》，《人民教育》2003 年第 10 期。

53. 李泽民：《新时期高校内部督导工作的新趋势》，《理工高教研究》

2003 年第 2 期。

54. 王书芳：《普通高校成人教育教学管理与督导制实施》，《成人教育》2004 年第 5 期。

55. 许有华、于兴武、董宇艳：《高校内部建立教学督导机制的实践与探讨》，《中国高教研究》2004 年第 1 期。

56. 孙光东：《高校教学督导组应该"督谁"、"导谁"》，《黑龙江高教研究》2004 年第 7 期。

57. 徐赐宁、王艺：《探索适应新形势的高校督导制度》，《四川师范大学学报》（社会科学版）2005 年第 3 期。

58. 陶西平：《以积极作为完善教育督导制度》，《中国教育学刊》2006 年第 4 期。

59. 韩清林：《中国特色教育督导制度 30 多年发展的回顾与思考》，《教育实践与研究》2011 年第 11 期。

60. 陈硕硕：《完善中国特色教育督导制度的思考——中英教育督导制度差异的启示》，《中国成人教育》2012 年第 11 期。

61. 谢琴：《美国教育督导制度及其本土化启示》，《当代教育科学》2013 年第 7 期。

62. 彭虹斌：《教育督导机构独立性的国际化比较与启示》，《外国中小学教育》2013 年第 2 期。

63. 曹珊、程晋宽：《嬗变与特征：英国教育督导制度的职能转变》，《外国中小学教育》2013 年第 6 期。

64. 赵岚：《试论我国教育督导理论合理发展的走向问题》，《国家教育行政学院学报》2013 年第 11 期。

65. 杨娟、苑大勇：《英国继续教育督导框架与实践——以休贝尔德学院为例》，《现代教育管理》2013 年第 6 期。

66. 黄龙威、李华君：《文化伦理视域下的教育督导研究》，《教育理论与实践》2013 年第 20 期。

67. 胡金波：《教育督导须"六神有主"》，《中国教育学刊》2013 年第 8 期。

68. 马益平：《主体性教育督导职能探究》，《中国成人教育》2013 年第 8 期。

69. 顾启洲：《当前县级教育督导中存在的问题及对策谈》，《教学与管理》2013 年第 14 期。

70. 唐一鹏：《法国教育督导制度的现状与特点研究》，《比较教育研究》2013 年第 10 期。

71. 王璐：《英国现行教育督导制度的机构设置、职能范围与队伍建设》，《比较教育研究》2013 年第 10 期。

72. 王黎：《荷兰教育督导制度及其督导模式最新发展》，《比较教育研究》2013 年第 10 期。

73. 曹荣：《新时期县级教育督导部门的工作着力点》，《教学与管理》2013 年第 34 期。

74. 曹荣：《县级教育督导工作体系分析》，《教学与管理》2014 年第 24 期。

75. 李文君：《〈中等职业教育督导评估办法〉解读》，《教育与职业》2014 年第 16 期。

76. 高岩：《英国教育督导制度及对我国教育改革的启示》，《中国成人教育》2014 年第 20 期。

77. 谢凡：《强化教育督导　建立现代教育治理体系——北京举办 2014 教育督导与评价研讨会》，《中小学管理》2014 年第 7 期。

78. 李琳：《学前教育督导评估体系建设探索——以上海市为例》，《中国教育学刊》2014 年第 3 期。

79. 江夏：《英国现行学前教育督导制度的内容、特点及其对我国的启示》，《外国教育研究》2014 年第 5 期。

80. 权英、刘新民、王本锋：《英、美教育督导制度的经验借鉴与启示》，《中国成人教育》2014 年第 5 期。

81. 江玲：《浅谈学校教育督导中的教师发展性评价》，《教育探索》2014 年第 8 期。

82. 徐笛：《美国高校教育督导制度特色及启示》，《教育与职业》2014 年第 13 期。

83. 杨光辉：《近代河南教育督导制度演变与效能述评》，《河南大学学报》（社会科学版）2015 年第 2 期。

后 记

　　教育督导、教育立法和教育投入被认为是现代教育发展的三大支柱。当代中国教育督导制度经历了曲折的发展历程，但是取得了历史性进步，在督导实践中逐步创建了中国特色教育督导制度，既为我国教育的改革与发展发挥了重要的保障作用，又在教育督导实践中创造和积累了宝贵的历史经验。遗憾的是，学术界关于当代中国教育督导历史的研究较少，著作更少。为了系统地、客观地梳理当代中国教育督导制度建设和发展的历程，全面总结当代中国教育督导事业创建与发展的历史经验，充分展现当代中国教育督导工作对于保障我国教育改革和发展所取得的巨大成就，为全面推进中国特色教育督导制度建设尽绵薄之力，秉着整理、传承、研究、创新的指导思想，在各位前辈和同人研究成果的基础上，《当代中国教育督导历史研究》一书得以成书出版。

　　本书以硕士论文《新中国省级教育督导制度研究：以湖南省当代教育督导制度为例》为框架，吸取了历年所主持、参与的四个相关课题的主要研究成果。本书包括正文和附录两大部分。正文包括六章：第一章是当代中国教育督导制度的历史渊源，涵盖古代中国、近代中国的视学制度。第二章、第三章分别是当代中国教育督导制度、当代中国教育督导实践。这两章从督导规章、督导法规、督导机构、督导队伍、督导实践等方面梳理当代中国教育督导的历史变迁。第四章、第五章分别是当代中国地方教育督导制度、当代中国高校教学督导制度。这两章力图从地方教育督导和高校教学督导两个不同的视角立体展现当代中国教育督导的丰富性、多样性。第六章是当代中国教育督导制度反思。剖析当代中国教育督导现状并提出一些比较合理的观点和建议，总结当代中国教育制度创建发展的历史经验。附录部分涵盖近当代中国教育督导大事记及其一些重要的教育督导法规、规章，旨在为读者提供第一手教育督导史实，以便做出自己的判断。纵览书稿，本书只能算作是初步大胆的"立说"。虽然花费了十年的功夫，对于中国教育督导这个庞大、复杂的系统工程来说，也只是开了一个头，也只是起到一个抛砖引玉的作用。如果本书能对教育督导工作者、教育工作者、教育科研工作者提供一定的借鉴和参考，就无怨无悔了。正如王安石所言："尽吾志也不能至者，可以无悔矣。"

因为识之恨晚、知之不深，更因为天性愚钝、疏懒成性，一部当代中国教育督导简史，从选题到撰写到成书到出版竟迁延十载之久，何其难也！《庄子·人间世》曰："其作始也简，其将毕也必钜。"十载寒暑，数度搁笔，数度推倒重来，数度易稿，是一个艰辛的写作过程，但终至书成，又何其幸也！难兮，幸兮，俱成过往。慨当以慷，岁月悠长。

特别感谢我的导师西南大学廖其发先生，先生道德文章、人品风范皆是有口皆碑，对学生更是仁厚有加。十年之前，先生精心指导了我的硕士论文，为本书的选题、成书奠定了坚实的基础。十年之后，先生百忙之中拨冗为本书撰写序言，并对初稿提出了高屋建瓴的指导意见。先生的真知灼见既令我坚定信念潜心写作，更令我茅塞顿开，豁然开朗。本书在撰写过程中参考、吸取了教育、历史、文化等诸多领域前辈和同人的研究成果，特此表示诚挚的感谢。中国社会科学出版社的罗莉老师和刘艳老师，为本书的出版做了大量工作。在此，谨致以诚挚的谢意。

由于本人水平有限，缺点乃至谬误在所难免，恳请专家和读者批评指正。

凌飞飞

2015 年 9 月 30 日于雁城湘江之滨